A LITERATURA NA LÍNGUA DO OUTRO

FUNDAÇÃO EDITORA DA UNESP

Presidente do Conselho Curador
Herman Jacobus Cornelis Voorwald

Diretor-Presidente
José Castilho Marques Neto

Editor Executivo
Jézio Hernani Bomfim Gutierre

Conselho Editorial Acadêmico
Alberto Tsuyoshi Ikeda
Áureo Busetto
Célia Aparecida Ferreira Tolentino
Eda Maria Góes
Elisabete Maniglia
Elisabeth Criscuolo Urbinati
Ildeberto Muniz de Almeida
Maria de Lourdes Ortiz Gandini Baldan
Nilson Ghirardello
Vicente Pleitez

Editores Assistentes
Anderson Nobara
Fabiana Mioto
Jorge Pereira Filho

MARIA ANGÉLICA DEÂNGELI

A LITERATURA NA LÍNGUA DO OUTRO
JACQUES DERRIDA E ABDELKEBIR KHATIBI

© 2012 Editora UNESP

Direitos de publicação reservados à:
Fundação Editora da UNESP (FEU)
Praça da Sé, 108
01001-900 – São Paulo – SP
Tel.: (0xx11) 3242-7171
Fax: (0xx11) 3242-7172
www.editoraunesp.com.br
feu@editora.unesp.br

CIP – Brasil. Catalogação na fonte
Sindicato Nacional dos Editores de Livros, RJ

D324L

Deângeli, Maria Angélica
A literatura na língua do outro: Jacques Derrida e Abdelkebir Khatibi / Maria Angélica Deângeli. São Paulo: Editora Unesp, 2012.

Inclui bibliografia
ISBN 978-85-393-0387-8

1. Análise do discurso literário. 2. Bilinguismo. 3. Tradução. 4. Derrida, Jacques. 5. Khatibi, Abdelkebir, 1938-. I. Título.

12-9351
CDD: 401.41
CDU: 81'42

Este livro é publicado pelo projeto Edição de Textos de Docentes e Pós-Graduados da UNESP – Pró-Reitoria de Pós-Graduação da UNESP (PROPG) / Fundação Editora da UNESP (FEU)

Editora afiliada:

Asociación de Editoriales Universitarias
de América Latina y el Caribe

Associação Brasileira de
Editoras Universitárias

*Ao meu pai, Alberto (in memoriam),
e a minha mãe, Glória,
pelo amor incondicional,
a quem tudo dedico.*

A Marcos Siscar (a quem sou extremamente grata), pela hospitalidade e pela generosidade que tornaram possível a escrita deste livro e me fizeram acreditar que se pode sempre recomeçar.
Aos colegas e amigos que, em vários momentos e de diferentes maneiras, contribuíram para a realização desta obra.
A Celeste Garzon, pela escuta e pela palavra (e também pelo silêncio) que fizeram da letra indecifrável um rastro de escrita.
Ao Arni, pela confiança e pela companhia, sempre.

Peux-tu te retourner
contre tes propres mirages?
tout le monde chérit l'identité
tout le monde cherche l'origine
et moi j'enseigne le savoir orphelin...

Abdelkebir Khatibi

Sumário

Prefácio 13
Introdução (as margens do texto) 17

1 Fragmentos: em que língua escrever? 37
2 Diálogos: a cena das línguas 85
3 Desdobramentos: em torno da monolíngua 139

Algumas considerações (uma outra margem do texto) 199
Referências bibliográficas 213

Prefácio

A literatura na língua do outro é um título, a um só tempo, justo e bem achado para nomear a leitura de textos de Jacques Derrida e Abdelkebir Khatibi. Aquilo que assim se nomeia remete, sinteticamente, a nosso tratamento de questões relativas à concepção de literatura, à questão identitária associada à língua e à relação com a alteridade, com a vantagem de destacar a ambivalência produtiva de uma "língua do outro".

O que é a literatura quando esta é escrita na língua de um outro? Aquilo que encaramos como questão secundária para os estudos literários é uma das motivações do livro: raramente, a teoria literária se coloca a questão da língua na qual o escritor escreve, preferindo, ao invés disso, destacar o vínculo estético ou histórico de sua escrita. Nesse sentido, é possível questionar o que se transforma no campo da idealidade do *literário* quando é rompida a naturalidade do vínculo com a língua. Eis a primeira questão suscitada pelo trabalho de Deângeli. A teoria da literatura tradicional, de fato, não dá conta desse problema, uma vez que a escolha da língua é um dado que permanece, geralmente, nos bastidores da "biografia", sem atingir propriamente a esfera do texto ou da obra.

Quais são as consequências, para a obra de um autor, quando ele opta por escrever numa língua que não é sua língua materna? quando alterna entre línguas diferentes? quando sua escrita envolve a problemática da tradução, ou da autotradução? ou ainda (poderíamos imaginar, desdobrando a questão) quando busca a pureza de uma língua identificada com a localidade de seu tempo ou de sua cultura? ou, ao inverso, quando mistura as línguas ou os dialetos, perturbando a identificação identitária? Essas políticas literárias relacionadas à língua envolvem também concepções de escrita e são fundamentais para se compreender o modo pelo qual se modulam questões importantes do nosso contemporâneo. Mais do que isso, como sugere a autora, as complexas relações entre literatura e autobiografia, confissão e testemunho, não ficam bem resolvidas sem a consideração desses problemas.

Tendo como ponto de partida o corajoso *desvio* pelo recalcado, o trabalho remete, em seguida, a outra discussão trabalhosa, relacionada com a identidade, especificamente com a identidade linguística: o que é uma língua, quando essa língua é a língua do outro? Se a literatura, desde Platão e Aristóteles, se define em relação à verdade, ela se modula também na sua relação com a identidade de um sujeito e de uma língua. O caso de Kafka é dramático, mas é principalmente a partir do contexto da francofonia e do ensino de língua, campos familiares à prática profissional da autora, que se trata de colocar em primeiro plano a noção do "materno" na língua, pela via das contribuições da filosofia e da psicanálise. Deângeli expõe, a partir de Derrida, a tensão que resulta entre o caráter materno da lei da língua e a dificuldade de que esta nos pertença. Colocado de modo mais incisivo, trata-se de pensar a aporia segundo a qual a única língua disponível é a língua de um *outro* – a do colonizador, por exemplo.

Embora não tenham escrito em sua língua dita materna, autores como Apollinaire, Ionesco, Beckett ou Glissant têm um tipo de inscrição na literatura francesa bastante diferente dos escritores de origem magrebina. A partir desse contraste evidente, mais amplamente, a própria noção de "latinidade" das literaturas europeias poderia ser questionada, como lembra Deângeli, ou seja, poderia ser analisada a partir do que ela exclui e não apenas a partir daquilo que aproxima. Seríamos levados, assim, a pensar num terceiro momento da reflexão proposta pelo trabalho: o que é o outro em termos de sua manifestação na língua e na literatura? A esse propósito, a autora alerta contra a redução da *diferença* ao preconceito identitário; tampouco seria a literatura uma proteção derradeira contra a perda da identidade. Trata-se, antes, de constatar a voracidade do critério identitário que faz com que determinados autores sejam expulsos do campo em que se inscrevem suas obras. Essa violência se associa, de imediato, ao aspecto étnico e religioso, relacionado, no caso em foco, ao elemento político da colonização. Mas tem um espectro mais amplo. Se a alteridade se manifesta em determinados acontecimentos históricos e literários como uma questão política, de política linguística, não se reduz entretanto ao espaço de uma língua, em específico. O outro, no seu sentido mais estrito, não poderia ser circunscrito a uma língua, o que faz com que a expressão "a língua do outro" constitua, por si só, um dilema produtivo para o pensamento.

Praticando a interdisciplinaridade sem enrijecê-la com protocolos excessivos, o trabalho de Deângeli abre essas questões e oferece caminhos para pensá-las, sugerindo consequências tanto para a Teoria Literária quanto para a Linguística Aplicada ou para a Psicanálise. Basta lembrar que constrói uma ponte muito bem vinda entre questões de língua e de literatura, de maneira bem distinta da tradição. O trabalho remete, desse modo, a discussões amplas, mas se desdobra com a prudência e mesmo com a modéstia da circunscrição de caso e da remissão constante à fortuna crítica recente da área.

Outro mérito do trabalho, e não o de menor importância, é o de colocar ao alcance do leitor o diálogo entre dois autores importantes da literatura e do pensamento em língua francesa da segunda metade do século XX: Jacques Derrida e Abdelkebir Khatibi. O primeiro deles é um dos intelectuais franceses mais conhecidos do século XX, judeu expulso da Argélia, ainda jovem, pelas políticas francesas durante a segunda guerra. Se Derrida passou a falar a partir da metrópole, como lembra Deângeli, também é verdade que sua obra sempre gerou resistências e bloqueios evidentes no país de eleição. Seu diálogo com grandes autores da tradição filosófica ou literária não é segredo, mas não deve obscurecer a importância da interlocução com autores e questões da francofonia. É o caso de sua relação com Khatibi, seu tradutor para o árabe e amigo de velha data, intelectual e escritor marroquino, com pouca inserção internacional. Muçulmano, Khatibi fala a partir da ex-colônia, do ponto de vista da reflexão genealógica, ainda que de um lugar "órfão". Ambos têm em comum, portanto, a proveniência magrebina, ex-cêntrica. Mas sua afinidade se manifesta, também, no trabalho muito refinado do pensamento, dentro de uma tradição que poderíamos (com as aspas necessárias) chamar "francesa", praticando o "amor pela língua" e pela literatura.

Ao eleger o diálogo como forma de "amizade" exigente e atenta, as obras destacadas pela leitura, mistos de reflexão e autobiografia, estabelecem referências importantes para a discussão sobre o pertencimento e sobre a língua. Ao reconstituir esse diálogo, Deângeli relê os autores de modo delicado, na sua proximidade, mas também na abrangência da relação com outras obras e com o contexto do qual elas se nutrem – inclusive o contexto da francofonia, entendido eventualmente como espaço marginalizado de literatura em língua francesa. Acompanhado por Derrida durante todo percurso, mas também por uma fortuna crítica recente e relevante sobre vários dos tópicos em questão, o trabalho de leitura se destaca pela fineza de pensamento e de atitude diante dos textos, procurando um lugar de observação rigoroso e atento às sinuosidades do discurso que interpreta.

A literatura na língua do outro nos oferece, desse modo, um vigoroso questionamento sobre a francofonia, tirando consequências para o entendimento de suas políticas de língua e de literatura. Não é sem razão que a autora expressa sua desconfiança em relação às instituições literárias e ao poder autoritário que silencia os escritores, muitas vezes de maneira brutal. Mas nada impede que leiamos essas inquietações da perspectiva de nossas próprias políticas, num país que se gaba de sua unidade linguística e em que o autoritarismo de mercado é muitas vezes suavizado pela retórica da normalidade democrática, que tende a legitimar e a naturalizar as exclusões.

Marcos Siscar
Universidade Estadual de Campinas

Introdução
(As margens do texto)

Decidir começar pelas margens ou à margem de qualquer centralidade não significa dizer que o objeto de estudo nomeado neste livro, a saber, a literatura na língua do outro, não mereça um lugar central. Trata-se, no entanto, de um procedimento de leitura e de escrita que procura descentralizar e des-hierarquizar tanto certas noções preestabelecidas, que podem afetar o referido objeto de nossa pesquisa, quanto supostos saberes disciplinares desejosos de encerrá-lo num campo definido *a priori*. Saberes vernaculares que discorrem, muitas vezes, do centro de sua legitimidade, sobre literatura como algo construído independentemente de suas margens, ou seja, de seus reais interesses: a língua, a história, a antropologia, a religião, a psicanálise e, sobretudo, a política. Ignoram, enfim, o entorno e o próprio centro da questão, o dentro que fala a partir do fora, porque o fora já está dentro (cf. Derrida, 1967a).

Um discurso que se elabora, então, a partir de suas margens (e também à margem de) deve começar a questionar a identidade (se ainda houver uma ou algumas) de sua própria elaboração. Aliás, as questões acerca da noção de identidade, identidade de uma língua, de um povo, de uma cultura, parecem, no momento, ocupar um espaço definitivamente legitimado em vários ramos do conhecimento científico e do senso comum.

Nas imagens e no discurso da mídia, a questão da identidade está visivelmente associada à metáfora da pureza étnica; por toda parte delineiam-se programas de (in)formação sobre problemas, bastante imprecisos, que dizem respeito à globalização das identidades, à limpeza racial, ao perigo da contaminação linguística e, também, humana.

A preservação das diferenças locais passou, no contexto do mundo globalizado, a ser vista como embrião (de)ge(ne)rador dos conflitos étnicos. A identidade foi relegada ao campo de uma idealizada pureza originária de raízes ou de redes de relações estáveis, num dado espaço. Facilmente se confundiu a noção de identidade com os (pre)conceitos de origem pura de uma raça, de uma cultura, de uma língua, logo, de uma literatura.

Em nome de uma luta potencialmente perigosa e ideologicamente oculta – afinal, fala-se tanto em identidade sem, quase nunca, explicitar-se o lugar histórico-ideológico ou a posição discursiva de quem fala – o discurso sobre a identidade parece rolar no vazio do senso comum, na falta de uma conceituação que lhe seja própria (e propriamente adequada) e vinculada à situação da qual provém.

Num momento de grandes transformações tanto no campo da economia e da política quanto no campo das ciências, das tecnologias e das artes (provas de tais fenômenos são as rupturas e bifurcações no campo epistemológico, a coexistência de múltiplos paradigmas conceituais e teórico-metodológicos, entre outros), o paradigma da globalização legitimou-se como "imperativo categórico" de tantos outros sintagmas e implicou a exclusão necessária do conceito de diferença.

Essa constelação tumultuada de saberes sustenta uma "maquinaria" ideológica que considera fortemente produtivo tratar a questão dos "conflitos identitários" como símbolos de resistência à "invasão" alheia.

A questão parece, no entanto, paradoxal. Por um lado, investe-se numa empreitada mítica, na tentativa de globalizar o planeta; por outro, criam-se fronteiras, reais e simbólicas, com o intuito de preservar o que é local. O que nos resta a dizer é que nem os esforços planetários de uns nem as lutas viscerais de outros impedem o movimento de errância, próprio à nossa condição de ser-no-mundo.

Nesses movimentos de errância identitária, a literatura, ouvida de suas margens, parece ter sido um lugar de acolhida para muitos escritores que só puderam encontrar morada numa língua outra, num país outro, com identidades também outras. Para citar só alguns exemplos temos Samuel Beckett, Paul Celan, Elias Canetti, Georges Perec, Edmond Jabès, Assia Djebar e tantos outros cujas escritas constituíram o não-lugar de um lugar ou, ainda, o lugar de um não-lugar poético.

Na obra de todos, uma preocupação constante que, direta ou indiretamente, pode se fazer sentir em suas escritas: em que língua escrever? Escrever na língua da mãe, do romance familiar, como diria Freud, na língua natal? Ter uma língua para dizer a poeticidade de si e do outro? Ter uma língua como se tem um quarto, como nos afirma Robin (1993), um lugar de refúgio? Mas é possível ter várias línguas? As línguas outras, as outras línguas, a língua dos outros, o outro da/na língua?

O fenômeno de escrever numa outra língua que não a língua nacional, a língua das supostas identidades enraizadas e legitimadas numa tradição, aparece como uma questão secundária na perspectiva dos estudos literários, ou seja, questão subordinada à noção de originalidade de uma obra, aos mecanismos políticos e disciplinares que ditam as regras de legitimação de uma língua nacional e da literatura que nela se produz, enfim, aos inúmeros interesses acadêmicos que reivindicam o direito de decidir o que é relevante ou não nos e para os estudos literários.

No entanto, a estranheza ou a familiaridade da/na língua na qual se escreve, o estranhamento familiar e o "familiarmente estranho" apontam para questões que dizem respeito diretamente à relação sujeito-escritura, relação fundamental na tessitura da trama literária: o que se diz na língua com a qual se diz. A língua aparece, nesse contexto, como suporte da lei e objeto de uma lei que autoriza e interdita as formas do dizer e cria, desse modo, os lugares de legitimidade literária. O lugar da língua na literatura (e da literatura na língua) ou a literatura como uma experiência outra, como diz Derrida, a experiência "da obra e da língua, da obra da língua" (2000b, p.63),[1] não se dissocia da reflexão

---

[1] As traduções dos textos em francês são minhas, salvo indicação em contrário. Por julgar pertinente ao contexto e aos objetivos propostos deste livro, introduzi em nota, em sua língua original, todos os excertos por mim traduzidos.

sobre os lugares institucionais que circunscrevem uma ou outra ou uma e outra, a saber, a língua e a literatura, para muitos, as margens e o centro, como objetos de estudo.

Se, de acordo com Siscar, o entendimento sobre o que é literatura implica, na tradição do pensamento filosófico ocidental, uma relação com a problemática da verdade, pode-se dizer, ainda segundo o autor, que

> [...] nela [na literatura] está também em jogo o problema de sua verdade, enquanto gênero ou tipo de discurso. Em outras palavras, a literatura é um lugar no qual a relação com a própria identidade é fundamental para se compreender o sentido de um texto. (2003, p.154)

Interrogar a questão da identidade da/na literatura, a supor que ela possua uma (ou várias) identidade(s), essa entendida aqui não como a essência do texto literário, mas como possibilidade de pensar a relação da escritura[2] à alteridade, relação ao outro (os textos, as línguas, os outros), enfim, questionar os lugares de identidade no campo literário, tal empreitada não se faz sem passar pelo questionamento sobre o estatuto da língua na qual se escreve, inscrevendo-se, ao mesmo tempo, o texto literário.

Se por um lado partirmos do pressuposto de que a criação literária implica "dar um novo corpo à língua" (Derrida, 2001a, p.90), essa chamada relação identitária (língua-escritura) pressupõe, também,

---

2 Ao longo deste texto, empregamos o termo "escrita" e "escritura" como equivalentes, em função da ênfase que pretendemos atribuir a cada um deles no momento e nas circunstâncias em que aparecem. Nesse sentido, cabe destacar aqui o comentário de Evando Nascimento (2004) a propósito da tradução do termo francês *écriture* para o português, observação que se torna pertinente no contexto deste livro. De acordo com Nascimento (2004, p.34), "[...] o termo francês *écriture* permite a dupla tradução por escrita ou escritura. Conforme se queira enfatizar o sentido mais elementar do termo, o de 'texto escrito', a tradução mais adequada seria 'escrita'. Se há o desejo de reforçar o aspecto alegórico, 'escritura' remete à metáfora bíblica das Sagradas Escrituras, do documento jurídico etc. Porém, notemos que esses dois termos são até certo ponto intercambiáveis e o ideal é jogar com eles, dependendo do contexto e da ênfase que se queira dar".

por outro lado, a presença ou a ausência (a ausência como presença) de um outro elemento determinante no processo textual, a saber, o sujeito dessa mesma escritura. Assim, quando se questiona a língua na qual se (re)vela o literário ou quando se trata de tomar como objeto de estudo a invenção da "narrativa em língua(s)", da(s) língua(s) da narrativa, os discursos produzidos à margem dos grandes centros literários (ou seja, os discursos de escritores oriundos de ex-territórios coloniais) parecem ser o lugar privilegiado dessas imbricações identitárias. É o que podemos depreender, de início, da análise das obras que constituem o *corpus* deste livro: *Amour Bilingue* (1983/1992),[3] do escritor, poeta e filósofo marroquino Abdelkebir Khatibi, e *Le monolinguisme de l'autre* (1996a), do filósofo franco--argelino Jacques Derrida.

A escolha do *corpus*, por si só, definiria uma política do literário dividida entre o centro e a periferia. Embora Jacques Derrida tenha nascido na Argélia, ainda colônia francesa, o filósofo, que sempre se considerou um "desenraizado", escreveu e falou do outro lado do Mediterrâneo, a partir da metrópole, ou seja, a França[4] – situação diferente daquela vivida por Khatibi que, ao contrário do amigo Derrida, escreveu a partir de outro lugar, não do centro, mas das margens que esse centro violentou, ao impor sua política de colonização aos países do Magrebe, mais precisamente, a Argélia, a Tunísia e o Marrocos. Escritor marroquino de língua francesa, a obra de Khatibi é pouquíssimo conhecida na França e muito menos além do Atlântico. O que une, então, um e outro, um judeu e um muçulmano – para sermos fiéis aos amigos talvez coubesse dizer: um

---

3 A edição de *Amour Bilingue* a que faremos referência data de 1992 e trata-se de uma publicação das *Éditions Eddif*, do Marrocos. A partir de então, usaremos esta data para indicar a referida obra. Sobre a publicação de *Amour Bilingue* (1983), pela editora Fata Morgana, Paris, ver o ensaio de Reda Bensmaïa, *Traduire ou 'blanchir' la langue* (1987, p.133-60).

4 O que é interessante notar nesse lugar de escrita ou nesse lugar como escrita é que, embora do outro lado do Mediterrâneo, falando a partir da França, Derrida sempre se colocou ao lado dos outros, que permaneceram do lado oposto, que não atravessaram o mar e que, na grande maioria dos casos, nunca estiveram na metrópole.

judeu-franco-magrebino, como se autodenomina o próprio Derrida, e outro magrebino, mais precisamente, marroquino de cultura árabe-muçulmana –, o que os une, além da experiência comum da colonização francesa, dos interesses políticos por questões que sempre estiveram à margem dos poderes dominantes, da amizade selada há anos, num encontro fortuito em Paris, é, sem dúvida, o amor pela língua (língua francesa, diga-se de passagem), pela literatura e pela filosofia.[5]

Na introdução de *Jacques Derrida en effet*, livro contendo uma série de textos dedicados ao amigo Derrida, Khatibi (2007, p.7) escreve:

> Nós nos encontramos, Jacques Derrida e eu, em setembro de 1974, em Paris, num café na Praça Saint-Sulpice. [...] A partir desta data, e até sua morte em outubro de 2004, mantivemos uma relação mais ou menos contínua, amigável e fiel, como um ponto de referência no tempo a ser vivido. Éramos amigos que vivíamos à distância; ele, do lado de Paris;

---

5 Se a questão das origens, mais precisamente das filiações, parece nomeada (e nomeável) de maneira menos enigmática para Khatibi, embora ele não deixe de evocar as desordens identitárias que pode desencadear o duplo pertencimento, de um lado, à cultura magrebina, árabe-muçulmana e, de outro, à cultura "franco--francesa", a essa divisão que se estabelece aleatoriamente entre Oriente e Ocidente (ver, principalmente, a esse respeito, sua obra *La mémoire tatouée* (1971/2008a)), para Derrida, a história de suas supostas filiações parece não se esclarecer nunca. Em *Le monolinguisme de l'autre* (1996a), Derrida apresenta-se como o "mais franco-magrebino" dentre todos os franco-magrebinos, inclusive o próprio amigo Khatibi, que é também chamado, por Derrida, de "franco-magrebino". No entanto, essa genealogia torna-se mais complexa quando a designação franco--magrebina vem acompanhada da palavra judeu formando, assim, um novo sintagma: Jacques Derrida um/o judeu-franco-magrebino (e essa é toda a história narrada em *Le monolinguisme de l'autre*). A alusão a essa judeidade, mesmo se, algumas vezes e em algumas ocasiões, Derrida se manifestou sobre esse traço do ser "judeu" na sua história, tal referência permanece "em suspenso", há um silenciamento quanto ao fato do que essa judeidade pode, efetivamente, evocar. Podemos perguntar-nos o que se esconde (e o que se mostra) sob a designação de um judeu-franco-magrebino, mais precisamente, de um judeu da Argélia. Qual a origem dessa e para essa judeidade na história de Jacques Derrida? Essas e muitas outras questões são silenciadas, condenadas ao não-dito e, muitas vezes, aparecem como "restos" de algo que não se resolveu (e não se resolve nunca) na trama dessa complexa genealogia.

e eu, do lado de Rabat. Ele viajava e trabalhava muito no exterior. Sua importância intelectual, no mundo, não precisa mais ser demonstrada. [...] Ela viaja no tempo, graças à tradução; de minha parte, iniciei a tradução de sua obra em árabe.⁶

Amigos à distância, mas não distantes, escrevendo sobre assuntos de interesse comum, testemunhando em seus próprios nomes a história particular que foi a colonização francesa no Magrebe.

Nas margens e no centro da história, duas escritas que se cruzam, que dialogam e que ultrapassam qualquer dualidade imposta por uma geopolítica institucional que pretenda falar em nome de um lugar fixo, de uma centralidade aleatoriamente instituída. De um lado, um romance conjugando o espaço entre a vida e a ficção, a ficção da vida como ficção da obra, pois não há como não ler os traços de uma história pessoal e a lembrança da história colonial no livro de Khatibi. De outro, um ensaio também fazendo apelo à exemplaridade de uma história pessoal, a dele, Jacques Derrida, o judeu-franco-magrebino, e de sua relação com a língua francesa, a língua do colonizador.

Como ler, então, o entrelaçamento dessas histórias singulares marcadas, antes de tudo, pelo imperativo da língua? Textos autobiográficos? Ficções de autobiografia? Narrativas de autoficção? E se concordarmos com Derrida para quem "de certo modo, todo texto é autobiográfico"? (Siscar; Magalhães, 2010).⁷ O que dizermos da natureza conflitante desses textos?

---

6 "*Nous nous sommes rencontrés, Jacques Derrida et moi, en septembre 1974, à Paris, dans un café de la place Saint-Sulpice. [...] Depuis cette date et jusqu'à son décès en octobre 2004, nous avions entretenu une relation plus ou moins continue, amicale et fidèle, comme un point de repère dans le temps à vivre. Nous étions des amis qui vivions à distance; lui, à côté de Paris; et moi, à côté de Rabat. Il voyageait et travaillait beaucoup à l'étranger. Son importance intellectuelle sur le plan international n'est plus à démontrer. [...] Elle voyage dans le temps, grâce à la traduction; et pour ma part, j'ai initié sa traduction en langue arabe.*"

7 A esse respeito Siscar e Magalhães (2010, p. 90-1) afirmam que: "Implodindo as bases estáveis do gênero autobiografia, *Circonfissão* acaba por pertencer sem pertencer a esse gênero [...]. Todas as vezes que Derrida comenta sobre a inserção do autobiográfico em seus textos é para sustentar a tese de que 'de certo modo, todo texto é autobiográfico', por isso é preciso desconfiar da passagem dos textos 'não autobiográficos' aos 'textos autobiográficos'. O que está em jogo é uma 'certa

Siscar (2005a), ao analisar a leitura que Derrida faz da obra de Jean Genet, traz à baila a questão da biografia no contexto literário. Segundo o autor,

> [...] essa última observação supõe que repensemos o problema da biografia no universo literário, que não é nunca totalmente presente e nunca totalmente ausente, quer seja do ponto de vista da retórica confessional, quer seja do ponto de vista de uma abordagem de natureza psicanalítica; de certa maneira, a autobiografia poderia até generalizar-se como momento da problematização do nome e da assinatura por meio da exposição perigosa de uma identidade ("eu") sempre a perseguir. (ibidem, p.229)

Poderíamos tornar ainda mais complexa a "problematização do nome e da assinatura", quando se trata de perseguir escritas em ruptura fazendo apelo, no interior de suas próprias línguas, a um idioma outro ou ao idioma do outro. As questões poderiam parecer distintas, não fosse o traço (idiomático) que as une. De um lado teríamos, então, o questionamento sobre as possíveis imbricações entre vida e obra; de outro, e como maneira de se dizer desse questionamento, interrogaríamos o estatuto da língua na qual se anuncia esse dizer.

Se as fronteiras entre vida e ficção confundem-se num *continuum* discursivo, num momento em que se reinventa a própria maneira de dizer a ficção da vida, ou uma vida narrada em ficção (cf. Robin, 1997), o que dizer quando esse entre-real-imaginário busca exilar-se numa língua outra, num entre-línguas para confessar a própria dor ou o próprio prazer de se dizer?

Le monolinguisme de l'autre é o relato da experiência ao mesmo tempo sofrida e apaixonante, como dirá Derrida, uma história de "martírio e de paixão" (1996a, p.39), daquele a quem só fora reservada a "chance"

---

modulação, uma certa transformação do tom e do regime da autobiografia' (2005a, p. 10). Evidentemente que tal pensamento traz consequências imprevistas para a discussão sobre o alcance de um gênero (que está preso a um conceito), uma vez que o texto autobiográfico não estaria somente a serviço do esclarecimento de uma vida ou de seus contextos, por exemplo, históricos. Seria, antes, o princípio de todo e qualquer texto, seja ele limitado ou não às leis do gênero". Voltaremos a essa questão no capítulo 3.

de escrever na língua do outro, do mestre ou do colonizador. O francês terá sido para Derrida a língua (a única) do acontecimento da escritura, a língua que lhe permitiu (ao interditar-lhe a língua árabe) confessar a si mesmo (e aos outros) sua paixão "estranha e tempestuosa" (idem, 2004c, p.25), seu amor incondicional a um idioma francês. Tal obra concebe-se (na dor e no prazer da dor) como um discurso sobre a "monolíngua" do outro (do colonizador francês), sobre o monolinguismo (a lei vinda do outro) que esse mesmo outro (o mestre) impõe e ao qual ele (o monolíngue) se submete. Trata-se de uma narrativa sobre o "fantasma da língua materna", sobre a homo-hegemonia de uma política da língua, sobre a poética da tradução, logo, uma história no/ do cruzamento de várias identidades.

Na obra de Khatibi, a língua aparece como o espaço do entre-dois, o intervalo do gozo entre o idioma materno (a língua árabe) e a língua supostamente estrangeira (o francês). Também, para esse franco-magrebino, trata-se de descrever e teorizar uma situação da/na língua que (lhe) revela sua identidade de escritor. *Amour Bilingue* é uma narrativa sobre um casal de origens e de línguas diferentes, unidos pelo desejo de um "além" de qualquer dualismo linguístico, literário, cultural, enfim, identitário. Um romance que, segundo Khatibi, lhe permite "falar em línguas", falar do outro na língua e do outro da língua. Esse gênero de literatura, para o autor, só poderia se dizer num discurso de tipo autobiográfico, pois, de acordo com Khatibi, "a autobiografia, sob suas diferentes formas, é um gesto, uma caligrafia mais do que um gênero literário, uma possibilidade de ser recebido como convidado na língua do outro" (2004, p.207).[8] A autobiografia seria, ainda, a experiência da errância e da "vagabundagem" da língua, operando na (des)construção de uma narrativa da memória e do esquecimento; uma maneira de inventar, não uma língua, mas uma forma de (se) dizer em língua(s) (cf. Khatibi, 1992).

Considerando que essas obras nos permitem apreender a pluralidade dos elementos envolvidos nessa complexa rede de relações iden-

---

8 "*L'autobiographie, sous ses différentes formes, est un geste, une calligraphie plus qu'un genre littéraire, une possibilité d'être reçu comme invité dans la langue de l'autre.*"

titárias das escrituras (de si) numa língua outra, cabe-nos, então, voltar à nossa pergunta inicial: em que língua escrever? Na língua materna, por que não haveria possibilidade de (se) dizer fora dela? Na língua do outro, por que toda tentativa de (se) dizer só aconteceria com a chegada do outro, da outra língua? Escrever na língua de exílio, por que só o estrangeiro acolheria a língua do sonho de uma escritura, ou a língua na qual se sonha acordado com a escritura? Mas a escritura não seria por si só uma forma de exílio, o exílio de si mesmo na(s) língua(s) outra(s)?

O questionamento sobre a língua não se faz sem sua relação com a linguagem. A partir daí, outras questões apresentam-se, remetendo sempre a uma questão primordial: a questão da origem – a linguagem como origem e a origem da língua.

Siscar (1998, p.146-7), ao tratar da questão da língua (*la langue des origines*) em Derrida, afirma que

> Entre todas as questões que dizem respeito à filiação, ao reconhecimento da língua dita materna e de sua relação necessária com as línguas estrangeiras, o que uma reflexão sobre a língua sublinha é a questão das origens. A língua é aquilo pelo qual fala a origem, as origens; ela inaugura o movimento de ser no mundo (a natureza, a terra) que não se separa da aventura de um saber (o artifício, o sol).[9]

A origem, nos movimentos da desconstrução, implica uma não--origem, um vestígio, um rastro *(trace)* antes de outro suposto vestígio. A noção de rastro é fundamental para questionar o problema da idealidade da origem. Para pensar o rastro é preciso abandonar o sistema conceitual metafísico-teológico (e também teleológico) e suas implicações dicotômicas, principalmente o eixo que gira em torno das noções de presença e de ausência. A noção de rastro em Derrida evoca o movimento da *différance:* o rastro anuncia e difere. Anunciando

---

9 "*A travers toutes les questions relevant de la filiation, de la reconnaissance de la langue dite maternelle au nécessaire rapport aux langues étrangères, ce qu'une réflexion sur la langue souligne c'est la question des origines. La langue est ce par quoi parle l'origine, les origines; elle ouvre le mouvement d'être dans le monde (la nature, la terre) qui ne se sépare pas de l'ouverture d'un savoir (l'artifice, le soleil).*"

um já-lá (*déjà-là*), mas, ao mesmo tempo, impedindo (adiando) sua realização absoluta, tal "conceito" coloca a impossibilidade de uma origem pura e de um "fechamento do devir". Todo rastro é rastro de rastro. Como diz Derrida (1967a, p.90):

> O rastro não é somente o desaparecimento da origem, ele quer dizer aqui [...] que a origem nem ao menos desapareceu, que ela não foi constituída senão em contrapartida por uma não-origem, o rastro que se torna, assim, a origem da origem.[10]

Numa espécie de contaminação constitutiva e necessária, a existência de um *déjà-là*, de um rastro como resto de um devir para sempre diferido, na perspectiva da desconstrução, desobrigamo-nos de pensar a necessidade da pureza de uma língua e também de considerar a aliança da linguagem com um suposto mito da origem una e indispensável.

Por meio da noção de rastro,[11] Derrida opera o deslocamento de conceitos determinantes da tradição filosófica ocidental, tradição que ele designa como legítima representante da "metafísica da presença". A história do Ocidente estaria, para Derrida, subordinada a um "logocentrismo metafísico-teológico" e, também, "teleológico". Cabe aqui destacar algumas das noções subjacentes a esse conceito maior de logocentrismo: a própria questão da razão universal (*o logos* como verdade), a questão da origem divina (Deus como *logos*) e a noção de tempo como infinitude (o ser infinito ou a essência infinita do ser). É na fenomenologia de Heidegger, nas rupturas filosóficas de Nietzsche e nas leituras de Freud que Derrida encontra elementos para sua crítica à filosofia ocidental.

Os elementos acima enunciados, como parte dos conceitos de logocentrismo e de metafísica da presença, estão intimamente ligados uns aos outros e não poderíamos tratá-los como fragmentos isolados de

---

10 "*La trace n'est pas seulement la disparition de l'origine, elle veut dire ici [...] que l'origine n'a même pas disparu, qu'elle n'a jamais été constituée qu'en retour par une non-origine, la trace qui devient ainsi l'origine de l'origine.*"

11 Apoiamo-nos, principalmente, em sua obra *De la Grammatologie* (1967a) para as questões que trataremos a partir desse "conceito".

um todo, a começar simplesmente pelo fato de que a ideia de unidade de um todo pertence a uma determinada época, como diz Derrida (ibidem, p.25), "cujo fim histórico está, portanto, desenhado". Essa época, caracterizada como metafísico-teológica, foi determinante para a nossa concepção de mundo: uma ideia de mundo baseada na dialética da razão. Arriscaríamos a síntese de tal contexto histórico-filosófico numa única frase: "E o Verbo se fez homem". Mas não se trata de um verbo qualquer, seu efeito performativo vai além dos limites do entendimento humano: ele (o Verbo) é divino; sua presença é infinita (Deus existe para sempre e desde sempre) e só ele (Deus) encarna a verdade.

Nesse cenário em que figura a presença de uma verdade única, criam-se dicotomias em torno do originalmente próprio e do acidentalmente derivado. A legitimação do verbo ocorre, na história da cultura ocidental, segundo afirma Derrida, por meio da imposição da "voz divina": o verbo fez-se ouvir e foi falado em sua plenitude, antes de cair na marca mundana da escrita. A distinção entre fala e escrita desencadeia a desconstrução em torno do signo saussuriano, tal como exposto por Derrida em *De la Grammatologie* (1967a).

Partindo, então, da crítica a esse sistema logocêntrico e, também, fonocêntrico – em que a "unidade da voz" (suposta plena) é a revelação da própria alma humana –, mostrando a forma segundo a qual tal sistema respondia às exigências de um momento histórico metafísico-teológico, Derrida trabalha a desconstrução do conceito saussuriano de signo. De acordo com o autor, o signo linguístico sempre foi pensado a partir da diferença entre o sensível e o inteligível. Como nos mostrou Saussure, o signo é composto de duas faces inseparáveis: o significante e o significado. Embora sejam inseparáveis, o significado prevalece sobre o significante. Esse último apenas "representa" uma imagem acústica da expressão do primeiro. O significado, assim como a *phoné*, tem relação com a essência (o dentro da coisa em si); ele não representa; ao contrário, ele é o sentido mesmo em sua presença plena.

Para romper com esse sistema de oposições que implica a crença numa filosofia essencialista (o transcendentalismo metafísico-teológico), não só para romper, mas também para deslocar os conceitos vigentes em tal sistema, Derrida evoca a hipótese de uma "arquiescritura". A arquiescritura afetaria, em sua diferença, as noções de fala e escrita, principalmente quando essa última é tomada apenas como representação, imagem da primeira; desta forma, por meio do "conceito" de arquiescritura, Derrida propõe a passagem de um sistema de oposições (dicotômicas) para um espaço de inscrição de diferenças.

A questão envolvendo a problemática da escrita é, também, retomada por Derrida em seu texto *La pharmacie de Platon* (1972a). Considerada como bastarda, parricida, pois ela seria responsável pela morte do pai-*logos*, do *logos* como pai, ou seja, dessa representação transcendental por intermédio da qual a voz falava em sua presença plena, Derrida ainda se pergunta por que Platão acusa a escrita por meio da escrita (ibidem, p.182) – questão aparentemente paradoxal que só pode ser respondida no jogo próprio ao pensamento derridiano. É a figura do *pharmakon* que entra em cena, quando Derrida diz: "Este *pharmakon*, esta 'medicina', este filtro ao mesmo tempo remédio e veneno, já se introduz no corpo do discurso com toda sua ambivalência" (ibidem, p.78).[12]

No corpo e no *corpus* do discurso do pensamento sobre a desconstrução, vários elementos são introduzidos "com toda sua ambivalência": ausência e presença, veneno e remédio, voz e escrita, sensível e inteligível, finito e infinito, enfim, tantas outras formas lexicais e textuais que só podem ser apreendidas no movimento da *différance*, na elaboração de um pensamento que faz convergir "temporização" e "espaçamento". Interrompe-se, assim, a ideia segundo a qual os "diferentes" devem necessariamente ser opostos e hierarquizados. A *différance* é o que se mantém além de toda oposição, é o movimento por meio do qual a "língua constitui-se como tecido de diferenças" (1972b, p.12), é a errância da própria letra que não se deixa encerrar no jogo calculável da presença ou da ausência, do sentido pleno ou do desvio, da origem ou da rasura, como afirma Derrida (ibidem, p.13):

---

12 "*Ce pharmakon, cette 'médecine', ce philtre à la fois remède et poison, s'introduit déjà dans le corps du discours avec toute son ambivalence.*"

A *différance* é o que faz com que o movimento da significação só seja possível se cada elemento dito "presente", aparecendo na cena da presença, se relacionar com outra coisa diferente dele próprio, guardando em si a marca do elemento passado e deixando-se já atravessar pela marca de sua relação com o elemento futuro, o rastro não se relaciona menos com o que se chama futuro do que com o que se chama passado, e constitui o que se chama presente na relação com o que já não está mais presente.[13]

É no jogo errante e desafiador da *différance* que situamos, então, os questionamentos desta obra, um trabalho que implica o movimento empreendido pela busca de uma palavra que deseja de algum lugar, do centro ou das margens, de alguma língua, materna ou estrangeira, dizer a paixão de uma escritura; palavra que persegue os rastros de um trajeto-texto, marcado pela invenção de uma língua (im)própria à escritura, que se propõe, enfim, a lidar com a tessitura na qual se escreve o acontecimento do literário na e pela língua; um trabalho que procura "ter lugar" para falar do lugar idiomático da escritura. Se, de acordo com Derrida, só podemos (nos) dizer a partir desse lugar, ou seja, do idioma, o processo de inscrição da língua no idioma e do idioma na língua é, desde então, uma busca incessante pelo lugar, é aquilo que

> Tem lugar e está no lugar: tem lugar estando no lugar, tem lugar por estar no lugar – pelo fato de estar no lugar e em vista de ter lugar: tem lugar de estar no lugar: estando no lugar de ter lugar. (idem, 2000a, p.249)[14]

Essa relação de um e outro, de um pelo outro, de um no outro, pressupõe um entre-línguas, um sujeito entre-escrituras, uma escritura-

---
13 *"La différance, c'est ce qui fait que le mouvement de la signification n'est possible que si chaque élément dit 'présent', apparaissant sur la scène de la présence, se rapporte à autre chose que lui-même, gardant en lui la marque de son élément passé et se laissant déjà creuser par la marque de son rapport à l'élément futur, la trace ne se rapportant pas moins à ce que l'on appelle le futur qu'à ce qu'on appelle le passé, et constituant ce qu'on appelle présent par ce rapport même à ce qui n'est pas lui."*

14 *"[l'idiome est ce qui] A lieu et tient lieu: a lieu tout en tenant lieu, a lieu pour tenir lieu – par le fait de tenir lieu et en vue de tenir lieu: a lieu de tenir lieu: tenant lieu d'avoir lieu."*

-literatura,¹⁵ logo, um lugar "entre-disciplinar" que nos possibilita contornar os pressupostos teóricos desta pesquisa. Dessa forma, é na interface com a filosofia, a psicanálise, a história e a política que procuramos tecer os fios de um possível diálogo entre as línguas e as literaturas, diálogo muitas vezes marcado pela divergência e perpassado pela dúvida de seu próprio acontecimento. Assim, falamos e escrevemos, inevitavelmente, no rastro ou a partir da *différance*, pois

> É preciso talvez, de fato, partir da *différance* ou do batimento, ao invés [de partir] dos polos da finalização ou da morte. O que está do lado da vida está, então, do lado do batimento? Enquanto bater há vida, e quando não houver mais vida nada mais bate. Não falo do batimento do coração, mas do ritmo, dos ritmos. Então afirmar a vida, dito de outra forma, afirmar o gozo do lado da vida ao invés [de afirmá-lo] do lado da morte, é afirmar o batimento, um ritmo no qual há morte, não uma morte que seja oposta à vida, mas uma morte que está lá, que cisalha a vida, que é o ritmo... (idem, 2004b, p.61)¹⁶

---

15 Sobre a nomeação dos conceitos de literatura e escritura remetemos à obra *Derrida e a Literatura* (1999), de Evando Nascimento, em que o autor se interroga sobre a distinção de tais conceitos nos textos de Derrida. Segundo Nascimento (1999, p.38-9): "Pode-se perguntar por que Derrida mantém o nome de literatura para um objeto que muitas vezes na história do Ocidente se confunde com a escrita em geral, cuja questão é analisada, por exemplo, em *A farmácia de Platão*. Já que se tem nos dois casos uma função de *mímesis*, por que não tratar num mesmo capítulo, segundo uma mesma temática, a questão do discurso literário e a de qualquer discurso escrito, se tudo em suma é um problema de *letras*? Por que não *assimilar* a literatura à forma geral da escrita, fazendo daquela uma *espécie* desta?".

16 "*Il faut peut-être en effet partir de la différance ou du battement, plutôt que des pôles de l'accomplissement ou de la mort. Ce qui est du côté de la vie, est-ce alors du côté du battement? Tant que ça bat il y a de la vie, et quand il n'y a plus de vie ça ne bat même plus. Je ne parle pas du battement du coeur mais du rythme, des rythmes. Alors affirmer la vie, autrement dit affirmer la jouissance du côté de la vie plutôt que du côté de la mort, c'est affirmer le battement, un rythme dans lequel il y a de la mort, non pas une mort qui soit opposée à la vie mais une mort qui est là, qui cisaille la vie, qui est le rythme...*"

Há vida e morte, gozo e sofrimento na história que se desenha a partir da leitura de Derrida e de Khatibi. No entanto, partimos da vida, do batimento do coração, da paixão (de vida e morte) que perpassa as singularidades dessas escrituras, pois enquanto bater, haverá vida ou enquanto houver vida, algo baterá; haverá o dito e o não-dito, a palavra e o silêncio. No toque dessa batida e enquanto houver escrita (ou vida), perseguiremos os ritmos de Khatibi e Derrida, suas escritas e as complexas tramas de suas histórias.

Assim, no primeiro capítulo deste livro, debruçamo-nos, inicialmente, sobre as questões que dizem respeito ao lugar da literatura, mais precisamente, da literatura francesa como um centro irradiador de produção do conhecimento a partir do qual se exportavam modelos de referência para seus (ex) territórios coloniais. É a rigidez e a necessidade desse espaço funcionando como centro, tanto para os de dentro quanto para os de fora, que procuramos interrogar, e desse questionamento surge também a inevitável interrogação sobre o que se convencionou chamar de "francofonia". Nesse contexto, destacamos os trabalhos de Assia Djebar, Reda Bensmaïa, Khatibi e Derrida, entre outros, que testemunharam em seu nome, em favor de uma literatura livre de seus jugos histórico-coloniais, uma literatura que, a exemplo da língua, também "não pertence", mesmo que dela se queiram apropriar.

Num segundo momento, a partir dos deslocamentos operados entre o centro e suas margens, voltamo-nos para a questão que diz respeito ao materno da língua, da língua materna, quando se trata de escrever numa outra língua, supostamente estrangeira. O diálogo entre a psicanálise e a desconstrução permeia nossas reflexões. Destacamos aqui a obra do psicanalista francês Charles Melman, *Imigrantes – incidências subjetivas das mudanças de língua e país* (1992), e a leitura derridiana da psicanálise no seu questionamento sobre a noção de sujeito barrado pelo acontecimento da linguagem, sujeito que vive a angústia da perda e da falta como elementos inerentes à própria condição de tornar-se sujeito. Procuramos mostrar como o materno, a partir de Derrida e com Derrida, situa-se no cruzamento de um acontecimento plural e desvinculado de um lugar originariamente fixo e para sempre insubstituível. Não por acaso, esta primeira parte do livro intitula-se "Fragmentos: em que língua escrever?", pois nos fragmentos de outros discursos, de outros exemplos, tecemos as imbricações que constituem os elementos de nossa reflexão.

No segundo capítulo, a cena será marcada pela presença dos amigos Derrida e Khatibi – cena de uma amizade que se diz em línguas, de um amigo que reconhece e interpela o outro em nome da língua e da amizade. Trata-se, primeiramente, de situar o diálogo Derrida/Khatibi a partir de suas referidas obras, *Le monolinguisme de l'autre* (1996a) e *Amour Bilingue* (1992). No dizer desse encontro "entre" amigos e também para dizê-lo, recorremos a textos diversos nos quais é possível flagrar aspectos e momentos singulares dessa amizade. Dentre essas obras destacamos *Politiques de l'amitié* (1994b), de Jacques Derrida, e *Lettre ouverte à Jacques Derrida* (2004) e *L'aimance et l'invention d'un idiome* (2007/2008b), de Abdelkebir Khatibi. Discorremos sobre a amizade em forma de *aimance*, tal como proposto por Khatibi, ou seja, de acordo com uma "lei" que sugere a tolerância nos próprios atos de intolerância, que propõe a afinidade no coração da diferença, enfim, que expõe uma maneira de "amar pensando", um pensamento em forma de amor. No rastro da *aimance*, vemos delinear-se a trajetória intelectual e afetiva que une os dois pensadores.

Em segundo lugar, numa cena em que predomina o diálogo das línguas, avançamos algumas reflexões sobre a noção de bi-língua. Tal percurso é marcado, principalmente, pelas referências a *Amour Bilingue* (1992) e *Du bilinguisme* (1985), esse último texto também de Khatibi. Nos movimentos contínuos sugeridos pelo autor, no vai e vem de um e outro continente, de uma e outra língua, na aventura da bi-língua, no diálogo entre as diferentes culturas e tradições, surge o questionamento inevitável sobre a história das filiações e dos pertencimentos. Trata-se de um cenário complexo com relação ao qual Khatibi procura situar-se à margem de qualquer imposição identitária, quer ela reivindique seu pertencimento a uma tradição oriental ou ocidental. No gesto encenado pelo autor irrompem a necessidade e o desejo de afirmar uma genealogia sem genealogia, uma filiação que renega a própria linhagem, um pertencimento que, de fato, não pode nunca pertencer. Deparamos com a narração de uma experiência quase "intratável", não fosse o recurso ao pensamento da *différance*, permitindo apreendê-la.

No terceiro capítulo, as reflexões sobre *Le monolinguisme de l'autre* são retomadas, primeiramente, sob a ótica do testemunho. Trata-se de interrogar o que se dá a ler no traço da "escrita testemunhal" de Jacques Derrida. Para tanto, partimos dos argumentos, avançados pelo próprio Derrida, em *Demeure* (1998a, p.28), segundo os quais o testemunho está diretamente ligado à possibilidade da ficção, da mentira e do perjúrio. Nesse sentido, o ato de testemunhar comporta a promessa de dizer uma verdade que nada tem a ver com a verdade, ou seja, tal ato apresenta-se como a chance (e a ameaça) da dissimulação, do simulacro, da fidelidade e do perjúrio. Ao abalar os "limites" entre ficção e realidade, Derrida coloca em cena as complexas imbricações entre literatura e autobiografia, confissão e testemunho, verdade e não-verdade, veracidade e mentira. Na trama desses contornos indecidíveis, propromo-nos, então, a ler o testemunho de um "mártir-franco-magrebino" que "sofre e goza" com a difícil condição imposta pela sua história, mais precisamente, com a história da colonização imposta pelo outro. Para o desenvolvimento dessas questões apoiamo-nos, principalmente, em *Otobiographies – l'enseignement de Nietzsche et la politique du nom propre* (1984) e *Demeure* (1998a), de Jacques Derrida, e em diversos trabalhos de Siscar (2000, 2005a, 2010) referentes à problemática do "autobiográfico" em Jacques Derrida. Num segundo momento da história narrada por Derrida, uma história reduzida a uma "simples fábula", como ele próprio afirma, discutimos a hipótese derridiana segundo a qual a "língua não pertence", pois, de acordo com o autor, mesmo aqueles que acreditam falar idiomaticamente sua língua materna não a possuem, porque a língua não se deixa apropriar (cf. Derrida, 2001a).

Essa questão diz respeito a toda reflexão em torno da "monolíngua do outro", da língua do colonizador, do fato de ser recebido como "hóspede" (*hôte*) numa língua que não nos pertence. A problemática que emerge a partir da impossível apropriação da língua conduz ao complexo eixo envolvendo a língua e o idioma e coloca-nos diante de uma aporia inevitável: a necessidade como impossibilidade de distinguir a língua do idioma. Além de *Le monolinguisme de l'autre*, outras obras serão referência para nossa análise: *Schibboleth: pour Paul Celan* (1986a), *Fichus* (2002), do próprio Derrida, *Rencontre de Rabat avec Jacques Derrida – idiomes, nationalités, déconstructions* (1998b), obra coletiva organizada por Jean-Jacques Forté, sem contar ainda o estudo de Marc Crépon, *Langues sans demeure* (2005), que aborda inúmeras questões relativas ao idioma derridiano.

Por fim, numa outra margem do texto e acenando para o recomeço de um pensamento que se abre para outros questionamentos, é preciso ainda uma palavra para epilogar um pouco. Nesse epílogo, voltamo-nos para a questão do título deste livro: *A literatura na língua do outro*. No título e a partir do título, questionamos a história do pertencimento da literatura a certa "latinidade", com todas as implicações decorrentes dessa suposta filiação. Falamos ainda de língua e hospitalidade e da dimensão política que as perpassa, pois um trabalho que atravessa as fronteiras de várias disciplinas (legitimamente instituídas como tais), que se interroga, de maneira incessante, sobre o lugar da língua na literatura, de uma língua-literatura, não pode ignorar a dimensão do político que o constitui – dimensão político-literária que implica promover um olhar sempre "desconfiado" com relação aos autoritarismos institucionais das Letras, à legitimidade do próprio *corpus* do literário, às políticas pós ou neocoloniais que imperam em muitos cantos, aos regimes políticos totalitários que silenciam e, às vezes, de maneira brutal, seus escritores, sempre às margens das palavras dominantes.

Falar da língua na literatura, de língua e literatura, de uma literatura que fala em línguas, traduz-se por um gesto de reconhecimento do outro, da alteridade que nos constitui e que opera, sob suas diferentes formas, na própria língua. Nesse sentido, escrever na língua do outro é também escrever com o(s) outro(s), ato que só uma "democracia por vir" e um "pensamento-outro", como pensamento singularmente plural, podem acolher, quer eles irrompam do centro ou das margens.

1
FRAGMENTOS:
EM QUE LÍNGUA ESCREVER?

Si ma mère était ma mère [...] alors c'était l'allemand ma langue maternelle; si ma mère était mon père ou si mon père était ma mère alors ma langue maternelle aurait été un français neuf, le français des Juifs d'Afrique du Nord [...]. Si l'Algérie était ma mère ou si ma mère était l'Algérie alors ma langue maternelle aurait été l'arabe.

Hélène Cixous

Ecrire donc d'un versant d'une langue / vers l'abri noir de l'autre / vers la tragédie de la troisième / dites-moi, quelle serait-elle, cette troisième? / [...] / Ecrire est une route à ouvrir / écrire est un long silence qui écoute / un silence de toute une vie / comme autrefois / c'était au premier des désastres...

Assia Djebar

Língua e literatura: a questão do lugar

Assia Djebar, escritora argelina de língua francesa, no livro intitulado *Ces voix qui m'assiègent* (1999), ao abordar questões de política e de língua, envolvendo a literatura de "expressão francesa" no Magrebe, afirma que é a questão do "porquê" que se coloca, de início, ao escritor, frequentemente interrogado sobre as razões que o levaram a escrever. Como se estivesse diante de um tribunal, segundo a autora, muitas vezes, a pergunta ecoa: "Por que você escreve?" (*Pourquoi écrivez-vous?*) (ibidem, p.25).

A questão assim formulada ganharia ares de uma busca pela resposta ideal que permitisse ao escritor dizer "verdadeiramente" a razão de sua(s) escritura(s). Também, sujeita aos meandros de tal interrogação, que pode ser mais ou menos política, ou mais política do que literária, Assia Djebar comenta que, certa vez, ao ser questionada sobre os motivos de sua entrada na literatura, disse: "*– Escrevo*, respondi, *escrevo de tanto me calar!*" (*–J´écris*, avais-je répondu *–j'écris à force de me taire!*) (ibidem, p.25).[1]

No rastro de sua escrita, podemos, então, arriscar alguma leitura das/nas estrelinhas de seu texto. Não por acaso o verbo "calar" vem acompanhado, em francês, da locução prepositiva *à force de*, sugerindo um movimento de intensidade e repetição, intensidade de um silêncio que se repete na escritura. "Escrevo de tanto me calar" pode implicar que só há uma saída para o silêncio, a da escritura, ou que só a escritura permite dizer, em silêncio, a voz daquele que (se) cala.

Outros fios de sentido aparecem na tessitura do verbo "calar" permeado de tantos outros porquês. Por que o escritor deveria se calar? Por que o interdito lançado sobre a voz e a escritura? Como conjugar na escritura, que também seria uma espécie de *mise en écrit* da voz (ibidem, p.25), o silêncio e a voz? Como deixar transparecer,

---

1 Ao longo deste livro, inserimos no corpo de nosso texto fragmentos de textos em francês, ou por uma questão de análise (para fazer referência, na própria corporalidade do texto, ao fragmento citado ou comentado) ou, simplesmente, com intuito de "fazer dialogar" as línguas.

por meio da escritura, a voz do silêncio e o silêncio da voz? – questões aparentemente delicadas que se tornam mais complexas, quando a elas se sobrepõe o problema da língua na qual se diz a tarefa de escritura. Como constata Assia Djebar: "A essa primeira questão banal [por que você escreve?], frequentemente, sucede uma segunda: 'Por que você escreve em francês?' Se você é interpelada dessa forma, evidentemente, é para lembrar que você vem de outro lugar" (ibidem, p.7).²

Vir de outro lugar e escrever na língua do outro: a questão da língua é inevitavelmente uma questão de lugar, como diria Edmond Jabès (1989, p.44):

> Eu nunca soube onde estava. Quando estava no Egito, estava na França. Desde que estou na França, estou em outro lugar. De novo, o problema do estrangeiro. O estrangeiro não sabe mais qual é o seu lugar. O estrangeiro parte para um país como se pudesse refugiar-se numa imagem ideal. Mas nenhum país assemelha-se a tal imagem. Só existe a língua. Se um estrangeiro vai para um país porque escolheu a língua desse país, ele encontra seu lugar. Mas ele encontra seu lugar onde? Simplesmente nessa língua [...].³

O escritor seria por definição, um ser entre-línguas ou entre-as--línguas; até mesmo, no entre-das-línguas. No entanto, a trajetória desses escritores errantes entre as línguas difere não somente em função da história pessoal, das narrativas singulares que constituem as escritas de cada um, mas, sobretudo, no caso dos escritores (de língua francesa) que nos interessam mais particularmente, o percurso língua-escritura é atravessado pela história das colonizações, ou seja,

---

2 *"À cette première question banale [pourquoi écrivez-vous?], une seconde souvent succède: 'Pourquoi écrivez-vous en français?' Si vous êtes ainsi interpellée, c'est, bien sûr, pour rappeler que vous venez d'ailleurs".*

3 *"Je ne jamais su où j'étais. Quand j'étais en Egypte, j'étais en France. Depuis que je suis en France, je suis ailleurs. Encore le problème de l'étranger. L'étranger ne sait plus quel est son lieu. L'étranger part pour un pays comme s'il pouvait se réfugier dans une image idéale. Mais aucun pays ne ressemble à une pareille image. Il n'y a que la langue. Si un étranger vient dans un pays parce qu'il en choisit la langue, il y trouve son lieu. Mais il trouve son lieu où? Simplement dans cette langue [...]."*

uma história que "marca" e "re-marca" e, muitas vezes, dilacera a própria história individual.

Tahar Ben Jelloun, escritor marroquino de língua francesa, afirma que, para alguns escritores, o fato de não terem necessariamente escrito numa língua considerada materna ou o fato de terem circulado entre as línguas não lhes ofuscou nem os caminhos nem as escritas. Dentre os eleitos, ele cita Samuel Beckett, Emile Cioran, Eugène Ionesco e Franz Kafka, entre outros. O problema da legitimidade língua-escritura coloca-se, de acordo com Ben Jelloun, para aqueles escritores comumente chamados "metecas", obrigados, de maneira quase incessante, a dizer o porquê de suas escritas na língua do outro. Como ele próprio diz:

> Aqueles para os quais apontamos com o dedo, aqueles que precisam se justificar, mostrar seus "documentos", aqueles para os quais olhamos com suspeita são os "metecas", felizes por cultivar este jardim francês, um imenso jardim público onde crescem todas as flores, sem falar das ervas daninhas, ingredientes indispensáveis para uma boa literatura. (2007, p.118-9)[4]

Não se trata, evidentemente, como assinala Ben Jelloun, de colocar numa mesma ordem político-literária (no caso de escritores de língua francesa) autores como Samuel Beckett, Edmond Jabès, Aimé Césaire, Edouard Glissant, Ahmadou Kourouma, Assia Djebar e Abdelkhebir Khatibi, entre outros. As supostas razões que levaram uns e outros a escrever em francês implicam uma empreitada político-colonial que ultrapassa as fronteiras de um entendimento que se reivindicasse meramente literário, um "literário intramuros", se tal saber sobre a literariedade das letras pudesse encerrar-se na dita definição. O que se coloca em questão quando evocamos autores

---

4 "*Ceux qu'on désigne du doigt, ceux qui doivent se justifier, montrer leurs 'papiers', ceux qu'on regarde avec suspicion, ce sont les 'métèques', lesquels sont heureux de cultiver ce jardin français, un immense jardin public où poussent toutes les fleurs, sans parler des mauvaises herbes, ingrédients indispensables pour faire de la bonne littérature.*"

não-franceses de língua francesa, autores de expressão francesa,[5] escritores que experimentaram a tarefa de escrever na língua do outro, é a ideia simplista de que se possa falar, de maneira uníssona, em nome de uma "pátria francófona", de um território bem-sucedido do que se convencionou chamar francofonia.

Se o questionamento sobre o que uma suposta noção de francofonia poderia abarcar não é recente – vários estudiosos, interessados nas produções literárias e culturais de expressão francesa, já se interrogaram sobre os limites e impasses do referido conceito –, cabe lembrar que o dissenso é de regra, quando se tenta reunir sob a mesma etiqueta (a de francofonia), e de maneira cômoda, escritos e escritores oriundos de horizontes tão díspares.

Lise Gauvin, escritora quebequense e especialista em literaturas francófonas, questiona, em vários de seus textos, a suposta unidade que a noção de francofonia poderia comportar. Desta forma, Gauvin (1997b, p.111) pergunta-se:

> O que há de comum, de fato, entre a situação do escritor do Quebec, dividido entre o uso comum do francês, o quebequense vernacular e o inglês tão próximo, e o romancista da África, obrigado a traduzir as palavras de sua língua materna numa outra língua, no entanto [língua] nacional, entre o escritor da Bélgica, para quem o francês é a língua "natural", e o Antilhano dividido entre o substrato crioulo e o francês veicular?[6]

Ainda, segundo a autora, a noção de francofonia[7] certamente so-

---

5 Usamos indistintamente os termos autores "de língua francesa" ou "de expressão francesa", isso em função do contexto e da ênfase que pretendemos dar ou à noção de "língua" ou à de "expressão".

6 *"Qu'y a-t-il de commun, en effet, entre le français d'usage, le vernaculaire québécois et l'anglais très voisin, et la situation du romancier d'Afrique, qui doit traduire les mots de sa langue maternelle dans une autre langue et pourtant nationale, entre l'écrivain de Belgique, pour qui le français est la langue 'naturelle', et l'Antillais partagé entre le substrat créole et le français véhiculaire?"*

7 Sobre a vasta (e vaga) noção de francofonia, Lise Gauvin (2006, p.57) ainda afirma: "Permitam-me, em primeiro lugar, para 'animar' ainda mais o debate que diz respeito à noção de francofonia e de escritura francófona, pôr um pouco de lenha na fogueira. Parece-me, de fato, que quanto mais tentamos apreender tal noção,

freu um "desvio semântico", uma vez que parece excluir os próprios escritores franceses.[8]

Supor, entretanto, que tal noção foi objeto de um "desvio semântico" significa dizer que haveria uma maneira não desviante de encarar os fatos, o desvio, por sua vez, implicando uma mudança de rumo, um afastamento com relação ao que se considera normal ou "natural". Mas qual seria a norma, via de regra, quando se trata de excluir uns e incluir outros? O que está em jogo na exclusão da inclusão ou, noutros termos da equação, o que é permitido incluir, quando se está excluído? Como tratar (e ao mesmo tempo cuidar, pois trata-se de um cuidado político-literário, até mesmo, político-identitário) de uns e de outros, ou seja, da norma e do desvio nos próprios desvios da norma?

O que evidenciamos, de fato, quando evocamos as questões de língua e de literatura implícitas numa suposta ideia de francofonia é, de

---

mais ela escapa às categorias que pretendemos impor-lhe. Na verdade, o que se entende exatamente por francofonia? Seria uma etiqueta cômoda servindo para reagrupar as antigas colônias francesas? Uma maneira de designar os locutores franceses fora da França? Um meio para o Estado Francês de garantir sua presença no seio de organismos internacionais? Qualquer que seja o viés adotado, desde que tentamos precisar o sentido de uma palavra, há sempre um resto, ou seja, exceções, elementos que não se enquadram na definição. [...] Utilizarei, então, o termo francofonia em seu sentido restrito de literatura francesa fora da França, embora eu o considere um pouco simplificador. Pois, se esta designação permite dar certa visibilidade às produções literárias da 'periferia', a essas literaturas que, de acordo com a expressão de Kundera, devem criar as condições de sua visibilidade, ela não pode, no entanto, constituir uma fronteira ou um espaço fechado. Os escritores, é necessário sem dúvida lembrar, são escritores antes de serem francófonos, alófonos, migrantes, pós-coloniais ou o que quer que seja".

Convém também lembrar, "para animar ainda mais o debate", que a francofonia dispõe de um organismo internacional para cuidar de seus interesses, trata-se da Organisation Internationale de la Francophonie que, entre inúmeras outras funções, tem por objetivo promover a consolidação dos direitos humanos no espaço francófono e também favorecer o desenvolvimento educacional, cultural e econômico de seus membros, princípios por demais iluminadores e um tanto "humanistas", para não dizer, neocolonialistas.

8 Fato curioso ocorreu em Paris, em 2006, por ocasião do Salon du Livre e do Festival de la Francophonie, nos quais escritores antilhanos e reunionenses, embora fazendo parte desse difuso território chamado francofonia, não figuravam entre os convidados oficiais do "salão" por terem a nacionalidade francesa.

certo modo, um julgamento de valor que distingue os escritores não-
-franceses que escrevem em francês, os "francófonos", dos escritores
franceses *tout court* (simplesmente), logo, escritores originariamente
de língua francesa. Estabelece-se, assim, uma ordem de pensamento
em que o valor da "francidade" da escrita é determinado pelos que
fazem parte dessa última categoria, a saber, os escritores franceses.

A seguir esse raciocínio, perseguiríamos os caminhos duvidosos
da busca de uma essência absoluta do ser-escritor e de seus atributos,
numa cena totalmente dedicada ao culto da origem: a origem do escritor, a origem da língua, a origem do literário, enfim, travaríamos um
enredo genealogicamente orquestrado em função daquilo ou daquele
que está mais perto de ser a origem do modelo, no caso específico de
que falamos, tratar-se-ia dos escritores franceses da França.

A francofonia, desse ponto de vista, definir-se-ia a partir de um
"dentro" da língua, da literatura, da cultura, da cidadania etc. e poria
(e exporia, ao mesmo tempo, numa espécie de aporia) literalmente à
margem os que não podem (os "de fora") constituir-se em modelo (o
"dentro") de língua e de escritura. Se, na equação derridiana, o fora
é o dentro e deve ser entendido em sua rasura (*le dehors est le dedans*
(Derrida, 1967a, p.65), como ler os limites dessa noção a não ser nas
margens, a partir das margens, ou à margem de qualquer limite?

O próprio título do livro de Assia Djebar, *Ces voix qui m'assiègent
– en marge de ma francophonie* (1999) (*Essas vozes que me sitiam – à
margem da minha francofonia*), sugere uma leitura descentralizadora
das escrituras-modelo que "sitiam" a voz do escritor. O que a leva a
dizer: "A francofonia concerne um território certamente múltiplo,
movediço e complexo. Além do mais, supõe-se que ela tenha um
centro fixo, a partir de onde falam, escrevem e discutem os franceses
ditos 'de origem' (*de souche*)" (ibidem, p.7).[9]

A palavra *souche*, em francês, pode ser definida como "aquilo que so-
bra do tronco, com as raízes, quando uma árvore foi cortada", remete ao

---

9 "*La francophonie a un territoire multiple certes; mouvant et complexe, certainement.
Elle est en outre censée avoir un centre fixe, d'où parlent, écrivent et discutent des
Français dits 'de souche'.*"

"pé da planta (raízes e órgãos associados)". Em seu sentido "figurado", *souche* designa a "pessoa que está na origem de uma família, de uma série de descendentes, de uma linhagem". Significa também "origem" no sentido de origem "linguística" ou "étnica": "palavra de origem latina". A metáfora da árvore, implícita na designação de *français de souche* para falar de francofonia, contribui para reiterar a ideia de um centro a partir do qual falariam (e escreveriam) legitimamente, já que legitimados pela própria posição que ocupam na árvore, a saber, o que lhes dá sustentação, os escritores franceses.

Khatibi, em seus vários escritos sobre as consequências das políticas linguísticas coloniais para os escritores que, há pouco, chamamos de "metecas", também faz referência à metáfora da árvore, ao questionar o princípio da suposta unicidade da literatura francesa. Para o autor não se deve falar "*da*" literatura francesa, mas sim em literaturas francesas no plural e, de maneira radical, "raízes e diversidades de raízes" compreendidas, como ele próprio assinala; torna-se necessário interrogar "o francês" em seu princípio de identidade. Desta forma, diz Khatibi (s. d. apud Bensmaia, 2002, p.66):

> [...] como a metáfora da árvore, esses diferentes idiomas desabrochariam, de alguma forma *transplantados*, ao redor desse modelo de referência, desse princípio de identidade que o poeta Yves Bonnefoy definia enquanto "regra cuja tendência é identificar realidade e razão, permitindo não duvidar de que a *própria linguagem*, em sua estrutura, reflete com precisão esse Inteligível.[10]

O que Khatibi coloca em questão é a obediência a esse modelo unificante de língua e de literatura ao qual devem curvar-se todos aqueles que não figuram na raiz da árvore, porque já disseminados em muitos outros ramos, ou seja, em outros "idiomas". Ao fazer

---

10 "*[...] comme la métaphore de l'arbre, ces différents idiomes fleuriraient, en quelque sorte* transplantés, *autour de ce modèle de référence, de ce principe d'identité que le poète Yves Bonnefoy définissait en tant que 'règle qui tend à identifier réalité et raison, et permet de ne pas douter que le langage lui-même, dans sa structure, reflète avec précision cet Intelligible'.*"

referência ao poeta Yves Bonnefoy, numa citação em que este último deixa transparecer o "positivismo" de seu pensamento, "realidade e razão" confundidas, Khatibi também denuncia o poder desse modelo tão imperioso capaz de representar por meio de sua "linguagem", aqui entendida como equivalente de língua (francesa), um/o ideal de toda literatura.

Diante de tal imperativo, a língua e a literatura francesas erigidas em princípio absoluto, entende-se porque muitos escritores magrebinos de língua francesa, sobre os quais versa particularmente o interesse deste livro, debruçaram-se, de maneira constante, sobre questões referentes à língua, mais particularmente à língua francesa em curso em seus escritos. A interrogação sobre a inquietante estranheza da língua anima a produção literária francófona pós-colonial do Magrebe; por meio da língua, o questionamento sobre a identidade e, consequentemente, os contornos que a delineiam, a saber, o pertencimento (étnico, cultural, religioso), as questões relativas à noção de origem, de nação, de nacionalidade, logo, ao estatuto do que está em jogo no percurso de toda escritura.

O estatuto da literatura, em sua relação direta com a língua, é a constante do livro *Kafka – pour une littérature mineure*, de Deleuze e Guattari (1975). Ao estudar a produção literária de Kafka em seu contexto específico, ou seja, uma literatura de língua alemã, segundo Deleuze e Guattari (ibidem, p.29), diretamente ligada à "literatura judaica de Varsóvia ou de Praga", os autores elaboram o conceito de "literaturas menores". Desta forma, afirmam que o problema da "expressão", em jogo na obra de Kafka, não se coloca de "maneira abstrata universal", mas em relação às literaturas ditas menores (ibidem, p.29).

Entretanto, várias questões afloram a partir dessa designação "literaturas menores", a saber: o que seria uma "literatura menor"? Em que sentido a literatura poderia adjetivar-se em "maior" ou "menor"? Onde situar a fronteira entre o maior e o menor? Qual o papel da língua na expressão dessa(s) literatura(s) (maior ou menor)?

De fato, é o problema da língua que se coloca para Deleuze e Guattari e, antes, para Kafka. Segundo os autores: "Uma literatura menor não é aquela de uma *língua menor*, mas, ao contrário, aquela que uma minoria faz numa *língua maior*" (ibidem, p.29, grifos nossos).[11] Designa também, de modo mais amplo, "as condições revolucionárias de toda literatura no seio daquela que chamamos grande (ou estabelecida)" (ibidem, p.33).[12]

Não fossem problemáticas, por si só, as afirmações que consideram a existência de uma língua maior e de uma língua menor ou de uma língua maior com relação a outra que seria, sempre e proporcionalmente, menor, torna-se mais complexa a questão quando, a ela, se sobrepõe a ideia de que a língua menor é afetada por um "forte coeficiente de desterritorialização" (ibidem, p.30). Seguindo essa lógica deleuziana, estabelecem-se julgamentos de valor que remetem ao problema, acima evocado, da convergência a um modelo central (*do* centro e também *no* centro) de língua e de literatura. A noção de desterritorialização implica, por sua vez, a territorialização e, num pensamento constitutivamente dialético, evoca também a reterritorialização, permitindo-nos pensar, para retomarmos a metáfora da árvore, que uma "literatura-raiz" sempre pretende estar territorializada, cravada em território sólido, ao passo que seus galhos, expressões literárias originariamente disseminadas, são mais suscetíveis às tempestades e ao desarraigamento. Modelo frágil, então, o que visa considerar a questão do centro e, consequentemente, da periferia, pela e na raiz, a territorializar o próprio modelo de origem, na origem, em prejuízo de seu movimento.

Alguns estudiosos teriam visto, na abordagem de Deleuze e Guattari, uma boa maneira de compreender a relação hierarquizante entre as literaturas francófonas ("literaturas ditas menores") e a literatura francesa ("grande ou estabelecida", cf. Bensmaïa, 2002, p.67). Outros, mais desconfiados, embora achassem a ideia tentadora, concordaram em dizer que, na tentativa de "revalorizar" o menor, tal proposta acabava por ignorar "a dor e a angústia" ligadas à condição do escritor (cf. Gauvin, 2004, p.75).

---

11 *"Une littérature mineure n'est pas celle d'une langue mineure, plutôt celle qu'une minorité fait dans une langue majeure."*

12 *"[...] les conditions révolutionnaires de toute littérature au sein de celle que l'on appelle grande (ou établie)."*

No entanto, o que se dá a ler, de fato, sob a etiqueta de menor? O menor remeteria à língua? Ao político? Ao identitário? Como desvincular esse menor, transformado em língua e/ou literatura, do sofrimento e da angústia? O impossível no trabalho de escrita, impossível tomado aqui em sentido derridiano e, portanto, indissociável das condições de sua possibilidade,[13] não seria senão essa dor?

O posfácio do livro *Oran, langue morte* (1997), de Assia Djebar, intitula-se "O sangue não seca na língua" (*Le sang ne sèche pas dans la langue*). Ao falar da dor causada pela "amputação da palavra materna" numa narrativa que rememora a dor de tantas outras mulheres, silenciosas e veladas, no contexto de uma Argélia devastada por sucessivas ondas de ataques terroristas, a autora sugere uma fusão entre o ser-escritura e o ser-sofrimento. Se não somos só língua, pergunta-se Djebar, não seriamos, então, uma espécie de sujeitos língua-e-sofrimento? De maneira poética, a escritora encontra saída para aquilo que, do ponto de vista conceitual, se encerraria numa dialética cegante do dentro e do fora, do maior e do menor, do gozo e da dor. *Le sang ne sèche pas dans la langue* remete à metáfora da própria escritura poética para significar que, na impossível tarefa da escrita, "o sangue" (a tinta) não seca nunca porque a língua permite à palavra dizer o impossível da dor, o impossível a ser dito e o impossível do inter-dito.

No rastro da impossibilidade, perscrutemos, ainda, as aventuras da escrita kafkiana. Numa carta dirigida a Max Brod, em junho de 1921, Kafka, que não escrevia em iídiche, mas, ao contrário, em alemão – e num alemão cuja singularidade só poderia, segundo ele próprio, ser apreendida sob o signo de várias impossibilidades –, relata ao amigo:

---

13 A propósito do impossível (im-possível, tal como grafado pelo autor) Derrida (2004c, p.28) diz: "A possibilidade está, então, veiculada ao impossível. [...] Sempre escrevo 'impossível' com um traço-de-união entre im- e possível, para sugerir que esta palavra não é negativa no uso que faço dela".

> Eles [os judeus alemães] viviam entre três impossibilidades (que eu chamo por acaso impossibilidades de linguagem, é o mais simples, mas poderíamos também nomeá-las de outra forma): a impossibilidade de não escrever, a impossibilidade de escrever em alemão, a impossibilidade de escrever de outra maneira [...]. (Kafka, 1921 apud Crepon, 2005, p.42)[14]

Na interpretação de Deleuze e Guattari, o impasse vivenciado por Kafka, impasse que barrava o acesso à escritura aos judeus de Praga, poderia ser entendido da seguinte forma: a "impossibilidade de não escrever" estaria ligada à condição de escritor do próprio Kafka e, desta forma, ao fato de que a "consciência nacional" encontraria sua emancipação por meio da literatura; a "impossibilidade de escrever em alemão" vincular-se-ia ao caráter de estrangeiridade (e de estranheza) que a língua alemã assumiria para os tchecos, língua, portanto, desterritorializada, "própria a estranhos usos menores" (Deleuze; Guattari, 1975, p.30); enfim, a "impossibilidade de escrever de outra maneira", ou seja, em outra língua, poderia explicar-se pela impossibilidade, para os judeus de Praga, de sentirem-se em casa num espaço territorial tcheco.

Marc Crépon, numa obra intitulada *Langues sans demeure* (2005), embora não negue que a questão do "território" seja central na relação de Kafka com suas línguas, discorda da análise proposta por Deleuze e Guattari, pois, para Crépon, trata-se menos de evocar um "arrancamento" do território, um processo de desterritorialização do que possa ter pretendido estar territorializado em um lugar originariamente próprio, do que considerar a impossível propriedade da língua. Partindo do princípio derridiano, segundo o qual "nunca há apropriação ou reapropriação absoluta" da língua (Derrida, 1996a, p.46),[15] Crépon mostra, de fato, que em Kafka não há morada possível

---

14 "*Ils [les juifs allemands] vivaient entre trois impossibilités (que je nomme par hasard des impossibilités de langage, c'est le plus simple, mais on pourrait aussi les appeler tout autrement): l'impossibilité de ne pas écrire, l'impossibilité d'écrire en allemand, l'impossibilité d'écrire autrement [...].*"

15 As questões relativas à impossível propriedade da língua, do "pertencimento sem pertença" serão tratadas no capítulo 3.

para as línguas, sua escrita inscreve-se num movimento sempre contínuo entre (as) línguas. Se, por acaso, uma territorialização primeira tivesse sido, em algum momento, possível, em Kafka e para Kafka, tal acontecimento seria uma empreitada desconcertante, como o é, para ele, a relação com a língua familiar, "língua da morada" (*langue à demeure*), falada primeiramente no círculo da família, conforme constata Crépon (2005, p.40-1):

> Se seguirmos [os escritos de] Kafka, a língua da morada, a língua do *oikos*, longe de ser a língua que lhe terá permitido viver, é a língua que lhe terá sufocado toda a possibilidade de falar e de viver com os outros. "Estar vivo", "sair do mutismo" [...] torna-se novamente possível (ou torna-se possível *de outra maneira*) graças à descoberta de uma *outra* língua que escapa ao domínio deste *oikos* – uma língua que, na palavra dos atores, faz sonhar aquele que a concebe numa outra relação com a língua, ao abrigo das leis da morada, ou seja, talvez das leis de toda morada possível.[16]

Cabe-nos esclarecer que se o problema da relação de Kafka com suas línguas, problema que será amplamente discutido em *Diários* (1911) e na "trágica" *Carta ao pai* (1919), interessa-nos num primeiro momento (prova disso são as discussões efetuadas até aqui), tal interesse se deve não somente à singularidade da escrita kafkiana, mas também está intimamente ligado à problemática deste livro, a saber: a questão da língua na literatura. Acrescente-se ainda a tais argumentos o fato de que a análise deleuziana da tripla impossibilidade de escrita anunciada por Kafka foi, muitas vezes, tomada como modelo de leitura no contexto de estudo das literaturas francófonas.

---

16 "*Si l'on suit Kafka, la langue à demeure, la langue de l'oikos, loin d'être la langue qui lui aura permis de vivre, est celle qui qui aura étouffé en lui toute possibilité de parler et de vivre avec les autres. 'Être vivant', 'sortir du mutisme' [...] redevient possible (ou devient possible autrement) grâce à la découverte d'une autre langue qui échappe à l'emprise de cet oikos – une langue qui, dans la bouche des acteurs, fait rêver celui qui l'entend à un autre rapport à la langue, à l'abri des lois de la demeure, c'est-à-dire peut-être des lois de toute demeure possible.*"

Reda Bensmaïa (2002), ao retomar o esquema de Deleuze e Guattari para analisar a situação dos escritores magrebinos francofónos, propõe a substituição da palavra "alemão", que em Kafka lia-se língua alemã, pela palavra "francês" e afirma que a impossibilidade de escrever em outra língua que não o francês (*l'impossibilité d'écrire autrement qu'en français*) (ibidem, p.67), representaria, para tais escritores, a marca de um "limite" e de uma "distância" irredutíveis diante dos quais só lhes restaria a possibilidade de "fantasiar sobre uma 'territorialidade primitiva' magrebina ou 'Africana'; 'territorialidade' que eles tinham, de resto, o sentimento de trair constantemente" (ibidem, p.67).[17]

É com a questão do território que se vê confrontado, primeiramente, aquele que escreve numa língua que não necessariamente a suposta língua materna. O território adquire estatuto de "lugar-próprio" e a literatura que nele e a partir dele se produz torna-se signo incontestável de pertencimento e de "fidelidade" linguístico-territorial.

Se é certo que esse "lugar-próprio", nas teorias que se autoproclamam pós-modernas ou pós-coloniais, já foi objeto de desapropriação e desenraizamento, pode-se, então, perguntar por que a questão da nacionalidade literária, e das consequências que ela acarreta, ainda se coloca para tantos escritores e estudiosos da literatura.

A nacionalidade é o que se define *intramuros*, no espaço de uma nação, de um país e põe em funcionamento todo um sistema de valores que visa delimitar os limites de sua(s) fronteira(s). A simples desapropriação desse lugar mítico, comumente chamado território-nação, não basta para apagar o abismo que se cria nos limites do *intra* e do *extramuros*. Mesmo desapropriados, esses lugares apelam para a lógica do dentro e do fora, ainda que o dentro não passe de um lugar de memória.

Se a questão da memória vem à baila, podemos interrogar, no contexto desta obra, qual o lugar da literatura francesa na memória e na história das literaturas magrebinas de expressão francesa. Se elas

---

17 "*[...] fantasmer d'une 'territorialité primitive' maghrébine ou 'Africaine'; une 'territorialité' qu'ils avaient du reste le sentiment de trahir constamment [...]*."

foram, como disse Khatibi, "transplantadas", a partir de um lugar para outros lugares, cabe, ainda, interrogar o que aconteceu entre essas literaturas e seus lugares, mais precisamente, entre os lugares da literatura e a literatura do lugar.[18]

De antemão, podemos dizer que, se no lugar de suas origens, essas literaturas, quer sejam magrebinas ou africanas, antilhanas ou quebequenses, entre outras, já foram objetos de uma transplantação, isso se deve ao fato de que o suposto princípio engendrador de suas identidades, a saber, a literatura francesa, começa, no momento mesmo de sua aparição, com uma operação de enxerto. É nesse sentido que Khatibi, a seguir os rastros de uma leitura derridiana, questiona o "princípio de identidade inicial" da literatura francesa, conforme apontamos anteriormente. E sua condição de escritor magrebino de língua francesa leva-o a dizer:

> Estamos reunidos, hoje, sob o signo da literatura francesa à qual fomos *historicamente destinados*. Literatura que foi *na origem* [...] *um tipo de mistura* entre um léxico latino, um léxico inicial latino, e uma sintaxe propriamente francesa, propriamente idiomática e local. Aí está uma dualidade, um arranjo entre duas diferenças unificadas pela língua francesa; é esse seu *princípio de identidade inicial*, no qual somos inscritos com nossas línguas, nossos idiomas, nossas civilizações. (Khatibi, 1997, p.123, grifos nossos)[19]

Alguns pontos, referentes à língua, à literatura e à história, merecem ser destacados na afirmação de Khatibi. Ao dizer que os magrebinos

---

18 Sobre a problemática relativa a questões de literatura e de lugar ver o texto de Jacques Derrida: *"Littératures Déplacées"* (2000b, p.61-3), escrito por ocasião do lançamento do primeiro número da revista *Autodafe*, criada pelo Parlamento Internacional dos Escritores.

19 *"Nous sommes réunis aujourd'hui sous le signe de la littérature française à laquelle nous avons été historiquement destinés. Littérature qui a été à l'origine [...] une sorte d'alliage entre un lexique latin, un lexique initial latin, et une syntaxe proprement française, proprement idiomatique et locale. C'est là une dualité, un agencement entre deux différences unifiées par la langue française; c'est là son principe d'identité initial, dans lequel nous sommes inscrits avec nos langues, nos idiomes, nos civilisations."*

foram "historicamente destinados" à literatura francesa, Khatibi evoca o passado-presente, presente enxertado de passado-futuro, da história da colonização francesa no Magrebe, mais particularmente, no que diz respeito à Argélia, ao Marrocos e à Tunísia. Se, por um lado, a colonização adquiriu uma coloração diferente em cada um desses "territórios", em função das particularidades locais e dos interesses franceses, por outro, fato inegável para todos foi a imposição da língua francesa às populações locais.

Exceção feita à língua – uma língua pretensamente una, imposta com o intuito de sufocar os pluralismos linguísticos locais e tornar-se o instrumento, por excelência, do assujeitamento colonial –, excetuando, então, o poder hegemônico da língua francesa nos territórios colonizados, os mecanismos de dominação político-coloniais diferiam entre si, de maneira significativa.

O Marrocos e a Tunísia viviam sob um regime de "protetorado francês"; já na Argélia, a história tomou outro rumo e a França aí instaurou uma colonização dita "de povoamento". No caso do Marrocos e da Tunísia, estar sob protetorado francês significava a possibilidade de manter, do ponto de vista formal, as instituições locais existentes, assegurando, inclusive, aos marroquinos e tunisianos, o direito de preservarem sua nacionalidade; a potência protetora, por sua vez, assumia a gestão da diplomacia, do comércio exterior e, eventualmente, do exército.

A "colonização de povoamento", na Argélia, deu-se de maneira bem diferente e ganhou ares mais brutais. Enquanto a França ocupava a Argélia, decretando em território argelino a formação de três departamentos franceses, as populações locais foram submetidas a um estatuto inferior de "indigenato", fato que gerou, no interior da mesma sociedade e de maneira ostensiva, a criação de duas comunidades distintas: de um lado, os muçulmanos autóctones (*indigènes*),[20]

---

20 Jean-Louis Calvet (1977, p.96-7), no livro *Saussure*, ao tratar de questões relativas à conotação, à denotação e à ideologia, faz uma observação interessante que diz respeito à palavra "indígena" (*indigène*). Segundo o autor, "[...] a conotação (como, aliás, a ideologia) não é estática, mas mantém com a denotação uma relação dinâmica, evolutiva, que o exemplo seguinte ilustra bem. No início do século XIX, na

jurídica e concretamente vivendo em condições inferiores, e, de outro, os colonos, cidadãos franceses, também designados como *pieds-noirs*, com um nível de vida e de instrução (ou seja, de escolarização) incontestavelmente superior.

Aliás, era em nome da "instrução" que a França justificava os feitos, pouco louváveis, de suas "missões civilizadoras". Em um estudo que coloca em questão o papel efetivo das chamadas missões civilizadoras na Argélia, *La mission civilisatrice* (2006a), Smaïl Hadj Ali chama a atenção para a desigualdade chocante do nível de escolarização entre as populações francesas e argelinas decorrente do processo colonial,[21] fato que levara, segundo Hadj Ali (ibidem, p.2), o próprio reitor da Academia da Argélia, M. Jeanmaire, a relatar, em 1898, que 97% das crianças argelinas "tinham permanecido estrangeiras à língua francesa

---

alvorada da aventura colonial, o termo *indígena* tem um sentido próximo da sua etimologia: 'nascido no país que habita'. Assim, num território colonizado pelos franceses, defrontam-se dois grupos, os *indígenas* e os *estrangeiros* (ou os *europeus*, ou os *franceses*...). Em curso de colonização, os colonos franceses vão procriar e fazer surgir indivíduos que, em boa lógica denotativa, deveriam ser chamados *indígenas*. Mas o racismo vem interferir com a denotação: recusa-se a considerar da mesma forma o filho do branco e o árabe ou o negro. Por isso, na maior parte das situações coloniais, um terceiro termo vai aparecer: haverá o indígena, o europeu (ou o francês na França, o *francoui* às vezes, com uma nuança pejorativa) e o europeu nascido no lugar (por exemplo, o francês nascido na Argélia, o *pied-noir*). O aparecimento desse terceiro termo vai certamente modificar o sentido dos dois precedentes. Agora o indígena não é mais aquele que nasceu no lugar, ele é o colonizado, o negro, o cabrito: o termo carregou-se de uma conotação pejorativa racista". Ao longo deste livro, optamos por traduzir o termo *indigène* por autóctone, fazendo muitas vezes o primeiro aparecer entre parênteses, logo em seguida à tradução. Consideramos que ao empregar a expressão "autóctone (*indigène*)" não perdemos de vista os diversos sentidos da palavra apontados por Calvet em seu texto.

21 Em seu estudo, Smail Hadj Ali mostra concretamente como a colonização francesa excluiu do processo de escolarização grande parte da população argelina. De acordo com o autor: "Em 1930, após um século de 'presença francesa', faustosamente celebrada, 60.600 pequenos argelinos estavam escolarizados dentre novecentos mil em idade escolar [...]. Entretanto, esses números não dão conta do tamanho da miséria intelectual e cultural na qual tinha sido mergulhada e mantida sistematicamente a sociedade argelina, e, isto, desde os primeiros anos da colonização" (2006a, p.2-3).

e a toda ação civilizatória". O autor aponta, também, para o caráter tendencioso das missões civilizadoras que objetivavam, entre outros, "levar a civilização às populações bárbaras", "regenerar", "criar as leis e os regulamentos", "instruir" e "espalhar as benfeitorias da ciência" (ibidem, p.1). Tratava-se, exatamente, nos termos e segundo a "nobre" ideologia das missões, de "regenerar" e "instruir" povos que haviam ficado literalmente à margem do "processo civilizatório" ocidental[22] – ambições por demais colonialistas que só contribuíram para acirrar as batalhas internas e aumentar o abismo "civilizacional" entre os de fora, os colonizadores franceses, e os de dentro, os argelinos colonizados. As diferenças político-econômicas no seio da população e os rumos pouco harmonizantes que tomava o processo colonial desencadearam tensões internas e reivindicações nacionalistas que resultaram na guerra de libertação, oficialmente declarada em 1954, cujo término se deu em

---

22 Em outro artigo intitulado *Os são-simonianos e a colonização da Argélia* (2006b) – a tradução desse texto para o português é de René V. Lenard – Hadj Ali chama a atenção para a política de colonização empreendida pelos são-simonianos na Argélia. Segundo o autor, por trás de um projeto de "associação universal" com os povos colonizados, estava, de fato, implícito o propósito de estabelecer "redes de submissão" em meio a essas populações. Desta forma, Hadj Ali afirma: "O que nós nomeamos são-simonismo colonial, da mesma forma que existiu o 'socialismo colonial' ou o oxímoro 'colonização do progresso', identifica-se, ainda hoje, com a ideia, transformada em paradigma, da 'boa colonização'. Estudos, ensaios eruditos, livros de recordações e reedições de textos comentados sobre a colonização da Argélia concordam em reproduzir [...] a ideia segundo a qual houve uma 'boa colonização' ou, ainda mais sutilmente, que, ao lado de uma colonização lamentável, existiu uma boa. / Em maio de 2003 essa tese materializou-se com a apresentação de um projeto de lei 'visando ao reconhecimento da obra positiva de nossos concidadãos que viveram na Argélia [...]'. / Um pouco antes, um político, ministro várias vezes, escrevia: 'Não podemos julgar o período colonial [...] esquecendo o legado de bens, entre os quais em primeiro lugar a escola, que [a França] transmitiu aos povos colonizados, com os valores da República, as armas intelectuais para sua própria libertação [...]'. [...] Essas posições lembram aquela dos são-simonianos, mas também outras correntes de ideias que, para além de suas clivagens, diminuindo ou ignorando os crimes de guerra de conquista e a opressão colonial, celebraram a 'dinâmica educação' e a 'civilização', como Victor Hugo: 'É a civilização que marcha contra a barbárie. É um povo esclarecido que vai ao encontro de um povo nas trevas. Nós somos os gregos do mundo; cabe-nos iluminar o mundo'" (Hadj Ali, 2006b, p.225).

1962, com a assinatura dos acordos de Evian (e cerca de mais de um milhão de mortos do lado argelino, de acordo com alguns historiadores).[23]

Num contexto marcado por tantas rupturas de ordem política, econômica e cultural entende-se porque a língua passa a ser o grande demarcador de identidade cultural e, desta forma, a reivindicação por uma língua e uma literatura locais, próprias do lugar, torna-se a principal arma da luta contra as imposições coloniais – já que se relegava às margens de uma cultura transformada em espectro de folclorização tudo o que não era francês. A marginalização das línguas e das culturas autóctones (*indigènes*) não foi um simples acontecimento ligado ao período colonial mais ou menos breve, mais ou menos longo (no caso da Argélia, o processo de colonização teve início em 1830 e durou cerca de 130 anos); trata-se de uma problemática atual que os governos pós-independências não souberam ou não quiseram enfrentar, preocupando-se essencialmente em "substituir" o francês pelo árabe clássico – tarefa cujo balanço aponta para desastrosas consequências político-humanas ao se constatar, em escalas e ordens diversas, o ressurgimento de tantos "ismos": os integrismos e toda a cadeia semântica que ele comporta.

No clima gerado por essas tensões é que podemos compreender a força da expressão veiculada pelo poeta e romancista argelino Kateb Yacine: "a língua francesa como butim de guerra" (*la langue française est un butin de guerre*) (Yacine apud Benamar, 2007, p.146) – butim trazendo consigo o peso das lutas interiores (e externas) vivenciadas por muitos escritores magrebinos, de modo geral. Luta pela reivindicação do direito de dizer uma voz silenciada pela imposição dessa mesma

---

23 Convém também lembrar que no dia 8 de maio de 1945, houve manifestações para festejar o fim da segunda guerra mundial. Ao mesmo tempo, os partidos nacionalistas argelinos promoveram uma manifestação em favor da independência do país, iniciativa que foi violentamente reprimida pela França, a tal ponto que o episódio é tratado, na historiografia argelina, como "os massacres de Sétif e de Guelma", acontecimento terrível cujo número de mortos varia, de acordo com as fontes, entre pouco mais de mil e 45 mil. (Esses dados me foram fornecidos por Ismaïl Hadj Ali, num debate ocorrido em agosto de 2007, ocasião em que ele proferiu a palestra *Cultura e colonização*, no Ibilce/Unesp.)

língua que, paradoxalmente, possibilitará, como um butim de guerra, expressar a dor, o trauma e a memória da palavra silenciada. Língua em forma de exílio (ou língua como exílio) que, de algum lugar, na força de alguma palavra, permite, ainda, ao escritor denunciar sua própria situação, tal como o fez Kateb Yacine, que nunca deixou de expressar as implicações políticas, envolvendo a complexa trama de uma nomeação um tanto problemática: a designação de/do ser "escritor magrebino de expressão francesa". A esse respeito Kateb Yacine ainda diz:

> [...] a francofonia é uma máquina política neocolonial que só faz perpetuar nossa alienação; mas o uso da língua francesa não significa que sejamos agentes de uma potência estrangeira, e eu escrevo em francês para dizer aos franceses que eu não sou francês. (ibidem, p.146)[24]

Vê-se, então, na complexidade histórica dos acontecimentos, que "estar historicamente destinados à literatura francesa" não foi e não é uma empreitada amena para muitos escritores magrebinos.[25] Entretan-

---

24 *"[...] la francophonie est une machine politique néocoloniale qui ne fait que perpétuer notre aliénation, mais l'usage de la langue française ne signifie pas qu'on soit l'agent d'une puissance étrangère, et j'écris en français pour dire aux Français que je ne suis pas Français."*

25 É importante lembrar aqui que alguns escritores magrebinos – Assia Djebar, Abdelwahab Meddeb e o próprio Khatibi, entre outros – chamaram a atenção para o fato de que é ilusório imaginar que o Magrebe descobriu a língua francesa e, também, o espanhol e o italiano com o advento da colonização. A presença de uma importante população de imigrantes espanhóis, no Oeste da Argélia, deixou marcas significantes de sua passagem na língua ou nas línguas que se falavam na região. Da mesma forma, na Tunísia, os dialetos italianos influenciaram as línguas locais. Considera-se, assim, que o francês da África do Norte também esteve sujeito ao mesmo processo de "miscigenação linguística", assim como o árabe falado nessas regiões. Tal fenômeno de "mestiçagem", no âmbito do pluralismo linguístico magrebino, seria, então, anterior ao período colonial. Historicamente, o Magrebe foi a "terra eleita" da *língua franca* mediterrânea, ou seja, uma língua compósita, tendo por base o espanhol e o italiano, aos quais se misturaram diversos outros aspectos das línguas romanas e também alguns elementos do árabe e do turco. Nesse sentido, Khatibi, ao falar do princípio de identidade inicial da literatura francesa, afirma: "Aí reside seu princípio de identidade inicial [...] com relação ao qual somos inscritos, franceses e francófonos, com nossas línguas, nossos idiomas, nossas culturas, *bem antes da colonização do Império francês*. Desta forma, o que

to, escrever na língua do colonizador tornou-se, muito frequentemente, uma maneira de se emancipar do jugo colonial por meio da própria língua, já que esta havia se tornado o instrumento de formação escrita para a grande maioria desses escritores. Assim, na impossibilidade de se dizerem em sua(s) língua(s) materna(s), sem ignorar a necessidade de questionar, primeiramente, o que viria a ser uma/a língua materna para tais escritores, o francês aparece como a chance de dizer o impossível da escritura e da própria colonização.

No entanto, ao se colocar como modelo de referência para as três literaturas do Magrebe, nascidas da colonização, a literatura francesa surge como espécie contaminada em sua própria origem. Enquanto literatura-modelo, ela já sofreu em sua raiz o enxerto/transplante de outras línguas, como assinala Khatibi (1997, p.123): "Literatura que foi na origem [...] um tipo de combinação entre um léxico latino, um léxico inicial latino, e uma sintaxe propriamente francesa, propriamente idiomática e local".[26]

Desta forma, na expressão de seu modelo, essa literatura aparece como um rastro de outras escrituras e supõe uma mistura (*alliage*) – que não se deixando homogeneizar seria, então, uma "mescla" – entre um léxico estrangeiro ("um léxico inicial latino") e uma "sintaxe propriamente francesa, propriamente idiomática". No entanto, a mistura entre o que não é próprio, o estrangeiro, e o propriamente de casa, o francês,

---

se chama, de uma maneira tão inconsequente, de 'francofonia' ou 'francografia' *data e não data da época colonial"* (1999, p.37, grifos nossos). Ver também sobre o mesmo assunto o estudo de Jocelyne Dakhlia, *Mémoire des langues* (2000).

26 Hélène Cixous (2004, p.71), num Seminário ocorrido em Barcelona, em 2004, sob o tema de *Langue à venir*, ao tratar de questões de literatura, língua e identidade, também faz alusão à ideia de mistura (*alliage*) com relação à língua francesa. Segundo a autora: "Quando dizemos o francês, dizemos, aliás, algo que é inexato, deveríamos, primeiramente, nos lembrar de que o francês – como todas as outras línguas, evidentemente – é uma língua cheia de línguas, que cada vez que falamos francês, falamos ao mesmo tempo português, espanhol, árabe, latim, é claro, enfim, é uma língua que carrega os rastros e os restos de muitas outras línguas; desta forma, cada vez que estou em francês, estou em todas as outras línguas. Mas não é somente isso, mesmo se me aproximo bastante da etimologia – que é uma riqueza poética –, é o francês fora do comum que me interessa, o francês ainda desconhecido, aí, então seria preciso entrar no mundo do que chamamos [...] estilo".

origina-se de uma combinação que deixa incertezas quanto ao caráter particular da operação. A palavra *alliage* que pode ser traduzida por liga, combinação, aliança, também remete, de acordo com *Le Petit Robert*, a uma "mistura pouco harmoniosa". Daí entendermos que, na origem de seu "princípio de identidade inicial", a literatura francesa teve seus próprios princípios traídos, pois foi contaminada com algo que lhe era impróprio, o que resultou num arranjo (*un agencement*) entre duas diferenças aparentemente unificadas, mas, diferindo, para sempre, entre si.

Trata-se de uma literatura enxertada, tal como a língua na perspectiva derridiana, que se (em)presta ao enxerto (*greffe*)[27] em seu próprio corpo, que só existe e também resiste enquanto literatura, com a condição de ser incessantemente transplantada. Nesse sentido, língua e literatura (con)fundem-se num amplo movimento de enxerto e implicam a exclusão do "princípio de identidade inicial" (uno e puro) ao qual poderiam aspirar. Segundo Derrida, toda operação textual é, por excelência, uma operação de enxerto generalizado cujo movimento infinito não tem começo nem fim absolutos. A lógica do enxerto (*greffe*) ou do grafo (*graphe*) (e Derrida chama a atenção para a coincidência etimológica, em francês, entre enxerto e grafia) apaga a oposição do dentro e do fora, do mesmo e do outro e também remete à lógica do suplemento[28] – questão fundamental para apreendermos o lugar das

---

27 A palavra *greffe* em francês recobre tanto o sentido de enxerto quanto o de transplante. Assim, a língua, na perspectiva derridiana, é sempre uma língua *greffée*: língua na qual foram enxertadas outras línguas; língua que sofreu uma operação de transplante e que também foi trans-plantada em/para outras línguas. Derrida usa a expressão *langue greffée* para significar a impossibilidade de uma língua única, pura e apontar para o caráter essencialmente plural da língua. Desta forma, ele diz: "[...] estamos, assim que entramos no jogo, na multiplicidade das línguas e na impureza do limite" (Derrida, 1999, p.215).

28 O suplemento, como nos mostra Derrida, principalmente em sua obra *De la grammatologie*, não deve ser apreendido como uma simples exterioridade, uma pura adição à coisa em si. Tal conceito abrigaria dois significados aparentemente antagônicos, mas "necessários", segundo a lógica de sua realização. Por um lado, então, o suplemento seria algo do estatuto de um "excesso" (*un surplus*) que viria acrescentar-se à "plenitude da presença"; por outro, ele a substituiria, o que leva Derrida (1967a, p.208) a dizer: "Mas o suplemento substitui. Ele só acrescenta--se para substituir. Ele intervém ou insinua-se *no-lugar-de* (*à-la-place-de*); se ele

literaturas magrebinas francófonas, enquanto escrituras-literaturas inscritas num *corpus* de língua francesa, pois, ainda de acordo com Derrida (1967a, p.308), a "lógica" do suplemento põe fim à lógica da identidade e supõe que "[...] o fora esteja dentro, que o outro e a falta venham acrescentar-se como um mais que substitui um menos, que o que se acrescenta a alguma coisa esteja no lugar da falta dessa coisa, que a falta, como fora do dentro, já esteja dentro do dentro etc.".[29]

Se, por um lado, a questão do suplemento desloca o problema do modelo e de suas cópias, do centro e da periferia, e permite-nos outras leituras do que se apresenta sob o rótulo de "princípio de identidade inicial", por outro, não nos permite ignorar a(s) política(s) de escrita em jogo quando nos perguntamos, de fato, o que significa escrever no Magrebe, hoje.[30]

A resposta a tal pergunta aparece, primeiramente, sob o signo da diglossia. Escrever no Magrebe implica, antes de tudo, inscrever-se no movimento do entre-várias-línguas ou, pelo menos, do entre--duas-línguas. Há uma diglossia primeira entre o árabe clássico e o árabe dialetal ou, muitas vezes, entre o árabe e o berbere.[31] A língua

---

preenche, é como preencher um vazio. Se ele representa e cria imagem, é pela falta anterior de uma presença. [...] o suplemento é um adjunto, uma instância subalterna que *está-no-lugar (tient-lieu)*". Sobre a questão do suplemento, ver também *La dissémination* (1972a).

29 "*[qui veut que] le dehors soit dedans, que l'autre et le manque viennent s'ajouter comme un plus, qui remplace un moins, que ce qui s'ajoute à quelque chose tienne lieu du défaut de cette chose, que le défaut, comme dehors du dedans soit déjà au dedans du dedans, etc.*"

30 A propósito dessa questão, Assia Djebar (1999, p.29) diz: "Em resumo, escrever no Magrebe, hoje, seria: – para os franceses ditos *pieds-noirs*, escrever com um ouvido e uma voz francófonos, para alguns, um francês com ecos de espanhol, de italiano, de maltês etc. / – para os outros, os autóctones, inscrever um francês levemente desviado, já que escutado com um ouvido árabe ou berbere, escrever colado num murmúrio linguístico".

31 Língua originária do grupo das línguas semíticas, o berbere, falado, desde a pré-história, pelas populações nômades da África do Norte, possui um sistema próprio de escritura. No decorrer da história, o berbere perdeu espaço para o árabe magrebino, mas, ainda hoje, é falado pelas populações locais, e o Marrocos é o país com a maior concentração de berberes. Khatibi faz uma observação interessante com relação à problemática da escrita envolvendo a língua berbere. Em tom

do Livro Sagrado fica restrita ao domínio da escrita, e poucos são os que escrevem em árabe clássico. A língua falada, língua da oralidade na qual se desvelam as narrativas familiares, dissemina-se entre os inúmeros dialetos locais e o berbere, que por si só e em si já representa uma grande variedade dialetal. Há uma ruptura entre o Livro e a voz, entre a escrita e a fala, o sagrado (da Lei) e o profano, à qual se soma um terceiro abismo: a irrupção do francês como língua de escrita e, sobretudo, como língua do colonizador.

Dessa divisão inicial, que também inicia o sujeito ao aprendizado das línguas e dos valores que elas comportam, desenha-se para o escritor magrebino a cisão do mundo entre o erudito e o trivial, entre o agente que exerce a autoridade e o sujeito que a ela se submete, entre o arbitrário da Lei e as contingências de sua execução.

No cerne da diglossia, o aparecimento do francês, como *greffe* (enxerto) e como *graphe* (grafia) – já que a língua francesa é a língua do aprendizado da escrita, mas de uma escrita que não veicula o sagrado – representa tanto a chance de dar voz a uma literatura magrebina, capaz de falar um idioma próprio, quanto o risco de calar essa voz, tamanha é a distância que separa as vozes locais, próprias do lugar, e a voz ouvida e vinda de longe, mas fazendo-se tão presente enquanto voz do colonizador.

A inscrição dessa ruptura, de início e logo no início, na história da escrita dos autores magrebinos de língua francesa, é vivida de maneira diferente por esses escritores, em função de suas histórias pessoais, de seus percursos de escrita, da maior ou menor familiaridade com as línguas locais, enfim, em função do lugar que cada um ocupa na história dessas próprias línguas.

Abdelwahab Meddeb, escritor tunisiano, diz que a presença da língua ausente (o árabe) na língua em que ele escreve (o francês) permite-lhe "ordenar uma poética" de escritura que não deixa de ser o esboço

---

irônico, ele diz: "Brincadeira maldosa: nós, os magrebinos, levamos 14 séculos para aprender a língua árabe (mais ou menos), mais de um século para aprender o francês (mais ou menos) e, desde os tempos imemoriais, não aprendemos a escrever em berbere" (Khatibi, 1985, p.171).

de uma "política sutil do poético". Entre o poético e o político, entre o escritor e a língua, a língua e a história, muitas vezes, desencadeia-se a ruptura, como o autor tão bem assinala:

> O estado de uma língua depende do uso que dela fazem seus usuários. Nesse sentido ela é tributária dos áleas da história. Há mais de um século, os árabes dedicam-se ao paciente aprendizado da ruptura. Isto não se faz sem prejuízos, ainda mais que a língua árabe não inseriu em sua memória o exercício da ruptura. (Meddeb, 1985, p.137)[32]

Como escrever, na memória da própria língua, a imposição da língua do colonizador? Como lidar com o "exercício de ruptura", quando esse se apresenta sob a forma imperiosa do colonialismo do outro? E ao escritor, o que lhe advém dessas formas bruscas de dissociações político-linguísticas e histórico-coloniais? A francofonia como *salut*?[33] E a salvação como ruptura? O que, de fato, está em jogo na escritura do "entre" para o escritor magrebino?

Mesmo que, para muitos desses escritores, o francês tenha sido a única chance de "dar forma a" e de fazer existir uma literatura propriamente magrebina,[34] o aprendizado e o exercício da escritura na "língua

---

32 *"L'état d'une langue dépend de ce qu'en font ses usagers. C'est en cela qu'elle est tributaire des aléas de l'histoire. Depuis plus d'un siècle les Arabes font le patient apprentissage de la rupture. Cela ne se réalise pas sans dommage, d'autant que la langue arabe n'a pas inséré dans sa mémoire l'exercice de la rupture."*

33 Além do sentido corrente de "salvação", a palavra *salut* também se refere, na linguagem familiar, a uma forma breve de cumprimento, tanto para receber alguém ("olá", "oi") quanto para se despedir da pessoa ("até logo", "tchau"). Com o intuito de permitir as várias leituras da palavra, o que no contexto parece muito pertinente, mantivemos o vocábulo em francês.

34 A questão das literaturas magrebinas de expressão francesa também se coloca como questão de políticas editoriais. Cabe não somente perguntar em que língua escrever, mas, e sobretudo, em que língua e como publicar. Os que não conseguem transpor as fronteiras do mercado e publicar na França, por exemplo, ficam à mercê das políticas locais, muitas vezes, tomadas pelo ranço da censura. Entretanto, em seu texto *Littérature de langue française au Maghreb* (2006), Christiane Chaulet Achour aponta para pequenas mudanças internas nessas políticas editoriais. Segundo a autora, os esforços empreendidos por editores dos três países do Magrebe têm surtido efeito para a atual geração de escritores, liberando-os da busca muitas

adversa" não se fez de maneira tranquila. Da passagem de uma língua a outra (língua do colonizador, língua do outro, língua adversa etc.) fica, muitas vezes, para o escritor, o sentimento da perda, da ausência e até mesmo do esquecimento da perda, que se torna, então, perda absoluta. Se o trabalho de escrita nas literaturas magrebinas está, inevitavelmente, associado à questão da língua, de forma mais precisa, ao estatuto da língua francesa na história político-literária do Magrebe, tal trabalho visa dar lugar a uma literatura que permita dizer, no lugar mesmo de sua aparição, as múltiplas vozes que se perderam, ou se esqueceram, nas tramas da história – trabalho de recuperação e de descoberta do outro e das outras línguas cujo acolhimento caberá tão somente à literatura. Trata-se de uma fórmula descrita de maneira exemplar por Assia Djebar (1999, p.29):

> Sim, trazer as vozes não francófonas – as guturais, as que se tornaram selvagens, as rebeldes – para um texto francês que se torna, enfim, meu. [...] Sim, fazer reflorescer as culturas tradicionais interditadas, maltratadas, desprezadas, há muito, inscrevê-las, essas culturas, num texto novo, numa grafia que se torna "meu" francês.[35]

Fazer surgir por meio da "grafia" (e da *greffe*) um francês diferente, propriamente idiomático, com ares de pertencimento, como diz Assia Djebar, "meu" francês, tal seria o propósito do escritor árabe de língua francesa. A grafia (*graphe*) associada ao enxerto (*greffe*), ou a grafia e o enxerto traduzem marcas de um dizer literário nascido da

---

vezes em vão por um editor francês. O Marrocos, ainda de acordo com Achour, é o país mais dinâmico, com editoras como Eddif e Le Fennec, e a Argélia e a Tunísia já podem também contar com editoras que fazem um trabalho sério e mostram-se dispostas a acolher a significativa produção literária de expressão francesa local. Sobre a problemática que diz respeito às políticas de publicação de escritores francófonos, ver também o trabalho de Lise Gauvin, *L'écrivain francophone à la croisée des langues* (1997a).

35 "*Oui ramener les voix non francophones – les gutturales, les ensauvagées, les insoumises – jusqu'à un texte français qui devient mien. [...] Oui, faire affleurer les cultures traditionnelles mises au ban, maltraitées, longtemps méprisées, les inscrire, elles, dans un texte nouveau, dans une graphie qui devient 'mon' français.*"

inquietação e do "desarranjo". Khatibi fala do *agencement* (arranjo) da literatura francesa; aqui, porém, vê-se aflorar o texto sob as múltiplas facetas da cisão e da "intranquilidade". Textos portadores de inúmeras vozes ("as guturais", "as selvagens", "as interditadas", as perdidas) que se só tornaram visíveis por meio da reivindicação e do reconhecimento de uma palavra literária. Antes de ser francófona, francesa, árabe ou magrebina, tal palavra trabalha tão somente para recuperar as vozes perdidas no silêncio de tantas genealogias ou no abismo de muitas histórias.

Não se trata, pois, de interrogar a nacionalidade do literário, de encerrá-lo no centro ou nas margens, de considerar o modelo ou sua cópia, logo, a literatura francesa ou as literaturas francófonas. Desfeitos esses contratos primários, cabe dizer, assim como Derrida diz sobre a língua (*la langue n'appartient jamais*),[36] que a literatura também não pertence. Os mecanismos histórico-políticos, que tentam retratá-la sob a ótica do lugar-nação, conferindo-lhe um ou "o" lugar de legitimidade, ignoram o movimento constitutivo de seus vários "entre", a única errância que lhe permite reivindicar-se como literária. Seguindo, então, o curso desses movimentos, é o que se desenha para o escritor entre o materno e o estrangeiro de sua(s) língua(s) que abordaremos a seguir.

---

36 Ao analisar a relação de Celan com a língua alemã, Derrida (2001a, p.84) afirma: "Penso que essa análise vale mesmo para alguém que tenha tido uma experiência sedentária, tranquila e sem grandes problemas com relação à sua língua materna, a saber: a língua não pertence. Mesmo quando se tem só uma língua materna e que se está enraizado em seu lugar de nascimento e em sua língua, mesmo nesse caso, a língua não pertence".

Língua materna e língua estrangeira: o entre da questão

Retomemos, então, Kafka que, no percurso entre suas várias línguas (o alemão, o tcheco, o iídiche e até mesmo o hebraico), parece querer recuperar algum traço do que pode se apresentar como o materno da língua. Num fragmento de seu *Diários*, datado de 24 de outubro de 1911, referindo-se a uma nota em que ele falava da relação que mantinha com a mãe, Kafka diz:

> Ontem, ocorreu-me que se nem sempre amei minha mãe, como ela o merecia e como era capaz de fazê-lo, foi unicamente porque a língua alemã me impediu. A mãe judia não é uma *"Mutter"*, esta maneira de chamá-la torna-a ridícula (a palavra *Mutter* não o é em si, uma vez que estamos na Alemanha); damos a uma mulher judia o nome de mãe alemã, mas esquecemos que nisso reside uma contradição, e a contradição entranha-se de modo muito mais profundo no sentimento. Para os judeus a palavra *Mutter* é particularmente alemã, ela contém, sem sabê-lo, tanto frieza quanto esplendor cristão. Eis porque a mulher judia chamada *Mutter* não é somente ridícula, ela é estrangeira para nós. Mamãe seria preferível se fosse possível não imaginar *Mutter* por detrás. (apud Bensmaia, 1987, p.134)[37]

Várias questões colocam-se nesse fragmento da escrita kafkiana: a questão do afeto apresentado, mais precisamente, sob a forma do amor do filho pela mãe; o problema da judeidade, neste caso específico, de uma judeidade de língua alemã; o comparecimento em cena (numa

---

37 *"Hier il m'est venu à l'esprit que si je n'ai pas toujours aimé ma mère comme elle le méritait et comme j'en étais capable, c'est uniquement parce que la langue allemande m'en a empêché. La mère juive n'est pas une 'Mutter', cette façon de l'appeler la rend ridicule (le mot Mutter ne l'est pas en soi puisque nous sommes en Allemagne); nous donnons à une femme juive le nom de mère allemande, mais nous oublions qu'il y a là une contradiction, et la contradiction s'enfonce d'autant plus dans le sentiment. Pour les juifs le mot Mutter est particulièrement allemand, il contient à leurs insu autant de froideur que de splendeur chrétienne. C'est pourquoi la femme juive appelée Mutter n'est pas seulement ridicule, elle nous est étrangère. Maman serait préférable, s'il était possible de ne pas imaginer Mutter derrière."*

cena familiar) do estrangeiro e do familiar ou do estrangeiro como familiarmente estranho, enfim, a própria questão da língua (materna) como um obstáculo de língua. *Mutter* não é *Mame, Mamechi* ou *Mameniu*, três maneiras de dizer "mamãe" em iídiche, como nos mostra Régine Robin (1993, p.91).[38] É com a descoberta do iídiche que Kafka desvenda sua relação com a língua alemã, uma relação de resistência que lhe permite, apesar de tudo, "construir" sua própria literatura.

Crépon (2005), no estudo já mencionado, em que se consagra à questão da língua em Kafka e Derrida, afirma que a "língua materna", no caso o alemão, apresenta-se para Kafka como um elemento duplamente estrangeiro, estrangeiridade que se manifesta, antes de tudo, na necessidade de escrever do próprio autor, pois, segundo Crépon, a escrita o distancia das situações familiares cotidianas, situações nas quais Kafka tornava-se, muitas vezes, motivo de "piada".[39] É por meio da escrita que Kafka (apud Crepon, 2005, p.16) revela, então, seu sentimento de estranheza com relação ao mundo, a necessidade como desejo de escrever traz-lhe a percepção de que é preciso buscar algo para ocupar os "frios espaços de nosso mundo" (*un feu que je voulais chercher d'abord*).

Desse primeiro movimento como estrangeiro (e estranho) aos seus e ao mundo, surge uma outra sensação de estranheza fortemente ligada à língua alemã: a língua materna que impossibilita, de alguma forma, sentir e dizer plenamente o amor pela mãe. Para fazer face a essa língua, em face dos obstáculos que ela coloca, Kafka inventa uma língua própria, um alemão traduzido do e para o alemão. Desta forma, o que se dá a ler, muitas vezes, para os outros como "a bagunça de sempre" (*le fatras habituel*), nada mais é do que a singularidade do idioma kafkiano,

---

38 Referimo-nos aqui à sua obra *Le deuil de l'origine* (1993). Régine Robin interessou--se, de modo particular, pela escrita de Kafka e sua relação com o iídiche. Sobre esse assunto, ver *L'amour du yiddish* (1994).

39 É o próprio Kafka (apud Crepon, 2005, p.16) que relata em seu *Diários* (1911): "Um dos meus tios, gozador de propósito, acabou por roubar a folha que eu segurava de maneira tímida, passou os olhos rapidamente sobre a mesma e me devolveu sem sequer rir, dizendo simplesmente para os outros que o seguiam com o olhar: 'a bagunça de sempre' ('*le fatras habituel*') [...]".

um idioma habitado essencialmente pela presença do iídiche, a língua em que se confundem várias culturas e várias línguas, o receptáculo hospitaleiro de palavras estrangeiras, sem território nem fronteiras.[40] Se a língua materna é, de modo geral, associada a um círculo íntimo em que se produz uma primeira experiência de língua para o sujeito, considerada, deste ponto de vista, a língua da familiaridade, do familiar e da familiarização com os outros e com o mundo, no interior desse mesmo círculo pode também surgir bruscamente, como ruptura inicial de todos os elos primeiros (e primários) que cercam o domínio da morada da língua ou de uma língua com morada própria,[41] o sentimento de estranheza. No movimento dessa ruptura podemos, então, ler as palavras de Kafka (apud Bensmaia, 1987, p.134): "Eis porque a mulher judia chamada *Mutter* não é somente ridícula, ela é estrangeira para nós. Mamãe seria preferível se fosse possível não imaginar *Mutter* por detrás". Filho e mãe deveriam se unir pelos laços de uma língua que permitisse a ambos dizer o impossível do amor. No entanto, esse amor incondicional aparece impossibilitado pela própria língua materna ("se nem sempre amei minha mãe, como ela o merecia e como era capaz de fazê-lo, foi unicamente porque a língua alemã me impediu" (ibidem, p.134)). Daí entendermos, na trajetória de Kafka, a busca por uma língua outra que tornasse possível, ainda que de maneira ilusória, vencer a barreira dos interditos, das rupturas familiares

---

40 Ao receber o Nobel de literatura em 1978, o escritor polonês Isaac B. Singer (apud Crepon, 2005, p.28), autor de romances em iídiche, diz em seu discurso que a língua iídiche: "[...] é uma língua do exílio, uma língua sem território, que não é apoiada por nenhum governo, uma língua que não tem palavras para dizer armas, munições, exercícios militares, táticas de guerra, uma língua desprezada tanto pelos gentios quanto pelos judeus emancipados".

41 Sobre as questões compreendendo a língua da morada ou a morada da língua, Crépon sugere que é preciso reconsiderar essa imagem familiar e segura de uma *"langue à demeure"* (língua da morada) e deslocarmos o problema para a *"l'étrangeté à demeure"* (estranheza da morada). Segundo o autor: "O *oikos*, na verdade, é o patrimônio, a morada estendida ao conjunto das propriedades que a acompanham – ou seja, aquilo que o mestre possui e sobre o qual exerce um direito de propriedade. Mais uma vez, é o tema da língua que se nos impõe, salvo que se trata de uma morada marcada, de imediato, pelo selo de sua impossibilidade. O que seria uma morada impossível?" (idem, 2005, p.37-8).

e dos obstáculos culturais, afinal, "dar a uma mulher judia o nome de mãe alemã" representava, para Kafka, não só uma contradição como um "profundo" equívoco de sentimentos. Eis o escritor flagrado no movimento do entre línguas, na distância ou no abismo do materno e na busca incessante do simplesmente outro (*tout autre*) ou estrangeiro.

Régine Robin, em *Le deuil de l'origine* (1993), ao falar de escritores como Kafka, Freud, Canetti e Perec, aponta para a complexidade da relação que tais escritores mantiveram com suas supostas línguas maternas. No percurso de todos, segundo a autora, nota-se a necessidade de guardar uma língua desconhecida ou desprezada sobre a qual pudessem apoiar-se "fantasmaticamente" (ibidem, p.33). Esses escritores viveriam o luto da origem de uma língua nostálgica, uma língua para sempre esperada, mas em eterno devir, como nos diz Robin: "O desconhecido, a língua desconhecida, uma língua para permanecer desconhecida [...], esta língua adâmica, nostálgica do que nunca fora, mas na qual podiam coincidir o sentido, o enunciado, a enunciação, a não-separação. Língua absoluta" (ibidem, p.31).[42]

Nesse contexto é que se deve, então, apreender a relação de Kafka com o iídiche,[43] a língua que representa o outro da língua alemã, que lhe revela a distância que o separa da autoridade de uma língua materna por demais opressora e estrangeira – língua dos sonhos que é também, em Kafka e para Kafka, o sonho de uma língua.

Se Kafka, ao escrever em alemão (sua língua materna), imaginou escrever numa língua outra, diferente e, no entanto, carregando as marcas da semelhança com aquilo que se sonha (o sonho de uma língua), tal situação pode também ser comparada à experiência vivida

---

42 "*L'inconnu, la langue inconnue, une langue à rester inconnue [...], cette langue adamique, nostalgique de ce qu'elle n'a jamais existé mais dans laquelle pouvaient coïncider le sens, la chose, l'énoncé, l'énonciation, l'inséparation. Langue absolue.*"

43 Contrariamente a vários de seus contemporâneos, Kafka não escreveu nenhum discurso ou reflexão sobre sua língua materna, não pronunciou nenhum "elogio" sobre a língua alemã, língua na qual ele escreveu seus textos, mas exaltou a língua outra, o iídiche, língua que ele não falava em casa, que não era a língua da morada e que, no entanto, possibilitou-lhe o encontro com suas origens judaicas. Ver *Discours sur la langue yiddish* (Kafka, 1918 apud Crepon, 2005, p.28-9).

pelos escritores magrebinos de língua francesa sobre os quais falamos anteriormente. Para esses escritores, o que faz obstáculo e é, ao mesmo tempo, condição de escrita não é o que chamamos, até agora, de língua materna, mas sim a língua outra, literalmente apreendida como língua do outro, "língua adversa", nas palavras de Assia Djebar, língua da ruptura e da separação e, de forma paradoxal, língua da acolhida, pois só ela permite reter o traço da palavra transformada em literatura,[44] da palavra como literatura.

Num contexto em que as fronteiras do dentro e do fora, do dentro como fora, confundem-se no movimento constitutivo de uma escritura marcada pelo entre-línguas, onde situar o materno e o estrangeiro? Como lidar com um materno que faz apelo ao estrangeiro ou com um estrangeiro que habita o lugar do materno? Como não cair nas armadilhas das reivindicações nacionalistas e da busca por uma palavra identitária que se confunda com o desejo de uma língua una e nacionalmente materna? Enfim, como escrever entre as línguas, as culturas, entre os "uns"[45] e os outros?

---

44 Como diz de forma tão precisa Walter Benjamin (apud Derrida, 2002, p.10) ao relatar em francês, numa carta dirigida a Gretel Adorno, o sonho que teve em francês: "Tratava-se de transformar em *fichu* uma poesia" (*Il s'agissait de changer en fichu une poésie*). Para tais escritores, trata-se também de transformar toda a ruína em poesia, em palavra-literatura, em literatura-língua, por fim, em língua de "expressão" francesa.
Sobre o significado e o problema da tradução, envolvendo a palavra *fichu*, remetemos ao trabalho de Jacques Derrida, *Fichus* (2002). No entanto, para problematizarmos, aqui, a "traduzibilidade do intraduzível – a traduzir", "a irredutibilidade intraduzível do idioma", tal como coloca Derrida (1998b, p.224), podemos avançar que, como substantivo, *"fichu"* pode ser traduzido por echarpe, lenço, geralmente de seda, usado em torno do pescoço ou da cabeça; como adjetivo significa algo perdido ou arruinado e, num registro de língua informal, refere-se ao fato de penetrar sexualmente, enfiar. Caberia, talvez, interrogar de que *fichu* estamos falando. Qual o porvir de uma literatura que se origina de um *fichu*? O que se dá a ler sob o signo de uma "literatura *fichue*"? Enfim, são várias as questões disseminadas no corpo deste livro.

45 Sobre a problemática do um como plural e no plural, "os uns", Derrida (1998b, p.225) afirma: "Ficamos chocados com as transcrições de *uns* (*uns*). Um ruído de homônimos agita formas gráficas e sonoras por meio de máscaras e de simulacros, entre mais de uma língua: os *uns*, o *uns* (o *nós*), etc. Como não ficar fascinado

A situação revela uma complexidade de origem experimentada de maneiras diferentes, em função da singularidade do percurso de cada escritor. Khatibi defende o bilinguismo, Derrida responde ao amigo enquanto "sujeito monolíngue", Assia Djebar faz distinção entre língua materna e língua de origem (*langue de souche*), Meddeb fala de língua materna em "sentido amplo" e "sentido estrito", enfim, os exemplos multiplicariam muitas outras diferenças. Para ficarmos no domínio do exemplo e exemplificarmos, então, uma determinada situação, retomemos as palavras de Meddeb no seu entendimento do que viria a ser a/uma língua materna para o escritor magrebino. Ao falar de seu exemplo[46] como condição de muitos outros escritores, o autor diz:

> Minha língua concebida como materna diz respeito ao árabe. Falo dessa maneira alambicada porque tal noção, nesse caso, se divide. O árabe, lembremos, desdobra-se. Desde a origem, somos divididos. Somos iniciados ao aprendizado da língua de acordo com uma dupla instância. Em sentido estrito, o dialeto tunesino é minha língua materna, língua logo percebida como impura, dilacerada por diversos empréstimos manifestos [...]. Língua pontuada por fórmulas rituais obscuras vindas da outra língua, castigos, louvores retirados das assonâncias corânicas, significando a imanência do religioso nos gestos cotidianos, a pulverulência da palavra de Deus no mundo, sua presença-ausência até no ato de respirar. (Meddeb, 1985, p.126-7)[47]

---

com as associações aparentemente lúdicas desses homônimos? Existe também o *Um* (*Un*), que se pronuncia como se quer. Pensemos no jogo inapreensível, em alemão, do *Un* – em *Unheimlichkeit*. Ele qualifica o que é *heimlich* (interior, próximo, familiar, doméstico, íntimo etc.), mas também, ao mesmo tempo, seu contrário". Tal fragmento, retirado do texto *Uns, le tiers qui m'accompagne et l'insociable sociabilité*, corresponde à transcrição da primeira intervenção de Jacques Derrida no congresso, em torno do trabalho do próprio filósofo e de seu diálogo com o mundo árabe, que aconteceu em 1996, no Marrocos.

46 O problema da exemplaridade do "singular-universal" é tratado por Derrida em *Le monolinguisme de l'autre* (1996a). Retomaremos essa problemática no capítulo 3, ao analisarmos a obra em questão.

47 "*Ma langue éprouvée maternelle concerne l'arabe. Je m'exprime de cette façon alambiquée car telle notion en ce cas se divise. L'arabe, rappelons-le, se dédouble.*

Algumas considerações que nos permitirão interrogar o materno da língua materna merecem ser feitas sobre a afirmação de Meddeb. Primeiramente, a singularidade do "um", do exemplo de Meddeb ao dizer "minha língua materna", confunde-se com a história dos outros ("dos uns"), de outros escritores árabes, mais precisamente, magrebinos. Para estes, só há uma condição: a de serem, desde a origem, divididos. A "língua concebida como materna" (*langue éprouvée maternelle*) "divide-se", dividindo, ao mesmo tempo, os sujeitos de sua história. Tal língua funciona segundo a lei de uma "dupla instância": a do sagrado e a do profano. "Em sentido estrito" a língua materna, língua da oralidade por excelência, é percebida como "impura", profanada, "dilacerada por empréstimos" originários da outra língua, a sagrada, que também, em "sentido amplo", apresenta-se como materna.

No entanto, o materno veiculado pelo sagrado fica restrito ao domínio do Livro, dos ensinamentos corânicos, que não se deixam contaminar pela impureza da outra língua materna que perpassa a esfera do mundano, ainda que esse mundano seja "pulverizado" pela palavra de Deus. Essa divisão interna da língua implica outro atributo ao "maternalmente sagrado" ou "sacramentalmente materno", ou seja, de língua materna "em sentido geral", tal língua se torna, "em sentido estrito", língua paterna, como afirma Meddeb (1985, p.127): "E depois dessa prima familiarização com as sonoridades disseminadas do Livro, o árabe corânico tornou-se para mim, literalmente, 'língua paterna' [...]".[48]

Língua materna ou língua paterna? Língua "materpaternal", como diz Cixous (1994)? Língua da mãe enquanto mãe destituída de língua? Língua bífida que implica a perda de origem como perda na própria

---

Nous sommes, dès l'origine, divisés. Nous sommes initiés à l'apprentissage de la langue selon une double instance. Au sens strict, le dialecte tunisois est ma langue maternelle, langue vite perçue impure, trouée par maints emprunts manifestes [...]. Langue ponctuée de formules rituelles obscures venant de l'autre langue, damnations, louanges puisées dans les assonances coraniques, signifiant l'immanence du religieux dans les gestes quotidiens, la pulvérulence de la parole de Dieu dans le monde, sa présence-absence jusque dans nos souffles."

48 *"Et après cette prime familiarisation avec les sonorités disséminées du Livre, l'arabe coranique m'est devenu littéralement 'langue paternelle' [...]."*

origem? Confusão de nomes e de genealogias, história de filiações que se cruzam no movimento do entre-línguas, atravessando o percurso do escritor cujo destino é sempre escrever na língua do outro. Essas questões sobre o materno (e o paterno) da língua levam-nos a pensar e a repensar, na perspectiva da desconstrução, o conceito de língua materna formulado sob certo viés psicanalítico.

Charles Melman, em sua obra *Imigrantes* (1992), tece algumas considerações sobre o conceito de língua materna a partir do problema que colocam os fenômenos migratórios no mundo e da consequência primeira que esses acarretam, a saber, a coexistência para o sujeito falante de pelo menos duas línguas, uma delas considerada língua materna.

De acordo com Melman, o sujeito que vive a experiência do exílio encontra-se em desordem com a questão paterna, questão esta fundamental para a definição de língua materna para a psicanálise. No movimento do exílio é a história das filiações que acaba por ser abalada, pois o sujeito exilado enfrenta um confronto parental, uma espécie de luta pela imposição e determinação dos espaços que os pais reais e simbólicos passam a ocupar para tal sujeito. Para mostrar, então, a ambivalência da questão paterna à qual o sujeito é exposto, Melman (1992, p.10-1) afirma:

> O que é, para o migrante, o Pai da nova comunidade? Ainda não é, e talvez nunca chegue a ser, um pai simbólico, em nome de quem poderia falar. E isso simplesmente porque o migrante é estrangeiro. Trata-se do Pai de um outro clã, de um outro totem, para quem o migrante pede filiação. Inevitavelmente, as exigências do novo Pai são cobranças reais. Resta ao imigrante a escolha entre aceitar seu domínio ou lhe opor o Pai de sua própria filiação de origem.

A complexidade das relações, na cadeia de filiação, que vive o sujeito exilado, tal como revela Melman, coloca várias questões que nos interessam na perspectiva deste livro, como a afirmação da existência de uma comunidade "de origem", de "uma" língua materna ligada a essa comunidade, logo, de uma "estrutura" (de origem) fundante do sujeito que, em função do exílio, vê essa mesma estrutura abalada.

O sujeito parece estar, desse ponto de vista psicanalítico, preso a um lugar (de origem) e qualquer movimento fora ou a partir desse lugar acarreta mudanças significativas em sua relação com a língua. É como se esse mesmo sujeito tivesse uma dívida (ou – por que não? – um pecado) original, e o preço a pagar, por acontecimentos que existiriam, supostamente, antes mesmo de sua existência enquanto sujeito, fosse a luta infindável entre a "escolha" de seus vários pais, e também, no caso da língua, de suas várias mães. Pois, se há, para o migrante, uma dissociação entre pai real e pai simbólico, como nos mostra Melman, o mesmo acontece com a figura da mãe, devendo o sujeito escolher, sem que isso seja de fato uma escolha, entre mãe real e mãe simbólica.

A partir da conceituação lacaniana[49] do Real, do Simbólico e do

---

49 Melman, discípulo de Lacan, toma emprestadas algumas formulações teóricas do "mestre" e aplica-as na elaboração de seus próprios conceitos e de sua prática de analista, pois, segundo Melman, os conceitos lacanianos têm, antes de tudo, um "valor operatório" significativo. No que diz respeito à "tópica lacaniana" do Real, do Simbólico e do Imaginário, Melman propõe, em seu livro, um esclarecimento do que compreenderia cada uma das referidas noções, esclarecimento que reproduzimos aqui, nas palavras do autor: "Como sabemos, o Simbólico é um sistema onde cada um dos elementos é um símbolo. Um símbolo de quê? Um símbolo da perda que desde então organiza a significância de cada um desses elementos. Ou seja, cada um dos elementos desse sistema não é mais do que o símbolo desta perda. É próprio da linguagem ser organizada em tal sistema. No sentido lacaniano do termo, a estrutura não quer dizer outra coisa além do que isso nos mostra, isto é, que cada um dos elementos desse sistema é incapaz de apreender esse elemento perdido que funda a significância do sistema. Portanto, é com a instauração desse impossível, daquilo que resiste à tomada pelo simbólico que se individualiza o Real. O Real nada mais é do que aquilo que escapa à tomada pelo simbólico. O Imaginário é a reapresentação que vem dar sentido ao que escapa ao Simbólico, ou seja, o Real. Assim, a conjunção do Real, do Simbólico e do Imaginário é inerente ao funcionamento mesmo da língua" (idem, 1992, p.21- 2).

A trilogia lacaniana do Real, do Simbólico e do Imaginário, que pode ser lida como uma metáfora do aparelho psíquico em Lacan, passou por duas organizações sucessivas: num primeiro momento (1953-1970), o simbólico tinha prioridade sobre as outras duas instâncias (S. I. R) e, posteriormente (1970-1978), o real é apresentado como elemento principal (R. S. I.). No conjunto de sua teoria, Lacan grafou os referidos conceitos com iniciais maiúsculas, por isso, sempre são citados dessa forma. De modo geral, tal como assinalado por Melman, o Real é o que escapa ao símbolo e, enquanto realidade psíquica incapaz de ser simbolizada, assimila-se a um "resto", uma realidade desejante, inacessível a qualquer pen-

Imaginário, ou seja, na junção desses três elementos é que se define, segundo Melman, o conceito de língua materna, para quem

[...] a língua materna é aquela na qual, para aquele que fala, a mãe foi interditada. É importante fixar que é o objeto interditado o que torna uma língua materna para nós, fazendo dela o nosso *heim*. É verdade que a língua deve sua significância a esse mesmo interdito. (ibidem, p.32)

Mais adiante, para reforçar o papel do interdito na definição de língua materna, Melman retoma a questão dizendo: "E chamamos 'língua materna' porque é inteiramente organizada por este interdito que, de algum modo, imaginariza o impossível próprio a toda língua" (ibidem, p.44).

A questão do interdito está ligada ao desejo do que foi interditado e funda um sujeito para quem a falta do objeto interditado é, paradoxalmente, a mola propulsora de outros desejos. Tal situação coincide, na verdade, com o processo de instauração da falta (o sujeito

---

samento subjetivo. O Simbólico, cujo próprio nome indica, relaciona-se ao que é da ordem do símbolo, ou seja, designa um sistema de representação baseado na linguagem (para tanto, Lacan apoiou-se nas investigações saussurianas sobre o signo, principalmente no que diz respeito à primazia do "significante") que determina o sujeito à sua revelia, possibilitando-lhe exercer sua capacidade de simbolização. O Imaginário define-se como o lugar das ilusões, da alienação e da fusão com o corpo da mãe, onde o "eu" (*moi*) está confundido com o outro. Ver Jacques Lacan, *Les formations de l'inconscient – Livre V* (1957-58) (1998) e *L'identification – Livre IX* (1961-62) (inédito).

Cabe, ainda, assinalar que o Simbólico, além de referir-se à função simbólica a que o sujeito está ligado, designa também a própria psicanálise, como lembra Roudinesco, uma vez que esta fundamenta-se na "eficácia" de um tratamento que se apoia na "fala" (cf. Roudinesco, 1998). As questões referentes à concepção de uma "fala verdadeira" ou "fala plena", de uma "lógica do significante", enfim, à problemática que diz respeito à "metafísica da presença", com suas implicações "fonocêntricas" e "falocêntricas", são amplamente discutidas por Derrida, principalmente em sua obra *De la grammatologie* (1967a). A partir do questionamento dessas noções e, por conseguinte, da desconstrução do *logos* ocidental, Derrida trava outros "diálogos" envolvendo os postulados psicanalíticos de Freud e, posteriormente, de Lacan. Alguns fragmentos desses discursos serão retomados no decorrer deste livro.

da linguagem é, segundo Lacan, um sujeito para sempre em falta) e do corte que essa falta introduz (um sujeito para sempre castrado).[50] Esse interdito constitui, para Melman, o elemento fundamentalmente diferenciador dos conceitos de língua materna e de língua estrangeira.[51] Desta forma, em sua relação com a língua dita materna, o sujeito vive o acontecimento da perda; para simbolizar a mãe (real) é preciso perdê-la, pois o símbolo atesta, ao mesmo tempo, a morte/perda da coisa simbolizada e sua possibilidade de existência, enquanto elemento diferencial numa cadeia de relações.

A língua materna opera, tal como vemos, como uma negatividade para o sujeito falante. Para esse mesmo sujeito, atingido pelo movimento da barra (pois foi preciso barrar o desejo do incesto e submeter-se à Lei do Pai), existiria "ao-menos-um" significante que viria no Real e escaparia, dessa forma, à castração. Seria justamente nesse lugar que representaria, segundo Lacan, o "impossível" (de ser simbolizado), que a língua materna se daria a escutar. Essa hipótese,

---

50 Sobre essas questões remetemos ao texto de Lacan (1961-1962): *L'identification* – *Livre IX* (inédito).
51 Para mostrar a diferença entre o que considera uma língua materna e uma língua estrangeira, Melman recorre a uma possível distinção semântica entre "saber" e "conhecer". Segundo o autor, a língua materna se situaria na esfera do saber e a língua estrangeira figuraria como um "simples" conhecimento adquirido a partir da língua que se sabe, ao que ele acrescenta: "Saber uma língua é muito diferente de conhecê-la. Saber uma língua quer dizer ser falado por ela [...]. Conhecer uma língua quer dizer ser capaz de traduzir mentalmente, a partir da língua que se sabe, a língua que se conhece. Desde então, não falamos mais do mesmo lugar, nos comunicamos [...]. A língua que se sabe é dita 'língua materna'." (idem, 1992, p.15-6). Alguns autores como Milner (1978), Revuz (1992) e Prasse (1997) defendem a hipótese segundo a qual a língua estrangeira seria a língua ou o lugar da manifestação do desejo, daquilo que não se poderia experimentar na própria língua materna. Essa hipótese é criticada por Melman ao afirmar que tal colocação só pode se justificar se considerarmos que a mãe incluída na língua estrangeira não foi interditada. Neste caso, esta língua não pode expressar o desejo daquilo que é impossível, porque esse impossível não é acessível ao sujeito, como ele próprio diz: "Quando falamos uma língua estrangeira, estrangeira ao que seja essa língua materna cuja sabedoria teceu nosso inconsciente, o retorno do recalcado na língua estrangeira não poderá mais ser escutado como *expressão de um desejo*, mas apenas como a expressão de erros gramaticais, sintáticos, lexicais etc." (ibidem, p.45, grifos nossos).

A LITERATURA NA LÍNGUA DO OUTRO 75

segundo a qual somente a língua materna poderia fazer irrupção no Real, é tratada de forma particular por Melman que, seguindo os ensinamentos de seu mestre, diz:

> O recalcamento deste desejo interditado constitui um estoque de unidades significativas inconscientes e o retorno destas na fala, sob a forma de lapsos, deslizamentos e tropeços, trai a presença deste *desejo* e o dá a escutar. Tal retorno dá a escutar a nostalgia deste objeto interditado, e na medida em que não tenho a livre disposição destas unidades significativas inconscientes [...] o inconsciente pode aparecer como a alegoria do corpo materno [...]. Assim a língua materna é aquela na qual, graças ao jogo do significante se entretém e se dá a escutar o *desejo* daquilo que é *impossível*. (ibidem, p.32-3, grifos nossos)

A questão do "impossível[52] da língua materna" estaria, desta forma, ligada à estrutura fundante do sujeito e o amarraria a um lugar de origem do qual, para afastar-se, seria preciso lidar com a perda e com a dor dela decorrente. A ideia de origem e de perda da origem nos colocaria, por sua vez, em posição de devedores diante de um Pai onipotente a quem só nos restaria obedecer.

No jogo do interdito, da falta e da castração, enfim, no lugar do "impossível" ou no impossível como lugar do dizer, parecem, então, se desenhar os contornos de uma língua supostamente materna.

A partir dessas considerações, outros questionamentos podem ser feitos no que diz respeito à(s) língua(s) materna(s) dos escritores magrebinos de língua francesa que evocamos há pouco. Se, para tais escritores, na origem do materno irrompe a questão do duplo, tal como assinala Meddeb e sobre o qual também discursa Khatibi em seu "amor bilín-

---

52 Régine Robin, na obra citada anteriormente, também fala do "impossível" da língua materna. Segundo a autora: "O materno na língua é também o que Lacan chama *lalangue*, o que faz que uma língua esteja destinada ao equívoco, que haja o impossível a ser dito e o impossível a não ser dito, o que, ao mesmo tempo, remete à língua e aquilo que a excede" (1993, p.28). Sobre a questão da *lalangue*, termo forjado por Lacan para expressar na língua o lugar do equívoco, do excesso, do resto, daquilo que não pode fazer soma com o todo de uma língua, remetemos ao seu texto (1972-3) *Encore – Livre XX* (1975, p.174-6).

gue", como apreendermos o materno veiculado por "um" interdito, "um" pai e "uma" mãe? Como falarmos de "uma" língua, quando ela se constitui no plural de várias línguas ou, como afirma Derrida (1998b, p.253), quando a língua é "sempre mais de uma língua" (*plus d'une langue*)? Em que sentido o "objeto interditado" torna uma língua "materna para nós"? É nesse materno da língua que "se entretém" o desejo da língua como morada (*heim*)? E as línguas sem morada (*sans demeure*)? Ou, ainda, como lidar com o materno (da língua), quando ele expressa justamente a impossibilidade de "ficar em casa" com a língua materna?

Não se trata, então, para abrangermos a complexidade da problemática envolvendo o conceito de língua materna, somente de concordarmos com o postulado derridiano do "mais de uma língua", mas também de afirmarmos, como ele o faz, a existência de "mais de uma mãe" (*plus d'une mère*) (idem, 2001b, p.27), "suplementos de mãe numa irredutível pluralidade" (Derrida; Roudinesco, 2004, p.57).

Ao retomar o texto de Freud, *O homem dos ratos*,[53] num prefácio à obra de Jacques Trilling, *James Joyce ou l'écriture matricide* (2001), Derrida questiona a suposta evidência da maternidade ou a certeza segundo a qual se sabe, sempre, quem é a mãe, mas não se tem o mesmo tipo de certeza com relação ao pai. Tal lógica, freudiana e, depois, lacaniana, mas também, como lembra Derrida, joyciana, já que o Ulisses de Joyce dizia uma *legal fiction* para referir-se à paternidade (Derrida, 2001b, p.27), colocando em dúvida a identidade do pai e apostando

---

53 Derrida, numa nota de rodapé, cita uma passagem do texto de Freud em questão e insere alguns comentários na própria citação. Reproduzimos aqui, então, em parte, o texto citado e comentado por Derrida: "Lichtenberg: 'O astrônomo sabe quase com a mesma certeza se a lua é habitada e quem é o seu pai, mas sabe com uma certeza bem diferente quem é sua mãe.' [Então, duplo erro, já, de Lichtenberg, erro autorizado por Freud: o astrônomo sabe com toda certeza, *hoje*, que a lua *não é* habitada, mas ele poderia, *hoje*, duvidar da identidade de sua mãe. Freud retoma o discurso, depois de ter confiado, como sempre, na declaração de Lichtenberg]. Foi um grande progresso da civilização quando a humanidade resolveu adotar, ao lado do testemunho dos sentidos, o da conclusão, e passar do matriarcado ao patriarcado. [...] Ainda, em nossa língua, o testemunho (em alemão: *Zeuge*), num tribunal, que atesta algo, retira seu nome da parte máscula do ato da procriação e, antes, nos hieróglifos, o testemunho era representado pelos órgãos genitais masculinos" (Freud, 1909/1967 apud Derrida, 2001b, p.27).

"tranquilamente" na certeza da maternidade, parece, de acordo com Derrida, por demais fragilizada.

A mãe nunca foi, diz Derrida, somente aquela que dá a luz; ela é também objeto de especulação e, nesse sentido, uma "ficção legal", como se observa na passagem abaixo:

> [...] a identidade da mãe (como sua possível identificação jurídica) deriva de um juízo também derivado, de uma interferência tão desvinculada de toda percepção imediata como essa "ficção legal" de uma paternidade conjeturada por um raciocínio (*legal fiction*, dizia o *Ulisses* de Joyce a respeito da paternidade). [...] a "mãe" sempre foi, ela também uma mãe "simbólica" ou "substituível", como o pai, e a certeza adquirida no momento do parto era a meu ver um engano. Um engano muito interessado, decerto a projeção de um poderoso desejo, mas um engano. E permanece assim – para sempre e mais do nunca. (Derrida; Roudinesco, 2004, p.57)

Ao deslocar a questão da mãe (e da maternidade) de um paradigma conceitual "clássico", em que a univocidade dos elementos constitutivos de cada conceito garantiria a sobrevivência dos mesmos na cadeia do um ou do unívoco, ao marcar tais questões com o plural do "uns", umas mães ou "mais de uma mãe", Derrida põe em xeque todo o sistema tradicional de filiações, logocêntrico e falocêntrico, que perpassa a lógica das relações familiares, reais e simbólicas (para retomar os termos de Lacan), com a qual estamos habituados.[54] O "mais de um",

---

54 A esse respeito, Derrida (1998b, p.237), ainda diz: "Por mais irredutível que ela seja em sua novidade mutacional, a possibilidade, a possibilidade genotécnica de hoje deveria, também, nos lembrar que a mãe sempre foi uma 'mãe de aluguel'. No fundo, não há mãe natural, mãe genética, e Freud caiu na armadilha. No *Homem dos ratos*, em resumo, ele diz que o pai é sempre uma 'ficção legal', como dizia Joyce, a conclusão de um julgamento racional, quanto à mãe, a maternidade apela para o testemunho sensível, e ele tira uma conclusão disso [...], a conclusão de que uma sociedade patriarcal é um progresso, porque a paternidade se funda sobre a razão, ao passo que a maternidade se funda sobre o testemunho sensível. Freud elogia as sociedades patriarcais, levando em conta esse velho fantasma: sabemos imediatamente quem é a mãe, e não sabemos, nunca, com a mesma certeza, quem é o pai. Mas a mãe é, no fundo, sempre simbólica, sempre, de alguma maneira, uma mãe 'de aluguel', '*surrogate mother*'".

o *plus de*, que em francês abrange, também, a semântica da negação, do nenhum, enfim, a empreitada que questiona a univocidade, envolvendo a figura da mãe, permite-nos deslocar o eixo conceitual que diz respeito ao um da língua materna, tal como defendido por Melman em suas investigações sobre o referido conceito.

Derrida vai mais longe na desconstrução desse *logos* "*mater-pater*" ocidental. Em seu comentário sobre o texto de Jacques Trilling, defendendo a hipótese de uma "escritura que mata", verdadeiramente "matricida", em Joyce, Derrida discorda da posição de Trilling para quem seria possível escolher (*trier*) entre mãe e maternidade, nas palavras deste último: "Podemos assassinar a mãe, sem por isso apagar a maternidade" (*On peut assassiner la mère, on n'a pas pour autant effacé la maternité*) (Trilling, 2001 apud Derrida, 2001b, p.28). Ao propor tal escolha, Trilling estaria, segundo Derrida, reduzindo a maternidade à mãe, à unicidade de uma só marca. Para Derrida, a questão coloca-se na ordem do possível-impossível; desta forma, não haveria escolha possível nem real entre mãe e maternidade,[55] no entanto, a escolha seria necessária, já que abriria a possibilidade de uma escolha de modo geral (Derrida, 2001b, p.30).

Escolher, no rastro de uma herança, sem que isso seja, de fato, uma escolha ou uma herança, mais de uma língua, mais de uma mãe, mais de um pai. Multiplicidade de línguas e desconstrução da cadeia linear de filiação, logo, de pertencimento: eis as vias pelas quais nos conduz o discurso derridiano. A língua sob o signo da disseminação é o que nos permite, a partir de Derrida, pensar o materno e o estrangeiro, o materno como estrangeiro, o estranho-familiar das línguas, no traçado

---

55 O problema colocado por Derrida refere-se à questão da metafísica, da diferença ontológica, tal como ele afirma: "Entre mãe e maternidade, a diferença ontológica *não existe*, não é uma diferença entre dois (entes). Devemos dizê-lo, é notório, de toda diferença ontológica. Não há, então, escolha possível nem escolha real entre mãe e maternidade. No entanto a escolha é necessária, a maternidade nunca será redutível à mãe e esta diferença ontológica abre a possibilidade de uma escolha em geral. No fundo, aí está em duas palavras a razão de ser do matricida interminável: uma diferença ontológica entre mãe e maternidade, quase nada, um nada" (Derrida, 2001b, p.30).

de suas escrituras, de suas vozes e de suas histórias, sem encerrá-los no jogo da falta e da castração.

Em *Le facteur de la vérité*[56] (1980), texto no qual Derrida consagra, em parte, uma leitura ao *Séminaire sur la Lettre volée* (1966) de Lacan, serão questionadas as noções de verdade, falta e castração veiculadas pelo texto lacaniano.

Partindo do pressuposto de que "uma carta pode sempre não chegar ao seu destino" (*une lettre peut toujours ne pas arriver à sa destination*) (Derrida, 1980, p.472), é o problema da topologia do significante lacaniano que Derrida coloca em questão. O discurso de Lacan estaria, de acordo com Derrida, preso a um sistema no qual seus elementos constituintes funcionariam segundo a lógica da circularidade e do retorno a um suposto lugar de origem. Assim como a *Carta roubada* (*La Lettre volée*), texto de Poe sobre o qual se fundamentam as análises de Lacan, retorna ao seu destino, preenchendo, desta forma, o lugar de sua falta, o significante, a letra[57] desviada de sua origem também deve retornar ao lugar que lhe é próprio. A circulação da carta, ou seja, do significante, implicaria, apesar de todos os desvios do trajeto, uma teoria do lugar próprio e da indivisibilidade ou da localidade do indivisível, no retorno à origem como garantia de sua sobrevivência. O significante, no sentido lacaniano, não deve, como afirma Derrida

---

56 Sobre a problemática da tradução, envolvendo os textos de Jacques Derrida, remetemos à tese de doutorado de Érica L. A. de Lima, *As operações de tradução em Jacques Derrida* (2003). No que diz respeito ao texto *Le facteur de la vérité* conferir, mais precisamente, o capítulo 3.

57 Se a palavra *facteur* coloca-nos diante da intraduzibilidade do idioma, ou seja, da necessidade como impossibilidade de tradução, pois *facteur* remete tanto a "fabricante de instrumentos de músicas, agente, intermediário, mandatário" quanto a "carteiro" e, ainda, pode significar, em sentido derivado do inglês, *factor*, "coeficiente, multiplicador, divisor, elemento que concorre para um resultado", enfim, fator, o mesmo acontece com o vocábulo *lettre*. Além de significar letra, "sinal gráfico que representa na escrita (escritura fonética ou silábica) um fonema ou um grupo de fonemas", também tem o sentido de carta, epístola. Então *la lettre volée*, no texto de Lacan, refere-se tanto à carta, no sentido geral da palavra, quanto ao significante, à letra, no sentido lacaniano do termo. A tradução para o português de *lettre* não deixa transparecer o duplo sentido associado à palavra em francês.

(1980, p.466), nunca "correr o risco de se perder, de se destruir, de se dividir, de se esfacelar sem retorno" (*le siginifiant ne doit jamais risquer de se perdre, de se détruire, de se diviser, de se morceler sans retour*). O lugar próprio daquilo que falta, o lugar como termo declarado do fechamento do trajeto circular da letra/carta é, então, o lugar simbólico da castração, como constata Derrida – um lugar simbólico que representa, em última análise, o lugar metafórico da verdade:[58]

> Este lugar próprio [...] é o lugar da castração: a mulher enquanto lugar desvelado da falta do pênis, enquanto verdade do falo, ou seja, da castração. A verdade da carta roubada é a verdade, seu sentido é o sentido, sua lei é a lei, o contrato da verdade consigo própria no *logos*. Por detrás deste valor de pacto (e, então, de adequação), o de velamento/desvelamento alia todo o Seminário ao discurso heideggeriano sobre a verdade. (ibidem, p.467)[59]

É para a questão da castração como verdade, da "castração-verdade", da verdade ela própria, que a leitura derridiana do Seminário aponta. A partir da determinação do lugar próprio, da lei do próprio, resolve-se o problema da falta, tal como postulado por Lacan, pois se o que falta tem um lugar fixo, essa falta reconduz ao seu próprio

---

58 Derrida insiste na questão do retorno da letra/carta ao seu destino, ao longo de seu texto, e mostra como o discurso lacaniano, ou seja, psicanalítico, está preso aos mecanismos do discurso da metafísica em busca de sua própria verdade ou, mais precisamente, da "Verdade". Tudo concorre, nesse(s) discurso(s) para o fechamento do texto e para a verdade de sua leitura, como se pode observar na seguinte passagem: "No momento em que o Seminário, assim como Dupin, encontra a carta no lugar em que ela se encontra, entre as pernas da mulher, o deciframento do enigma está ancorado na verdade. O sentido do dizer, do querer-dizer da carta roubada ('o que quer dizer 'a carta roubada', ou seja, 'à espera de um destinatário', é que uma carta chega sempre ao seu destino') é descoberto. Descoberta de um querer-dizer (a verdade) hermenêutico, o deciframento (o de Dupin, o do Seminário) chega ele próprio ao destino" (Derrida, 1980, p.472).

59 "*Ce lieu propre [...] c'est le lieu de la castration: la femme en tant que lieu dévoilé du manque de pénis, en tant que vérité du phallus, c'est-à-dire de la castration. La vérité de la lettre volée est la vérité, son sens est le sens, sa loi est la loi, le contrat de la vérité avec elle-même dans le logos. Au-dessous de cette valeur de pacte (et donc d'adéquation), celle de voilement/dévoilement accorde tout le Séminaire avec le discours heideggerien sur la vérité.*"

centro como lugar da verdade. "Algo falta em seu lugar", diz Derrida (ibidem, p.469), mas "a falta não falta nunca aí" (*Quelque chose manque à sa place, mais le manque n'y manque jamais*). Desta forma, a lógica de um discurso sobre a falta, contrariamente ao que poderíamos pensar, comporta o ideal de indivisibilidade do significante e da verdade como completude daquilo que preenche a falta, discurso cujo desfecho se dá a ler na seguinte formulação: a carta/letra, mesmo desviada de seu percurso, (re)encontrará sempre sua morada (*sa demeure*), seu *oikos*, como assinala, inúmeras vezes, Derrida:

> A castração-verdade é, ao contrário, o que contrai (estritura do anel) para que o falo, o significante, a carta ou o fetiche voltem para seu *oikos*, sua morada familiar, em seu lugar próprio. Nesse sentido, a castração-verdade é o contrário do esfacelamento, seu próprio antídoto [...]. (ibidem, p.469)[60]

Sob o tema da morada, retomemos, então, o percurso de nossos escritores que, como a letra derridiana, também podem, é uma hipótese, não encontrar abrigo fixo, lugar próprio, e propriamente familiar, para as diversas línguas que perpassam suas escrituras.

Mas se o próprio da língua é não ter morada própria, se essa constitui-se num e como um processo constante de disseminação, esvazia-se, também, o lugar próprio de onde se fazia valer a hierarquia do materno e do estrangeiro, do familiar e do desconhecido, do possível e do impossível, do dentro e do fora. É no engajamento do entre-línguas ou do entre-as-línguas, ainda que do entre possa irromper o conflito, que podemos ler a tessitura do literário dos escritores sobre os quais nos debruçamos até o momento.

Do materno como sagrado, do sagrado restrito ao Livro, do oral que não se lê, do estrangeiro que se escreve, nesse entre de línguas e de culturas, desenha-se o esboço das escrituras magrebinas de língua francesa. No entre, muitas vezes, irrompe a perda, mas também a

---

60 "*La castration-vérité, c'est au contraire ce qui se contracte (stricture de l'anneau) pour faire revenir le phallus, le signifiant, la lettre ou le fétiche en leur oikos, en leur demeure familière, en leur lieu propre. En ce sens la castration-vérité est le contraire du morcellement, son antidote même [...].*"

possibilidade de dar voz ao que se perdeu, de recuperar o não-dito, de fazer falar o silêncio. Não se trata, porém, de evocar uma língua que falta, a falta de uma língua, pois a falta não tem lugar na disseminação das línguas (cf. ibidem, p.472), nem de revelar o impossível do não-dito simbolizado pela lei da castração, já que o "mais de um", como processo constitutivo das línguas, não se submete à topologia indivisível do significante.

Escrever a partir do entre, no entre como condição da própria escrita é colocar em cena a impossibilidade de uma língua ser única, unicamente materna ou exclusivamente estrangeira e, também, apontar para a impossibilidade de uma afinidade completa entre as línguas. Se "não escrevemos nunca nem na nossa própria língua nem numa língua estrangeira" (*on n'écrit jamais dans sa propre langue ni dans une langue étrangère*), como afirma Derrida (1986b, p.146-7), é que somos pegos no movimento (*la mouvance*) e na fragmentação das línguas em suas pluralidades.

Escrever numa língua, falar outra, evocar uma terceira para referir-se ao sagrado e, ainda, fazer apelo a uma quarta para falar de si: a experiência da passagem entre línguas é indissociável do acontecimento das diferenças políticas, culturais e também poéticas. Aceitar não estar completamente nem numa língua nem noutra é a saída, de acordo com Assia Djebar, para o escritor magrebino de língua francesa e, acreditamos, de modo geral, para todo escritor. No entre das línguas, assinala ainda a autora, conjugam-se os espaços do entre-*between* e do entre-antro (*a cave*),[61] e é preciso saber contorná-los para que a escrita possa ser engendrada como um jogo poético plural para seus criadores, sem encerrar-se na escuridão de um antro nem perder-se na errância de um *between* (cf. Djebar, 1999, p.33).

Entre um e outro existirá o materno e o estrangeiro, a diferença de línguas e de pensamento, de território e de fronteiras, de real e de imaginário. Forças contraditórias, suplementos da condição de escrita

---

61 Assia Djebar, ao referir-se aos vocábulos *entre* (entre) e *antre* (antro), diz servir-se de um "jogo de palavras comum em francês" (*jeu de mots facile en français*), já que não há diferença de pronúncia entre um e outro.

ou, simplesmente, suplementos de escrita, atravessam, de maneira incessante, o espaço literário desses escritores, um espaço constitutivamente disseminado em línguas: língua do pai, língua da mãe, língua da França, língua do colonizador, língua do estrangeiro, mas, antes de tudo, língua como escrita ou língua da escrita.

Se a literatura é um país sem fronteiras (cf. Cixous, 2004, p.67),[62] no qual o limite do nacional deve ser lido como a própria impossibilidade de estabelecer limites, e se o que importa para tais escritores é estar em terra de literatura, vale conjugar todos os esforços de língua, ou todas as línguas em seus esforços, para a empreitada do literário, sem, no entanto, ignorar as particularidades que constituem cada língua em mais de um país-língua.

A literatura, como exercício de alteridade ou como alteridade em exercício, é o que se desenha sob os rastros de uma escritura entre-línguas, entre-as-línguas e no entre-das-línguas – alteridade, por excelência, sob a forma poética do reconhecimento. Do outro na língua ao outro da língua para se chegar à língua do outro, caberá sempre reconhecer a diferença (dos outros e das outras línguas) na tessitura do literário, pois, se um estrangeiro é sempre um estrangeiro para o outro, como nos lembra Khatibi (1987a, p.125), "entre eles existe o completamente outro, o terceiro termo, a relação que os mantém em sua singularidade que é, de uma maneira ou de outra, intraduzível".[63]

---

62 Cabe lembrar que Cixous fala da "nacionalidade literária" como a única nacionalidade possível de ser assumida. Ao relembrar os problemas vividos pelos judeus argelinos, numa Argélia ainda colônia francesa, ela diz: "Sou efetivamente de nacionalidade francesa, o que não quer dizer grande coisa, e sempre sonhei poder atravessar o passaporte para ir em direção a uma nacionalidade que, acabei por me convencer, era literária. Se existe um país no qual me encontro é a literatura em geral, que é, evidentemente, sem fronteiras. Isto é uma experiência concreta que me ajudou, na verdade, a desconstruir desde minha mais tenra infância a cena da identificação, a cena da nacionalidade, de tudo que é nação: nação, nacionalidade, estado-nação, inclusive a nacionalização das indústrias; enfim, desde que há nação, não estou mais lá" (Cixous, 2004, p.67).

63 *"[...] mais entre eux il y a le tout autre, le troisième terme, la relation qui les maintient dans leur singularité qui est, d'une manière ou d'une autre, intraduisible."*

Do "intraduzível – a traduzir" como espaço de diálogo entre o bilinguismo e o monolinguismo, entre a língua e a literatura, entre o político e o literário, é o que veremos a seguir.

2
Diálogos:
a cena das línguas

Le mode courtois de l'Aimance
Est plusieurs idiomes
Langue sous langue, n'est-ce pas!

Abedelkebir Khatibi

Dehors il y a la langue, la langue de tous les autres, dégagée de sa gangue maternelle. La langue, comme un fleuve qui ne serait pas domestiqué. La langue fleuve avec ses aléas, ses fausses tranquillités et ses impatiences, son insondable transparence.... Comme le fleuve encore, sous le sable ou perdue dans ses délaissées la langue coule, la langue vit! Prise de glace elle coule, malgré la pétrification et le chaos étincelants, aveuglants. Changeante, insaisissable, anodine rivière d'été, blessée de courtes vagues ou prise de houle, violente si violente parfois, elle coule... jusqu'à la mer, et les marcheurs la suivent, et les marcheurs s'y baignent et les marcheurs la chantent pour aimer l'amour.

Chantal Maillet

Cena um: variações sobre a língua e a amizade

Em abril de 1992, num colóquio ocorrido em Louisiana, nos Estados Unidos, sob o título de *Echoes from Elsewhere/Renvois d'Ailleurs*, cujo propósito era discutir questões referentes à "francofonia fora da França", Derrida evoca, inúmeras vezes, em sua conferência, o amigo Khatibi, apelo público e explícito feito em nome de uma amizade selada pelo amor à língua. Língua francesa para Derrida (2002, p.23) única e insubstituível, sem a qual ele se sente perdido, mais exilado do que nunca (*mon attachement invencible à un idiome français sans lequel je me sens perdu, plus exilé que jamais*); língua francesa, também para Khatibi (1985, p.178-9), no entanto, língua dividida entre o próprio e o estrangeiro, entre-dois, ou, nas palavras do autor, entre-três:

> Situação eminentemente complexa, pois, língua terceira, o francês substitui-se à diglossia, *traduzindo-se a si próprio do francês para o francês*. Ponto nodal [...] e que faz que o bilinguismo interno a toda língua (o do comunicável ao incomunicável, da "prosa" à poesia) opere uma separação, um ato de cisão, de diferença e de transmutação, segundo um movimento que não cessa de se dobrar e de se desdobrar.[1]

O francês substitui-se à diglossia existente entre o árabe clássico e o dialetal, mas ao operar tal substituição, a língua francesa também traz consigo as marcas dessa diglossia, traduz o francês (certo tipo de francês) em (outro) francês, já que o bilinguismo é um processo inerente a toda língua, processo que institui a cisão, a separação, a ruptura no coração da língua, num movimento que, incessantemente, se dobra (*se double*) e se desdobra (*se dédouble*).

Situação complexa tanto para Derrida, quanto para Khatibi, pois o "um" do único não é menos dividido e fragmentado do que o "três"

---

[1] "*Situation éminemment complexe, car langue tierce, le français se substitue à la diglossie en se traduisant lui-même du français en français. Point nodal [...] et qui fait que bilinguisme interne à toute langue (celui du communicable à l'incommunicable, de la 'prose' à la poésie) opère une séparation, un acte de scission, de différence qui ne cesse de se doubler et de se dédoubler.*"

do terceiro; entre um e outro, as variações da língua, o intervalo, a "monolíngua" e a "bi-língua", logo, o traço da *différance*.

Um gesto de amizade encena, então, o texto do(s) amigo(s), do amigo Derrida que se dirige ao amigo Khatibi, numa cena tomada pelo diálogo entre as línguas, diálogo em forma de monólogo do qual Khatibi seria uma espécie de coautor. Mas o que se mostra e, também, o que se esconde sob a assinatura desses (dois) amigos? Não muitos,[2] dois, que engajariam um terceiro, a língua, interpelando um quarto elemento, a escritura, pois trata-se de uma amizade inscrita e, sobretudo, escrita no rastro de uma língua: a língua francesa. Enfim, amigos, cada um e cada uma, unidos e separados e só unidos porque separados pela promessa de uma partilha.

---

2 No primeiro capítulo de seu livro *Politiques de l'amitié* (1994b), ao analisar as implicações de um discurso sobre o político intimamente ligado à esfera da "fraternidade" e da "amizade", Derrida retoma, em forma de questionamento, várias passagens de discursos de Aristóteles e volta-se, num determinado momento, para a questão da "amizade primeira" tal como colocada por este último. Além de questionar a hipótese de uma amizade hierarquizante, centrada no "falocentrismo da fraternidade", Derrida mostra-nos como tal discurso é atravessado pela lógica que tenta separar o bem do mal, o um dos vários, o amigo do inimigo, enfim, questões que se desenham numa cena genealogicamente orquestrada pelas relações de familiaridade, de fraternidade e de "androcentrismo" do político. Trata-se, para Derrida, de interrogar os pares dessa relação e de investigar, até mesmo, o que seria o político de um possível "além do princípio de fraternidade"; questões que ganharão fôlego na escrita derridiana, como podemos observar na seguinte passagem: "Por que os maldosos, os malevolentes, os mal-intencionados (*phauloi*) não são, por definição, amigos, bons amigos? Por que ignoram a partilha ou a comunidade dos amigos (*koina ta phílon*)? Por que preferem as coisas (*prágmata*) aos amigos? Eles situam os amigos entre as coisas, classificam-nos, na melhor das hipóteses, entre os bens, entre as boas coisas. Desta forma, eles inscrevem também seus amigos num campo de relatividade e de hipóteses calculáveis, numa multiplicidade hierarquizada de bens e de coisas. Aristóteles afirma o contrário [...]" (ibidem, p.37). Derrida prossegue sua crítica sobre a "amizade primeira" e a lógica da calculabilidade dos amigos dizendo: "É possível amar mais de um, parece conceder Aristóteles, de amar certo número, mas não muitos. Não é o número que é interditado, nem o mais de um, mas o numeroso, senão a multidão. A medida é dada pelo ato, pela capacidade de amar *em ato (energein)*, efetivamente, ativamente, presentemente no lugar desse 'numerosos' [...]. Um ser finito não poderia estar presente *em ato* em um grande número. [Não há] nenhum pertencimento ou comunidade de amigos que esteja *presente*, e, antes de tudo, *presente para si próprio*, sem eleição ou seleção" (ibidem, p.39).

Outras questões atravessam, ainda, esse diálogo que diz falar de língua e de amizade, a saber: o que podem partilhar, de fato, esses amigos? O que se desenha sob o signo dessa amizade compartilhada não mais por dois, mas por quatro? Qual seria o pacto dessa partilha, enquanto promessa? Uma promessa de bons amigos? E os maus amigos? Mas haveria amigo fora do horizonte do bem? Amigo não--fraternal ou fraternidade sem amizade?

Se tais questões foram amplamente discutidas por Derrida (1994b) em seu livro *Politiques de l'amitié* (cf. nota 2), o amigo Khatibi não as ignora, retoma-as, rediscute-as, num exercício sempre "fiel" de amizade, exercício que se contrapõe, aparentemente, à apóstrofe de abertura ao primeiro capítulo de *Politiques de l'amitié*, ou seja, uma citação de Montaigne, citando Aristóteles, na qual se nega a existência de amigos: "Ó meus amigos, não há nenhum amigo" (*O mes amis, il n'y a nul amy*) (idem, p.17) – citação retomada por Derrida e inserida, em meio a outras citações, no decorrer de todo o livro, citação da citação para falar da amizade desses dois pensadores, Derrida e Khatibi que, já, no contexto dessas citações, evocam a lembrança de tantos outros amigos.

Em *Politiques de l'amitié*, o amigo Khatibi também comparece em cena, numa longa citação, em nota de rodapé, feita por Derrida a propósito da palavra *aimance*, palavra-conceito que poderia, segundo Derrida (1994b, p.23), acolher a ideia de algo que se situaria para além de toda fronteira entre o amor e amizade, a voz ativa e a voz passiva, o amar e o ser-amado. Entre um e outro, surge, então, como laço da amizade, a *aimance;* eis a citação que faz referência a esse elo:

> Feliz coincidência: no seminário em que me inspiro aqui, estava persuadido de que a palavra *aimance* era indispensável para nomear uma terceira ou uma primeira voz, dita mediana, além ou aquém do amar (de amizade ou de amor), da atividade e da passividade, da decisão e da paixão. Ora, eis para minha sorte que a encontro, esta palavra, e inventada por um amigo, por um poeta-pensador que admiro. Abdelkebir Khatibi celebra esta palavra nova em *Dédicace de l'année qui vient*, Fata Morgana, 1986: "Só terei desejado a *Aimance*", "nossa lei de *Aimance*",

"nas fronteiras da *Aimance*", "Vai e vem no ciclo da *Aimance*", "*Aimance, Aimance*... A única palavra que inventei / Na frase de minha vida?"; ele a evoca no começo de *Par-dessus l'épaule*, Aubier, 1988, apresentando a "*aimance* em duas sequências, uma dirigida às mulheres, e outra, aos homens". (ibidem, p.23)[3]

Palavra de amigo, "inventada"[4] pelo amigo para expressar o entre disseminado e incalculável da amizade, a tolerância e a afinidade, a diferença e também a dissidência entre os homens, os animais, as plantas e as coisas (cf. Khatibi, 2007). Algo que irrompe como uma força, um princípio vital, uma "ética da imanência" permeando as relações ou o entre de todas as relações, como afirma Khatibi (2007/2008b, p.126):

> Pouco a pouco, no decorrer dos anos, essa palavra exerceu sobre mim um poder extensivo. Suas possibilidades de noção ativa e de conceito guiaram-me em direção a uma busca que não diz respeito somente à literatura, mas pretende ser uma ética da imanência, nas relações interpes-

---

3 "*Heureuse coïncidence: dans le séminaire dont je m'inspire ici, j'avais cru ce mot d'aimance indispensable pour nommer une troisième ou première voix, dite moyenne, au-delà ou en-deçà de l'aimer (d'amitié ou d'amour), de l'activité et de la passivité, de la décision et de la passion. Or voici pour ma chance que je le rencontre, ce mot, et inventé par un ami, par un poète-penseur que j'admire. Abdelkebir Khatibi chante ce mot nouveau dans* Dédicace de l'année qui vient, Fata Morgana, 1986: 'Je n'aurai désiré que l'Aimance', 'notre loi d'Aimance', 'aux frontières de l'Aimance', 'Va et vient dans le cycle de l'Aimance', 'Aimance, Aimance...le seul mot que j'aie inventé / Dans la phrase de ma vie?', *il le rappelle au début de* Par-dessus l'épaule, Aubier, 1988, *qui présente 'l'aimance en deux séquences, l'une adressée aux femmes, et l'autre aux hommes'*."

4 Khatibi diz, entretanto, que a invenção da palavra *aimance* não lhe pertence de fato. Ele apenas tirou-a do esquecimento, reabilitando-a, propondo-a às "pessoas de letras". Tal palavra, datando de meados do século XX, foi, então, empregada, primeiramente, no domínio da psicanálise pelo médico, psicanalista e linguista francês Edouard Pichon. Um dos primeiros sentidos atribuídos a *aimance* é o de "apego sem desejo sexual". Françoise Dolto (1981), também psicanalista e médica pediatra, define a *aimance* em termos de "sublimação pela linguagem", um estado no qual o objeto não é "genitalmente desejado". Entretanto, no uso que Khatibi faz da referida palavra está, sem dúvida, em jogo, a invenção de um idioma fazendo apelo ao outro, à diferença e à amizade (cf. Khatibi, 2007/2008b, p.126).

soais, ou ainda nos lugares de passagem e de resistência em que vivem os homens, quando são confrontados ao encontro mestiço entre as culturas, entre os países, entre as sociedades, entre as espiritualidades. Enfim, a questão do *inter*.[5]

Um encontro, de fato, mestiço entre amigos, celebrando a mestiçagem e a hibridez num lugar de origem como lugar de passagem, mas também de resistência. Um entre-lugar para acolher sujeitos entre-línguas. "Enfim, a questão do *inter*".

Uma palavra-pensamento em forma de reconhecimento do outro, da língua do outro, do amigo que compartilha a língua comum, uma língua em comum, porém, diferente. Na diferença, o respeito, não um respeito pretensamente idealista e partidário do vazio ideológico das teorias pluralistas que se dizem capazes de tudo abarcar, mas um respeito "distante", que tolera o amigo em sua singularidade e em sua solidão, no laço indestrutível de tudo o que difere, ou seja, no próprio movimento da *différance*.

Amizade e *aimance*. Amizade em forma de *aimance* que une e separa, respeita e questiona, diz, mas também silencia o reconhecimento mútuo desses dois, mas já quatro amigos franco-magrebinos ou simplesmente amigos de língua francesa. Amizade em nome da língua ou pelo amor à língua. Pensamento-língua em forma de amor. Se a *aimance* não se substitui ao amor, de acordo com Khatibi, ela expressa, no entanto, o "amar pensando" (*aimer en pensant*) ou um amar pensante, um pensamento-amor contrário a qualquer profissão de fé "fraternalista" e ilusoriamente ideal, tal como nos mostra o autor:

> A *aimance* não se substitui ao amor, enquanto palavra e fragmento do real, ela o prolonga num pensamento ativo, modificando seu caminho

---

5 "*Peu à peu, au cours des années, ce mot a exercé sur moi un pouvoir extensif. Ses possibilités de notion active et de concept m'ont guidé vers une quête qui ne relève pas que de la littérature, mais se veut une éthique de l'immanence, dans les relations interpersonnelles, ou bien encore dans les lieux de passage et de résistance que vivent les hommes quand ils sont confrontés à la rencontre croisée entre les cultures, entre les pays, entre les sociétés, entre les spiritualités. Bref, la question de l'*inter."

iniciático. Libera um espaço desconhecido. Ela não resolve nenhum enigma, não espera nenhum milagre, nenhum angelismo de fachada. Ela propõe um enigma ainda mais temível: a verdade perigosa de uma busca sem finalidade declarada. (idem, 2007, p.70)[6]

Enigma de uma busca que, no silêncio de seu dizer, declara, sem declarar, o sofrimento e o prazer dos amigos engajados na causa (e no caso) da língua, do bilinguismo e do monolinguismo.

Retomemos, então, o texto que se dá a ler como a aliança dessa amizade e que se constrói como o espaço de um testemunho,[7] o testemunho de Jacques Derrida, a partir do questionamento sobre o testemunho do amigo, Abdelkebir Khatibi. Entrelaçamento de histórias, rupturas genealógicas, divergências teóricas, mas sobretudo um rastro de língua, de língua francesa, que lhes permite traçar a singularidade de cada percurso e declarar a fidelidade de uma amizade que se diz em línguas ou graças à língua.

O texto de Derrida, *Le monolinguisme de l'autre*, objeto da conferência no congresso de Louisiana, em 1992,[8] aparece sob forma de livro, pelas edições Galilée, em 1996. Da epígrafe ao epílogo, a referência explícita e implícita ao amigo Khatibi, mais precisamente, a dois textos que dialogam diretamente com *Le monolinguisme de l'autre*, a saber: *Amour Bilingue*, publicado inicialmente em 1983, pela editora Fata Morgana[9] e *Du bilinguisme*, de 1985, obra coletiva organizada por Khatibi, por ocasião de um congresso realizado em Rabat, em 1981,

---

6 "*L'aimance ne se substitue pas à l'amour en tant que mot et fragment du réel, elle le prolonge dans une pensée active, en modifiant son chemin initiatique. Dégageant un espace inconnu. Elle ne résout aucune énigme, n'attend aucun miracle, aucun angélisme de façade. Elle propose une énigme plus redoutable: la vérité dangereuse d'une quête sans fin déclarée.*"
7 Sobre a questão do testemunho, ver capítulo 3, "Notas sobre o monolinguismo".
8 Na página onze do referido livro, numa nota que antecede a página dedicada às epígrafes, lê-se que um primeiro esboço dessa comunicação já havia sido apresentado em um congresso realizado na Sorbonne, sob a direção de Christine Buci-Gluksmann.
9 Conforme nota apresentada na introdução, quando tratamos da obra em questão, fazemos referência à edição de 1992.

sobre questões relativas ao bilinguismo. Quase dez anos, e um pouco mais de dez anos, separam o aparecimento de um texto do outro, ou seja, do percurso que se inaugura com o bilinguismo de Khatibi e que caminha rumo ao monolinguismo do outro de Derrida.

O que se dá a ler de um texto a outro? Como apreender a intersecção do bilinguismo no rastro do monolinguismo? Como responder ao apelo do amigo? O que nos dizem esses "exercícios de testemunhos", como exercícios de amizade, sobre a língua, a língua do outro, a bi-língua e a monolíngua?

Comecemos com Derrida que, num dia de congresso, em Louisiana, anuncia, logo de início, o pensamento que atravessará todas as reflexões em torno de *Le monolinguisme de l'autre*, a saber, que "ele", sujeito monolíngue, só tem uma língua e que, além do mais, essa língua não lhe pertence, propósito que se enuncia nas seguintes palavras: "Eu só tenho uma língua, ela não é minha" (*Je n'ai qu'une langue, ce n'est pas la mienne*) (idem, 1996a, p.13).

É preciso, então, imaginar tal sujeito, pensar na sua condição de monolinguismo e de privação, pois a única língua que esse sujeito acredita falar não é sua, ao que ele acrescenta: "Ora, nunca esta língua, a única que estou, assim, destinado a falar, enquanto falar me será possível, em vida em morte, esta única língua, veja você, nunca será minha. Nunca o foi, na verdade" (ibidem, p.14).[10]

No imperativo "veja você" (*vois-tu*), a incidência implícita de um vocativo: "veja você, ó amigo", e não se trata de um amigo qualquer, mas de um bom e fiel amigo que, entre tantos outros presentes no congresso, compartilha com Derrida a singularidade de uma condição: a de ser franco-magrebino. Condição de um destino, "um estatuto quanto à língua e à cultura", num certo "Estado", como afirma Derrida:

---

10 *"Or jamais cette langue, la seule que je sois ainsi voué à parler, tant que parler me sera possible, à la vie à la mort, cette seule langue, vois-tu, jamais ce ne sera la mienne. Jamais elle ne le fut en vérité."*

Entre todos os participantes [do congresso], dois deles, Abdelkebir Khatibi e eu mesmo, que além de uma antiga amizade, ou seja, a sorte de tantas outras coisas da memória e do coração,[11] compartilham também um certo destino. Eles vivem, quanto à língua e à cultura, num certo "estado": eles têm um certo estatuto. / A esse estatuto, naquilo que se nomeia desta forma e que é exatamente "meu país", dão o título de "franco-magrebino". (ibidem, p.26)[12]

Mas o que significa, de fato, no percurso de uma amizade, marcada pela língua e pela escritura, ser franco-magrebino? O que dizer desse traço-de-união que separa com o intuito de unir (e unificar) o traço de "uma" identidade, a dos franceses e dos magrebinos? Como ler o intervalo desse hífen ou o hífen nesse intervalo? Questões que são evocadas por Derrida, quando ele se compara e se distingue do amigo, no ritmo de uma amizade que tolera a distância, pois para saber "quem é franco-magrebino" ou "o que é franco-magrebino", é necessário, antes de tudo, diz Derrida, saber "quem é o *mais* franco-magrebino" (*qui est le* plus *franco-maghrébin*) (ibidem, p.26) – lógica do tipo aristotélico, sobre a qual cabe, ainda, a Derrida dizer:

> De acordo com uma lei circular, familiar à filosofia, afirmar-se-á, então, que aquele que é *o mais*, o mais puramente ou o mais rigorosamente, o

---

11 Siscar (2005b), num ensaio intitulado *O coração transtornado*, propõe uma leitura do pensamento derridiano a partir da problemática "do coração". Desta forma ele diz: "Como ter coragem de falar a Derrida, de falar sobre ele diante dele, mais uma vez correndo inevitavelmente o risco de ousadia e ingratidão? Como ter coragem de reaprender a lê-lo, de renomear o outro diante dele e, assim fazendo, nomeá-lo outro para ele? Em sua própria língua ou na minha, o percurso é sempre aquele traçado pela tradução. Mas os desejos e arroubos da tradução são, também, um aspecto importante da leitura de Derrida. Como falar de Derrida, hoje, senão com o coração?" (ibidem, p.135). Ao que poderíamos, também, acrescentar, parafraseando Siscar: Como falar de Derrida e de Khatibi, de bi-língua e de monolíngua, de amizade e de *aimance* senão com o coração (*le coeur*)? Pelas vias do coração e de todas as emoções a ele intimamente ligadas?

12 "*Parmi tous les participants, il en fut deux, Abdelkebir Khatibi et moi-même, qui, outre une vieille amitié, c'est-à-dire la chance de tant d'autres choses de la mémoire et du coeur, partagent aussi un certain destin. Ils vivent, quant à la langue et à la culture, dans un certain 'état': ils ont un certain statut. / Ce statut, dans ce qui se nomme ainsi et qui est bien 'mon pays', on lui donne le titre de 'franco-maghrébin'.*"

mais essencialmente franco-magrebino, esse permitiria decifrar *o que é ser franco-magrebino em geral*. Decifrar-se-á a essência do franco-magrebino, a partir do exemplo paradigmático do *"mais* franco-magrebino", do franco-magrebino *por excelência*. (ibidem, p.27)[13]

Do singular ao universal, do universal como condição da exemplaridade, eis, então, o exemplo do amigo mais franco-magrebino que o outro, o amigo que testemunha em seu nome, mas que também faz valer o testemunho do outro amigo.

A questão da nomeação do par franco-magrebino remete-nos à história da colonização do Magrebe pela França e das implicações político-linguísticas decorrentes de tal processo, conforme abordado no primeiro capítulo. Se não se pode falar de uma unidade histórica de colonização francesa no Magrebe, pois, como assinalamos anteriormente, no contexto particular de cada país a colonização tomou rumos diferentes, o imperativo da língua francesa, ou seja, a imposição da língua da metrópole aos países colonizados parece ser o único denominador comum aos chamados franco-magrebinos e, ainda, torna-se necessário distinguir a condição específica de cada grupo no interior do grupo "mais geral" dos tais franco-magrebinos. É preciso levar em conta a situação dos árabes autóctones, também chamados *indigènes*, dos judeus árabes e dos judeus berberes, daqueles também oriundos de vários países da Europa, dos colonos franceses, das populações provenientes da Espanha, dos turcos, enfim, das múltiplas etnias que compõem cada um dos referidos Estados.

Derrida fala do caso particular, do exemplo específico, singular, mas também universal, ou singular porque universal, dos judeus "franco-magrebinos" da Argélia. Khatibi testemunha em nome dos árabes, mais especificamente, de tradição muçulmana, do Marrocos. No intervalo e na intersecção de uma história e de outra, a irrupção da

---

13 *"Selon une loi circulaire dont la philosophie est familière, on affirmera donc que celui qui est le plus, le plus purement ou le plus rigoureusement, le plus essentiellement franco-maghrébin, celui-là donnerait a déchiffrer ce que c'est qu'être franco-maghrébin en général. On déchiffrera l'essence du franco-maghrébin sur l'exemple paradigmatique du 'plus franco-maghrébin', du franco-maghrébin par excellence."*

língua como fio condutor dessas narrativas singulares que perpassam o monolinguismo de um e o bilinguismo do outro.

É a divergência dessas histórias, como divergência da própria história, que permite a Derrida nomear-se publicamente, num dia de congresso em Louisiana, mais franco-magrebino que o amigo franco--magrebino, Abdelkebir Khatibi, tal como aparece em seu texto:

> Suponhamos que, sem querer magoar Abdelkebir Khatibi, num dia de colóquio em Louisiana, longe da casa dele e longe da minha casa, longe de nós mesmos também, eu lhe faça uma declaração, pela fiel e admirativa afeição que tenho por ele. O que lhe declararia esta declaração pública? Isto, mais ou menos: "Caro Abdelkebir, veja você, eu me considero aqui como o *mais* franco-magrebino de nós dois, e, talvez, mesmo o *único* franco-magrebino. Se eu estiver equivocado, se eu me enganar ou enganar, aí então, tenho certeza de que vão me contradizer. Tentarei, assim, me explicar ou me justificar da melhor forma possível. Olhemos à nossa volta e classifiquemos, dividamos, procedamos por conjuntos." (ibidem, p.29)[14]

Classifiquemos e digamos que a divisão inicial da dita classificação justifica-se pelos usos da língua, pelo "livre" acesso às várias línguas faladas no Magrebe colonial (e pós-colonial) ou pela interdição radical das múltiplas formas desse dizer. De um lado, o amigo Khatibi, do outro, o amigo Derrida, separados por uma linha visível e invisível, própria a todos os mecanismos de controle coloniais e pós-coloniais.

Se, para Derrida, a língua não pertence e não há, em seu caso específico, nenhuma língua materna autorizada, pois, tal como aparece em seu relato, ele nunca pôde chamar o francês de "minha língua materna" (*car jamais je n'ai pu appeler le français, cette langue que*

---

14 "*Supposons que, sans vouloir blesser Abdelkebir Khatibi, un jour de colloque en Louisiane, loin de chez lui et loin de chez moi, loin de chez nous aussi, je lui fasse une déclaration, à travers la fidèle et admirative affection que je lui porte. Que lui déclarerait cette déclaration publique? Ceci, à peu près: 'Cher Abdelkebir, vois-tu, je me considère ici le plus franco-maghrébin de nous deux, et peut-être même le seul franco-maghrébin. Si je me trompe, si je m'abuse ou si j'abuse, eh bien, je suis sûr qu'on me contredira. Je tenterais alors de m'expliquer ou de me justifier du mieux que je pourrais. Regardons autour de nous et classons, divisons, procédons par ensembles'.*"

je te parle, "ma langue maternelle") (ibidem, p.61), Khatibi parte de uma situação bem diferente, embora partilhe, de certa forma e de maneira paradoxal, o pensamento segundo o qual a língua também não pertence, como ele próprio diz em *Amour Bilingue:* "A língua não pertence a ninguém, a língua pertence a alguém e sobre alguém eu nada sei" (1992, p.61).[15]

Entre não pertencer a ninguém e pertencer a alguém, entre nada saber sobre alguém, que pode também ser ninguém, surge o abismo das línguas, da bi-língua e da monolíngua (*La bi-langue? Ma chance, mon gouffre individuel...*) (ibidem, p.11).

Trata-se, nesse contexto, de "redefinir" a problemática da oposição dualista, francês-árabe, que rege toda a produção literária magrebina dominante, propósito que nos remete à pergunta inicial deste livro e que tem guiado outras interrogações, a saber: "Em que língua escrever?" Escrever no entre-das-línguas ou entre-as-línguas? Passar de uma língua para outra sem que seja possível, de fato, dizer como e por quê?

Para explicar a empreitada do movimento contínuo entre as línguas, Khatibi, como exímio *passeur* ("passador") nesse domínio, recorre à tradição das letras, quando diz: "Certa vez, li um autor estranho: para se livrar do seu mestre, ele mudara de língua. Golpe de gênio, esta mutação tão rara!" (ibidem, p.127)[16]

Golpe de gênio também para Khatibi, para quem não se trata de "arabizar o francês" ou "francizar o árabe", mas simplesmente de reconhecer, no paradoxo do pertencimento, o que advém a cada uma dessas línguas. A "língua materna", ou o que se pode chamar língua materna na multiplicidade de dizeres da língua natal, opera na língua estrangeira e vice-versa. Duplo movimento de reconhecimento: uma língua e outra, uma língua na outra; a ruptura, mas também o enxerto (*la greffe*). Uma intersecção irreconciliável, no entanto necessária, que

---

15 *"La langue n'appartient à personne, elle appartient à personne et sur personne je ne sais rien."*

16 *"Une fois, j'ai lu un auteur bizarre: pour se débarrasser de son maître, il avait changé de langue. Coup de génie, cette mutation si rare!"*

permite dizer o abismo entre as línguas e a própria possibilidade de seu acontecimento. Na intersecção, o duplo, logo, o "mais de um".

Derrida (1996a, p.21), ao evocar as duas (não mais uma) proposições, "contraditórias em si próprias", a partir das quais se abrem as possibilidades de leitura de seu monolinguismo, ou seja, ao dizer que: "1. Nunca falamos senão uma única língua. / 2. Nunca falamos uma única língua",[17] chama a atenção para o fato de que seu amigo Khatibi já discutira em uma obra sobre o bilinguismo, em outros termos, toda a problemática que a segunda proposição de *Le monolinguisme de l'autre* pode comportar. Assim, mais uma vez, o apelo ao amigo num gesto de citação:

> Se não existe (como nós o dizemos depois e com outros) *a* língua, se não existe monolinguismo absoluto, falta delimitar o que é uma língua materna em sua divisão ativa e o que se enxerta entre essa língua e a outra dita estrangeira. Quem se enxerta aí e quem se perde, não pertencendo nem a uma nem a outra: o incomunicável. A bi-língua, em seus efeitos de palavra e de escritura [...]. (Khatibi, 1985 apud Derrida, 1996a, p.22)[18]

O enxerto entre o materno e o estrangeiro, uma perda disseminada como um dom cindido na origem; enxerta-se, mas perde-se. Efeitos do bilinguismo. "A língua estrangeira dá com uma mão e tira com a outra" (*La langue étrangère donne d'une main et retire de l'autre*), afirma Khatibi (1985, p.176), conhecedor dos caminhos ambíguos tomados pelo texto em seus movimentos monolíngues, bilíngues e plurilíngues. Nem monolinguismo, nem bilinguismo, nem plurilinguismo absolutos. A arte da disseminação, como um ponto de sutura e de ruptura entre as línguas, é o que se desenha na própria trama do texto, no texto permutado de uma língua para outra, enxertado de línguas outras. No

---

17 "1. *On ne parle jamais qu'une seule langue. / 2. On ne parle jamais une seule langue.*"
18 "*S'il n'y a pas (comme nous le disons après et avec d'autres) la langue, s'il n'y a pas de monolinguisme absolu, reste à cerner ce que c'est qu'une langue maternelle dans sa division active, et ce qui se greffe entre cette langue et celle dite étrangère. Qui s'y greffe et qui s'y perd, ne revenant ni à l'une ni à l'autre: l'incommunicable. De la bi-langue, dans ses effets de parole et d'écriture [...].*"

entanto, essa situação que Khatibi experimenta e conhece tão bem ainda o leva a se perguntar:

> Mas em que ponto se trama o gozo do plurilinguismo textual [...]? A partir do momento em que o bilinguismo e o monolinguismo são habitados por um fora (*dehors*) intraduzível, os autores fazem apelo a fragmentos de outras línguas, como se o texto não devesse retornar a sua própria língua e se multiplicasse rumo a um gozo sempre mais distante e rumo a um alhures que faz recuar o indizível, o silêncio, a loucura de escrever e a confusão das línguas em seus limites. Falar em línguas é a narrativa dessa loucura sob vigilância. (ibidem, p.180)[19]

Haveria, então, um gozo do outro como gozo do texto, mas um gozo disseminado entre o próprio e o impróprio, o silêncio e a palavra, o dizível e o indizível, culminando na loucura de escrever, na "confusão de línguas em seus limites". Institui-se, desta forma, um limite para a loucura e a confusão, uma barra, um interdito (ao gozo, talvez) para além do qual não se é mais permitido errar. Trata-se de uma "loucura sob vigilância" para uma escrita, apesar de tudo em permanente errância.

As línguas confundem-se, permutam-se e Khatibi reconhece, nos efeitos dessa permutação, uma "perturbação" intrínseca permeando o jogo de "uma língua mais a outra", ou de "uma língua menos a outra". É no jogo do "mais um" e do "menos um" que Khatibi responde ao apelo lançado pelo amigo em seu monolinguismo do outro.

Em fevereiro de 1995, na École des Hautes Études en Sciences Sociales, em Paris, ao lado de Derrida e de outros amigos, Khatibi profere uma conferência sob o título de *Lettre ouverte à Jacques Derrida*,[20]

---

19 "*Mais où se noue la jouissance du plurilinguisme textuel [...]? Dès que le bilinguisme et le monolinguisme sont hantés par un dehors intraduisible, les auteurs font appel à des fragments d'autres langues, comme si le texte ne devait pas revenir à sa langue propre, et se multipliait vers une jouissance toujours plus écartée, et vers un ailleurs qui fait reculer l'indicible, le silence, la folie d'écrire et la confusion des langues dans leurs limites. Parler en langues est le récit de cette folie sous surveillance.*"

20 O texto de que dispomos da *Lettre ouverte à Jacques Derrida* data de 2004 e foi publicado num número especial da *Revue Europe* dedicado a Jacques Derrida.

um gesto de amizade em resposta à *aimance* unindo o pensamento de um e do outro. Tratava-se de responder ou simplesmente comentar as palavras do amigo enunciadas por ocasião do congresso de Louisiana. Como ler o texto do amigo, pergunta-se Khatibi (2004, p.202) (*Comment lire ton texte? Comment lire le texte d'un ami vivant qui vous interpelle?*). Como dar conta desse testemunho que evoca um outro testemunho, o dele próprio, Khatibi? Testemunho de alteridade que faz apelo ao outro e à língua, à língua do outro e ao outro da língua.

Num primeiro exercício de escrita e também de alteridade, para reconhecer o testemunho do outro, Khatibi fala do passado e das diferenças que cercaram o percurso de um e do outro, em função de sua própria historicidade e de sua singularidade.

No Marrocos, contrariamente ao que ocorre na Argélia, tal como relatado por Derrida em *Le monolinguisme de l'autre*, a comunidade judaica não perde a cidadania, pelas leis de Vichy. Ela passa de um estado de "proteção" (*dhimma*), em país muçulmano, a um estado de "protetorado", durante o período colonial (cf. ibidem, p.205). No entanto, essa proteção salva da morte e da perseguição toda uma comunidade que, aparentemente, era bem integrada do ponto de vista social e cultural. As leis da hospitalidade é que definem, segundo Khatibi, os graus de tolerância e intolerância entre os homens e, nesse sentido, apesar de toda a dor inerente a qualquer colonização, o estado marroquino, sob as leis de seu "protetorado", parecia muito menos intolerante.

Do outro lado da fronteira, o anúncio de um desastre e de um dilaceramento: a experiência sofrida e irreparável da perda da cidadania francesa pelos judeus da Argélia compõe os passos, ritmados sob a lei do outro, de uma história única no mundo[21] – história da história,

---

21 Em um colóquio internacional, realizado em dezembro de 2000, em Paris, em torno de Jacques Derrida, mais precisamente, sobre questões de judeidades dirigidas a Jacques Derrida (os textos do colóquio foram publicados no livro *Judéités*, organizado por Cohen e Zagury-Orly, 2003), Derrida, de modo calculado e na incalculabilidade própria ao seu idioma, discorre sobre temas relacionados à problemática do "ser judeu", da "judeidade" e do "judaísmo". No ensaio intitulado *Abraham, l'Autre* (ibidem, p.11-42), publicado no livro acima citado, Derrida desconstrói o aparato ideológico defendido por Sartre em sua obra *Réflexions sur la*

compartilhada na violência de seu acontecimento pelos dois amigos magrebinos, ou seja, franco-magrebinos. Lei vinda de fora e dilacerando os laços pessoais e históricos de dentro. Em 1870, sob a III República, pelo Decreto Crémieux, a França outorga a cidadania francesa aos judeus da Argélia, um ato que procurava exibir as "benesses" da colonização francesa para a população local. Em 1940, menos de um século depois, essa mesma França, sob o governo de Vichy, em nome de um Marechal Pétain, confisca-lhes (aos ditos "judeus magrebinos") a nacionalidade francesa para, logo depois, em 1943, conceder-lhes novamente o estatuto de franceses, singularidade histórica tão bem narrada por Derrida (1996a, p.34):

> *question juive* (1954). Segundo Derrida, Sartre se limitaria a uma visão, por demais simplista, ao avançar a hipótese de uma "judeidade de situação" e ao pretender diferenciar o "judeu autêntico" do "judeu inautêntico". Para Derrida, trata-se de uma questão extremamente complexa que não deve se resumir a uma simples etiquetagem de fatos. Entre tantas outras observações, Derrida afirma: "Ora, não são somente excluídos da análise todos os Judeus não-franceses, de acordo e, em suma, com uma fronteira metodológica e situacional muito claramente indecidível, mas terrível e, de maneira artificial, convencionalmente restritiva, na verdade, injustificável, num caso tão singular. Encontram-se igualmente fora desse campo todos esses Judeus não-estrangeiros que como eu, se ouso dizer, como os Judeus da Argélia da minha geração, não eram, de nenhum modo, nem franceses nem não-franceses. E essa indecisão quanto à fronteira não diz respeito somente à cidadania, nem ao fato de que 'nós' tínhamos perdido, depois recuperado, entre 1940 e 1944, uma cidadania jovem que fora outorgada pelo Decreto Crémieux de 1870. Essa turbulência com relação à cidadania francesa se complicava, de maneira abissal, para aqueles chamados, durante a guerra e uma boa parte da minha adolescência, de 'Judeus autóctones' da Argélia (eu falei um pouco sobre essas coisas em *Le monolinguisme de l'autre* e em *Circonfession*), com relação à religião, à cultura, à sequência extremamente singular de uma história colonial cujo tipo foi, eu tentei demonstrá-lo, único no mundo etc. Eu sou daqueles que se sentem ao mesmo tempo francês, muito francês, francês por inteiro (sem estar certo de poder dizê-lo, também já me expliquei com relação a isso em outras ocasiões, como Hannah Arendt diz no que concerne à língua alemã, [que] 'a língua francesa é minha única pátria', ainda que a língua francesa, o francês, no irredentismo de seu idioma mais intraduzível, seja, no fundo, o corpo passional de todas as minhas paixões, mesmo que este corpo tenha se entregado muitas vezes ao silêncio) inteiramente francês, mas, ao mesmo tempo, é preciso cuidar disso, tratar dessa dissociação, radicalmente erradicado, cultivando o desenraizamento [...]" (idem, 2003, p.28-9).

Ora, conheci isso. Com outros, perdi, depois recuperei a cidadania francesa. Perdi-a durante anos sem ter tido outra. Nenhuma sequer, veja você. Não tinha pedido nada. Apenas soube, no momento, que a tinham tirado de mim [...]. E depois, num dia, "num belo dia", sem que eu tivesse, mais uma vez, nada pedido, e muito jovem para sabê-lo, com um saber propriamente político, havia recuperado a dita cidadania. [...] Foi em 1943, eu acho, ainda nunca tinha ido "à França"[...].[22]

Se Kathibi, por um lado, não experimentou a perda dessa cidadania, como ocorreu com o amigo Derrida, por outro, as marcas da colonização também estiveram presentes em seu caminho, a começar pelo silenciamento imposto pela língua do outro – língua silenciosa que o fazia calar, como ele próprio diz:

> O francês foi, durante minha infância, uma língua silenciosa, reservada à leitura e aos *outros* exercícios escolares. [...] Era um dever, uma disciplina, uma ascese que nos encerrava num claustro de recolhimento, de dúvida e de desordem. Não se falava com Ninguém. (Khatibi, 2004, p.207)[23]

No entanto, da palavra de silêncio, irrompe o ato poético. De simples exercício escolar a exercício de poesia, de repente, o francês começa a "falar". Não se tratava de substituí-lo à língua materna, mas de dar voz a uma língua de escritura, língua que ele aprendera a escrever antes mesmo que fosse capaz de pronunciá-la, e como "não se fala como um livro" (ibidem, p.208), diz o autor, tudo estava para ser feito.

---

22 *"Or j'ai connu cela. Avec d'autres, j'ai perdu puis recouvré la citoyenneté française. Je l'ai perdue pendant des années sans en avoir d'autre. Pas la moindre, vois-tu. Je n'avais rien demandé. Je l'ai à peine su sur le moment, qu'on me l'avait enlevée [...]. Et puis, un jour, 'un beau jour', sans que j'aie une fois de plus rien demandé, et trop jeune encore pour le savoir d'un savoir proprement politique, j'ai retrouvé ladite citoyenneté. [...] C'était en 1943, je crois, je n'étais jamais encore allé 'en France' [...]."*

23 *"Le français a été, pendant mon enfance, une langue silencieuse, réservée à la lecture et aux* autres *exercices scolaires. [...] C'était un devoir, une discipline, une ascèse qui nous enfermait dans un cloître de recueillement, de doute et d'égarement. On ne parlait à Personne."*

Da dessimetria das línguas, surge a aventura da escrita, ou a escrita como aventura, não sem embaraçar os traçados da própria história: uma voz que podia falar, outra que se escrevia sem se falar, uma voz que recitava o sagrado e, ainda, outra para cantar as lembranças maternas. Superimposição de vozes e de gestos, desafiando a identidade do escriba. Uma identidade singular elaborada no traço precioso do cuidado com a língua, uma língua que narra a memória e o esquecimento, o estranho e o familiar, a luta e as paixões. Um cuidado especial também é revelado no trato com a sintaxe cuja trama amplia, segundo Khatibi, o horizonte de hospitalidade em que o escritor passa a ser recebido como convidado em/de seu próprio texto (cf. idem, 1999, p.38). Um convidado que pode embaralhar as regras do jogo (e) da língua, tal como nos confessa em sua carta ao amigo Derrida:

> Entretanto, tudo me encorajava a permanecer ilegível, ou seja, um estrangeiro clandestino que navega na noite entre duas línguas. Dizia-se, diz-se, sempre, que a clareza da língua francesa é uma virtude nacional. Ilegível aquele ou aquela que *embaralha o princípio de identidade da nação*. Ora, eu era colonizado por essa nação. (idem, 2004, p.209, grifos nossos)[24]

Khatibi não faz o elogio da ilegibilidade, mas aponta para a necessidade de o escritor intervir na tessitura das línguas, à maneira de "um clandestino que navega na noite entre duas línguas", a fim de multiplicar seus efeitos de criação e de desestabilizar os "princípios de identidade" geradores de modelos absolutos.

A "clareza da língua francesa",[25] como expressão de "uma virtude

---

24 *"Pourtant, tout m'encourageait à rester illisible, c'est-à-dire un étranger clandestin qui navigue dans la nuit entre deux langues. On disait, on dit toujours que la clarté de la langue française est une vertu nationale. Illisible celui ou celle qui brouille le principe d'identité de la nation. Or, j'étais colonisé par cette nation."*
25 Segundo Derrida (1998a), Descartes, em seu *Discours de la méthode* (1637), explicita as razões que o levaram a escrever em francês. Dentre elas, menciona o fato de que queria ser compreendido pelas mulheres e não somente pelos "mais sutis". Como podemos ler nas palavras de Descartes: "Quis que as próprias mulheres pudessem compreender algo e, no entanto, que os mais sutis também encontrassem matéria suficiente para ocupar sua atenção" (Descartes apud

nacional" exerce, sem dúvida, sua influência sobre o escritor colonizado, sem, no entanto, levá-lo a desfigurar ou pulverizar as leis dessa "bela língua". O processo em curso é de outra natureza. Trata-se de uma empreitada que perpassa os limites do poético e do político, da legitimidade e da exclusão; princípio de um jogo, enfim, que procura reger, no cerne mesmo de sua insustentabilidade, as fronteiras do dentro e do fora, do mais e do menos literário ou do mais ou menos autorizado.

Diante de todos esses desafios, como responder, então, ao amigo? Testemunhar em seu nome no rastro do nome do outro? Falar de bilinguismo ou de monolinguismo? Falar da língua do outro como um dom e uma dívida? Dívida sem dívida? Promessa de um dom? Política de uma poética?

Khatibi, em nome da *aimance*, que é também apreendida sob a forma de seus "vários idiomas", prefere o caminho da dissidência e da invenção, da dissidência como forma de invenção, pois, para ele, a frase do amigo ("Eu só tenho uma língua, ela não é minha") é a sentença que possibilita a todo escritor uma forma própria de se inventar em línguas, inventar a língua, "a língua como um rio" que não se deixa domesticar nunca até atingir o mar, num exercício contínuo de desvio e de invenção. Experiência-limite, quando se trata de, "língua sob língua", narrar o intraduzível do encontro e da separação, como ele próprio o faz em seu *Amour Bilingue*, obra cujos contornos delinearemos a seguir.

Derrida, 1998b, p.44). Há muito a ser dito sobre essa estratégia "astuciosa" de Descartes que faz ainda valer, de diversas maneiras e em muitos recantos, a ideia segundo a qual o francês é a língua da inteligibilidade "por excelência". Além de ser o discurso difundido por órgãos oficiais, que falam em nome de uma "política franco-francesa", esse argumento é também muito comum entre aqueles cujo *métier* é ensinar a língua, a cultura e a literatura francesas.

Cena dois: notas sobre a bi-língua

"Como ler seu texto?", poderíamos perguntar ao amigo Khatibi que, talvez, tomasse emprestadas as vias de sua própria escritura para nos dizer: "Leia, leia, você nunca lerá o suficiente" (1992, p.42)[26] – pensamento de uma leitura que não se esgota, não se fecha como o próprio livro de Khatibi.

Ler e reler, então, o livro desse pensador, como ele também o sugere, diante do desafio de leitura lançado pelo amigo Derrida, como um gesto de invenção, uma forma de deriva que possibilita criar, ler e traduzir num único ato: eis a tarefa do leitor numa cena totalmente dedicada à bi-língua.

A narrativa sobre a bi-língua constrói-se num tom de oscilação, de um movimento flutuante e contínuo da frase, que vai e vem, que não se decide e que, de repente, ganha a forma de um "Ele decidiu": "(Ele partiu, voltou, partiu de novo. Decidiu partir definitivamente. A narrativa deveria terminar aqui, o livro fechar-se sobre si mesmo)" (ibidem, p.9).[27]

Movimento celebrando o ritmo das ondas do mar que, no seu ir e vir infinito, naquele instante, e para contemplar o início de uma partida, também se retira, não definitivamente, mas de forma suave, sem grande barulho: "O mar havia se retirado calmamente, sem grande barulho" (ibidem, p.9).[28]

---

26 *"Lis, lis, tu ne liras jamais assez."*
É interessante notar aqui que, em *L'amour, la fantasia* (1985/1995), Assia Djebar explora o sentido do verbo ler relacionando-o à questão da leitura do Livro sagrado. Numa passagem em que a mãe da narradora diz aos familiares, a respeito da filha, que esta lê, a autora comenta: "'Ela lê' quer dizer em língua árabe 'ela estuda'. Agora digo a mim mesma que este verbo 'ler' não foi, por acaso, a ordem lançada pelo arcanjo Gabriel, na gruta, para a revelação corânica... 'Ela lê' quer dizer que a escritura a ser lida, inclusive a dos que não acreditam em Deus, é sempre fonte de revelação [...]" (idem, 1995, p.254). Khatibi também analisa a relação do verbo "ler" com a "voz imperativa do arcanjo" e da revelação divina do Livro (cf. 1992, p.42-3).

27 *"(Il partit, revint, repartit. Il décida de partir définitivement. Le récit devrait s'arrêter ici, le livre se fermer sur lui-même)."*

28 *"La mer s'était retirée doucement, sans grand bruit."*

Não o silêncio, mas o tempo de um intervalo, um "espaçamento" (*espacement*),[29] como diz Derrida, uma entoação hesitante nesses parênteses que abrem o prefácio (*l'exergue*) do livro. Um *exergue*,[30] do latim *exergum* (um espaço fora da obra), de *ex-* (fora de) e do grego *ergon* (obra); um espaço de fora como dentro, um dentro-fora como parte da obra. Um espaço na borda ou a própria borda como espaço a partir do qual "a vida será recitada", a vida da língua e a língua como vida, mas um espaço que, sem deixar de figurar, não figura nem na vida nem na obra (talvez seja apenas uma figuração como figura de língua, mais exatamente, de linguagem). Um prefácio como explicação de algo que não se explica, o ensaio de um começo, um "começo sem começo", como diz o próprio Khatibi (1985, p.172): "Começo do livro: começo sem começo, tempo da escritura cujo livro – aberto ou não – só é uma travessia, um tipo de pausa, marcada, simulada e arrastada pela escritura que trabalha por conta própria".[31]

---

29 Em *Positions* (1972c), Derrida esboça uma espécie de recapitulativo do que tal vocábulo poderia evocar, sentido e evocação que reproduzimos aqui. Segundo o autor: "[...] o espaçamento (*espacement*) é um conceito que comporta também, embora não somente, uma significação de força produtiva, positiva, geradora. Como *disseminação*, como *différance*, ele comporta um motivo *genético*, não é somente o intervalo, o espaço constituído entre dois (o que quer dizer também espaçamento no sentido corrente), mas o *espaçamento*, a operação ou, em todo caso, o movimento da distância. Esse movimento é inseparável da temporização-temporalização (cf. *La différance*) e da *différance*, dos conflitos de força que estão em jogo aí. Ele marca o que distância de si, interrompe toda a identidade em si, toda junção pontual sobre si, toda homogeneidade em si, toda interioridade em si. [...] Espaçamento significa também, exatamente, a impossibilidade de reduzir a cadeia a um de seus elos ou de privilegiar absolutamente um – ou outro" (idem, 1972c, p.108-9).

30 A respeito da figuração do *exergue* no plano de uma obra, ao comentar o prefácio (*exergue*) de *Ecce Homo*, de Nietzsche, Derrida (1984, p.58) afirma: "A estrutura de *exergue* (prefácio) na borda ou da borda em *exergue* não pode deixar de se reimprimir, por toda parte, quando se trata de vida, da 'minha vida'. Entre um título ou um prefácio, por um lado, e o livro por vir, por outro [...] essa estrutura de *exergue* situa o lugar a partir do qual a vida será *recitada*, ou seja, reafirmada, *sim, sim, amém, amém,* tendo que voltar eternamente [...] a vida a ela própria [...]. Esse lugar não está nem na obra, é um *exergue*, nem na vida do autor".

31 *"Début du livre: commencement sans commencement, temps de l'écriture et dont le livre – ouvert ou pas – n'est qu'une traversée, une sorte de halte, marquée, démarquée et emportée par l'écriture qui travaille pour son compte."*

No entanto é preciso partir de um começo, ainda que esse começo tenha começado em algum outro lugar, antes e depois, dentro e fora do livro. Voltemos, então, ao prefácio de *Amour Bilingue*.

Um breve (entre) parênteses para começar, pois: "(a narrativa deveria terminar aqui, o livro fechar-se sobre si mesmo)". Esse fechamento, marcado graficamente, instaura, de forma paradoxal, um processo de abertura: ao querer "fechar-se sobre si mesmo", num movimento de retração, num apelo para dentro, o livro já invoca o forte grito do fora (*le grand cri du dehors*) (ibidem, p.97).

No vai-e-vem do dentro-fora, na expansão e na retração, na indefinição de um e outro movimento, os espaços confundem-se, as línguas misturam-se, os livros dialogam, os continentes aproximam-se, os corpos unem-se, enfim, tudo concorre para uma cenografia que, em *Amour Bilingue*, faz apelo ao duplo:

> A partir de então, constrói-se a cenografia dos duplos. Uma palavra: já duas: já uma narrativa. Falando com você na sua língua, sou você mesma sem o ser, me apagando nos seus rastros. Bilíngue, agora sou livre para sê-lo, totalmente, por minha conta. Liberdade de uma alegria que me divide, mas para me instruir sobre todo pensamento do vazio. (idem, 1992, p.11)[32]

Se "uma palavra: já duas: já uma narrativa", uma língua também já outra, mais precisamente, uma bi-língua, evocando o duplo, o "mais de um", o outro do duplo. Cena bilíngue para começar (e para terminar também), ainda que o bilinguismo seja a marca de uma divisão, uma cisão que aponta para o pensamento do vazio, mas que "instrui" apesar de tudo.

Fusão paradoxal do ser bilíngue que ao ser outro também deixa de sê-lo, apaga-se nos rastros desse outro e de si ou desse si mesmo como outro: "Falando com você na sua língua, sou você mesma sem o ser, me apagando nos seus rastros" (ibidem, p.11). Mas em que

---

32 "*Dès lors, se construit la scénographie des doubles. Un mot: déjà deux: déjà un récit. Te parlant dans ta langue, je suis toi-même sans l'être, m'effaçant dans tes traces. Bilingue, je suis désormais libre de l'être totalement, pour mon compte. Liberté d'un bonheur qui me divise, mais pour m'instruire à toute pensée du vide.*"

língua falar? Falar e escrever numa só língua? Uma língua que por si só já não é mais uma? Entretanto, "falar não é escrever" (ibidem, p.19), já disse o narrador de todas essas cenas narradas e escritas num entrelaçamento de outras narrativas. Então, quem (se) escreve? Sobre o que (se) escreve? Como (se) escreve?

Ainda para começar, esse mesmo narrador nos diz: "Uma narrativa escreve-se como se tivesse que parar a todo momento" (ibidem, p.52).[33] Escreve (se) e descansa, pois é necessário um momento de repouso para quem trabalha, incessantemente, por conta própria. Oscilante, indecisa, essa narrativa também persegue os rastros do ser bilíngue: escreve, para, recomeça, fecha-se sobre si mesma e, de repente, abre--se para a aventura da escrita numa errância antiga e permanente: "A noite ia, vinha, ao som do mar que, embora longínquo, tinha irrompido de maneira brusca. [...] Foi, assim, que as palavras desfilaram diante dele esvoaçantes, depois despencaram umas sobre as outras num forte estrondo: a língua estava louca" (ibidem, p.9-10).[34]

Ir e vir, partir, voltar e partir de novo, errar de língua em língua, de continente em continente e ter a impressão de ser escrito pela noite (ibidem, p.9), pela língua (*la langue nous écrit et nous lit*) (idem, 1985, p.173) e pelo próprio livro, pois o livro não para de se escrever.[35] Esvoaçantes, as palavras desfilam diante dele, o escriba, elas desarticulam, a língua está louca, mas não deixam de compor o traço de suas memórias.

---

33 "*Un récit s'écrit comme s'il devait s'arrêter à chaque instant.*"
34 "*La nuit allait, venait, sous un bruit de mer qui, bien que lointain, avait jaillit brusquement. [...] C'est alors que les mots défilèrent devant lui en voltigeant, puis ils s'écroulèrent les uns sur les autres avec fracas: la langue était folle.*"
35 A ideia segundo a qual o "livro escreve-se" é compartilhada por Cixous, para quem os recursos da língua situam-se no campo do indecidível, daquilo que desarticula, desestabiliza, mas compõe, tece. A esse respeito, ela diz: "Sou muito sensível a esse recurso e quando sinto que ela [a língua] se libera diante de mim – já que o fenômeno de escritura é o de liberação precedente, o autor segue, e, cada vez mais, estou convencida de que aquele que escreve, se me permito dizer, é o livro ele próprio; quando a vejo manifestar-se, no momento em que sou o escriba (aliás, digo sempre que sou o escriba, minha profissão é a de escriba que anota o que o livro produz) não me oponho à desordem e a tudo que faz derrapar e que faz que o ato de criação na literatura – não separo a filosofia da literatura ao dizer isso – enfim, digamos, a escritura, seja produtor de incertezas" (idem, 2004, p.81).

Livro de um escriba, como afirma Cixous, encenando aqui o papel de um narrador[36] que oscila entre a primeira (*je*) e a terceira (*il*) pessoas numa evocação constante a uma segunda (*tu*) que se desdobra em vários *elles* (elas): "Ele lhe dizia com frequência: 'Eu a amo na sua língua materna'. Às vezes, ele acrescentava: 'Na medida em que sua língua *lhe* oferece o amor que *lhes* ofereço'" (Khatibi, 1992, p.48, grifos nossos).[37]

Tudo se passa entre ele (*il*) e ela (*elle*) e, muitas vezes, tais marcas duplicam-se, como na passagem acima em que o lhe torna-se lhes, fazendo referência não só a ela, a mulher-amante, mas também à língua, a outra forma de amor. O escriba-narrador vê-se então preso às armadilhas de seu próprio texto, numa cena em que os pronomes se multiplicam e em que os papéis são constantemente permutados, para sempre: ele e ela ou ele e elas.

Ele: o bilíngue, o sem nome, o amante, o livro, o exilado, o escriba e o recitante. Ela: a língua materna e estrangeira, a língua transformada em bi-língua, a amante, a mãe (*la mère*), a prostituta, o mar (*la mer*), o lugar vazio, a identidade desertada e sedutora. Jogo infinito entre um e outro, um e outras, numa escritura que (se) confunde e seduz. À pergunta inicial "quem escreve?" substitui-se definitivamente o questionamento sobre "quem se escreve" ou "quem se narra", numa

---

36 Alfonso de Toro (2006), num estudo sobre a obra de Khatibi, mais precisamente sobre *Amour Bilingue*, ao tratar da questão do narrador no referido livro, diz que não se pode falar de "um narrador no sentido tradicional" do termo, pois em *Amour Bilingue* há uma oscilação constante entre as figuras de um *je* (eu), um *il* (ele) e um *elle* (ela) dificilmente apreensíveis na linearidade do texto, como podemos observar na seguinte afirmação: "Em *Amour Bilingue* (*AB*), Khatibi mostra como o ato completo da tradução funciona sobre a base de um locutor cuja posição alterna entre a primeira e a terceira pessoas. *AB* é um texto em que as figuras do mar e das ondas, assim como a do vai-e-vem do movimento da água, enfim, em que todas as figuras devem ser compreendidas como alegorias de textos, de identidades, de entrelaçamentos de um ato infinito de escrever e de um eterno deslocamento de sentido, logo, de um permanente suplemento. [...] Não se trata de um narrador no sentido tradicional, no máximo, pode-se falar de um locutor, de um fluxo de discurso de uma voz na primeira pessoa que é mais ou menos alucinatória [...]" (ibidem, p.81-2).

37 "*Il lui disait souvent: 'Je t'aime dans ta langue maternelle'. Il ajoutait parfois: 'Dans la mesure où ta langue te porte l'amour que je vous porte'.*"

narrativa que parece falar por si só, tal como vemos na passagem abaixo: escritura também entre parênteses que se sucede ao prefácio do livro, ou talvez seja simplesmente o prefácio do prefácio, e antecede a primeira página da narrativa propriamente dita:

> (Esse começo do texto parecia devorar o recitante, que o lia sem parar. Ele se aproximava a todo momento desse começo que o excluía: uma narrativa sem personagem; ou se houvesse, seria a própria narrativa, a ouvir-se dizer esta única palavra: Recomece). (ibidem, p.12)[38]

Um entre parênteses para começar e outro para recomeçar, como se do início ao fim do texto a escritura estivesse sempre num intervalo, talvez num recomeço mesmo para sempre diferido. Recomeço narrado, em vários momentos, como possibilidade de sustentar o desafio da própria escrita, escrita de uma paixão permanecendo firme diante de suas frágeis elaborações. O recitante lê sem parar o texto que parece excluí-lo, mas do qual também faz parte, pois texto, língua, narrador,[39] recitante e escriba, por vezes, compõem um só elemento: a aventura da própria escrita. Um narrador, escriba e recitante, que vai e vem, parte e volta, para e recomeça; figura indecisa, dividida, mas presente, para conjugar, de início, a duplicidade inerente à lógica da narrativa sobre a bi-língua.

---

38 *"(Ce début du texte semblait dévorer le récitant, qui le lisait sans relâche. Il s'approchait chaque fois de ce début qui l'excluait: un récit sans personnage; ou, s'il y en avait, ce serait le récit lui-même, s'entendant dire ce seul mot: Recommence)."*

39 Num comentário sobre a questão do eu (*je*) no texto de Blanchot, *L'instant de ma mort*, Derrida afirma: "O 'eu' que diz 'eu me', não é o autor real, evidentemente, mas um narrador, sabemos disso a partir do momento que abordamos o livro como uma coisa literária com seu estatuto de ficção. A auto-referência do 'eu' que não fala pela voz de Blanchot apresenta um narrador. Este dá provas de que tem uma memória. Ele atesta que se lembra de alguém, de outra pessoa, um jovem. Desde o *incipit* já há divisão do sujeito. [...] a história anuncia-se como a narrativa do que aconteceu a uma terceira pessoa, como o que lhe acontece até o fim. Até o fim, até que no fim o 'eu' (*je*) retorna, e o 'você' (*tu*) também. Essa passagem ao 'ele' (*il*), à terceira pessoa [...] significa, claro, a discrição do procedimento literário, a elipse de alguém que não vai se colocar em evidência e se expor indiscretamente" (Derrida, 1998b, p.65-6).

Escrever e recitar ou recitar e escrever num horizonte que ultrapassa os limites de qualquer fronteira, numa multiplicação sem fim, porém controlada, da ambiguidade, do equívoco, do acaso e do duplo – mas escrever a partir do que, quando a "tradição" não assegura mais a transmissão das variações de sentido e que o "saber", captado pela estranheza do outro, desfaz-se no espaço de sua própria constituição? Escrever por meio do recurso a um verdadeiro "teatro do impossível", de uma cenografia dos duplos, dos múltiplos, dos "uns" como possibilidade e marca da própria narrativa. Eis a tarefa da escritura em *Amour Bilingue*.

Apesar de tudo escreve-se (e também se recita). Um narrador dividido, desde o começo, entre o único e o duplo, a voz e a escritura, a língua materna e a língua estrangeira. Divisão inicial (*Liberté d'un bonheur qui me divise*) (ibidem, p.11) que atravessa toda a arquitetura de *Amour Bilingue*, num jogo flutuante de desejo e de luta, de encontro e de separação, de sofrimento e de prazer. Ele conhece as dificuldades, mas também as recompensas, de estar sempre no horizonte de passagem do entre, de ter crescido em torno do Único e do Livro (ibidem, p.11) e ter sido transportado, como no movimento incessante das ondas do mar, para o espaço do duplo e do nada. O nada já é duplo (*ce rien est double*), isso ele o sabe, mas sobre o duplo do nada ele ainda desconhece tudo (*je ne sais rien*) (ibidem, p.9).

Como lidar com o nada, com o aniquilamento do Um, quando as leis da vida (e da sobrevivência) foram escritas e ditadas, também recitadas, em nome do Um, de uma língua (que em seu "próprio princípio de identidade" já é bi-língua), de um Deus único? Questões que não são ignoradas pelo autor de *Amour Bilingue*, que se interroga, incessantemente:

> Se para aquele que crê em Deus, na bíblia e no evangelho, esse Deus criou as línguas e as separou, isso quer dizer que ele *fala em línguas*, todas e separadamente; e se, por outro lado, Alá é, para seus adeptos, aquele que privilegia a língua árabe entre todas as outras, aquela que é conhecida historicamente como a da etnia dos *Qoraïch* (etnia do profeta Maomé), o que acontece com o escritor que adota, que é adotado por uma língua

"bárbara", de acordo com o dito corânico? E se ele for um perjuro, mais ou menos subversivo, como se enxerta no seu texto a consciência de sua infelicidade, dessa separação com seu Deus? O que acontece com seu nome numa enunciação que rompe com a noção do Um e da unidade da voz divina? Como amar: entre seu Deus morto, a língua materna dilacerada e a língua bárbara? (idem, 1985, p.186-7)[40]

Em toda essa história, o que acontece, então, com o escritor (*qu'advient-il de l'écrivain*) que adota ou que é adotado por uma outra língua que não a sua língua materna? Escritor "escolhido" (pois se trata de estar entre os eleitos, essa é uma história de eleição divina) por uma língua outra, uma língua bárbara, de acordo com os preceitos corânicos, que instaura a divisão no princípio da origem (ou na origem como princípio) – e, aqui, os valores relativos à ordem daquilo que é bárbaro, sofrem uma inversão: a barbárie, a língua bárbara não diz respeito aos povos colonizados, mas, ao contrário, é um atributo conferido ao que vem de fora, ao estrangeiro, logo, no contexto deste livro, à figura do colonizador, aquele que fala uma "língua bárbara". Escritor dividido entre "seu Deus morto", "a língua materna dilacerada" e "a língua bárbara" ou estrangeira. Na trama do texto, enxerta-se (há também uma operação de *greffe*) a "consciência de uma infelicidade", infelicidade advinda da separação, da ruptura inicial ou, simplesmente, do início como ruptura, do princípio de um nada que é já é duplo.

"Prova do impossível", como diz o próprio narrador, mas da qual era preciso ser um sobrevivente, nem que fosse o último de sua

---

40 "*Si pour le croyant biblique et évangélique, Dieu a créé les langues et les a séparées, c'est-à-dire qu'il parle en langues, toutes et séparément; et si Allah est par ailleurs et pour ses adeptes celui qui privilégie la langue arabe entre toutes, celle-là même qui est connue historiquement comme celle de l'ethnie des Qoraïch (ethnie du prophète Muhammad), qu'advient-il de l'écrivain qui adopte, qui est adopté par une langue 'barbare', selon le dire coranique? Et s'il est un parjure plus ou moins subversif, comment se greffe dans son texte la conscience de son malheur, de cette séparation d'avec son Dieu? Qu'advient-il de son nom dans une énonciation qui brise la notion de l'Un et de l'unité de la voix divine? Comment aimer: entre son Dieu mort, la langue maternelle jetée en lambeaux et la langue barbare?*"

genealogia: "Era preciso viver, sobreviver, ser o único e o duplo, o presente e o ausente absolutos, no círculo da eternidade" (idem, 1992, p.27).[41]

A questão do livro coloca-se para o narrador sob a mirada do duplo: o Livro por meio do qual ele se iniciou no exercício da leitura, do Nome e do Único (ibidem, p.44), e o livro que ele escreve (e recita) e do qual se tornou um figurante, o próprio texto desse dilaceramento (*je suis donc un texte de cet arrachement*) (ibidem, p.35). Duas esferas distintas separam, sem deixar de embaralhar, a narrativa dos livros, a de um Livro a ser recitado e a de outro a ser escrito. No entanto, os livros já se escreveram, já se recitaram, mesmo se o narrador oscila entre um e outro:

> Ele falava, fora do Livro, numa experiência nova, que inspirava seu corpo com uma comoção nervosa, uma densidade alucinante. Ele se opunha a si próprio, se destruía no fim do Livro, para além de todo texto [...]. Voltar-se contra o Único e o Nome, opor-lhes sua narrativa, não exatamente às avessas – sua narrativa já estava perturbada – mas por meio de um pensamento do vazio, que devorava suas forças. (ibidem, p.45)[42]

Se, por um lado, fala-se "fora do Livro", do Livro sagrado, já que este é reservado à leitura[43] cujo aprendizado baseia-se na memoriza-

---

41 "*Épreuve de l'impossible. Il fallait vivre, survivre, être l'unique et le double, le présent et l'absent absolus, dans le cercle de l'éternité.*"
42 "*Il parlait, hors du Livre, en une expérience nouvelle, qui inspirait son corps par un ébranlement nerveux, une densité hallucinante. Il s'opposait à lui-même, se détruisait dans la fin du Livre, au-delà de tout texte [...]. Se retourner contre l'Unique et le Nom, leur opposer son récit, non point à l'envers – son récit était déjà bouleversé – mais par une pensée du vide, qui engloutissait ses forces.*"
43 Em vários de seus textos, Khatibi explora a questão da leitura do Livro sagrado relacionando-a ao problema da diglossia da língua árabe. Segundo o autor, Maomé, o profeta escolhido por Alá para propagar a palavra divina, era um homem "sem alfabeto", ou seja, "sem escritura" (*oumni*) (idem, 1988/2008c, p.32), o que coloca, de início, um problema paradoxal na revelação do Alcorão: o livro que se escreve sem que aquele que deveria escrever possa fazê-lo, tal como nos mostra Khatibi: "Gabriel ordenou-lhe que repetisse os versos, e ele, que era sem 'escritura', devia enunciar o começo do Livro. Estranho movimento entre a voz

ção e na repetição, aprende-se a recitar, mesmo que não se saiba ler, decora-se, aprende-se *par coeur* (trata-se de um aprendizado que envolve o coração – *le coeur*),[44] pois o que importa é "repetir" as palavras proferidas pelo profeta; por outro, o livro que não contempla o sagrado e que se assemelha a uma narrativa "perturbada", um pouco "às avessas", também se destina à leitura, mas seu enredo parece aniquilar o recitante, já que recitar significa, aqui, perder-se na língua e na cultura do outro, nas palavras que metaforizam o vazio que esse outro e essa língua podem querer ocupar – experiência nova para um recitante que, ao ultrapassar as barreiras do dentro-fora, ao "falar fora de" (em *exergue*), se opõe a si próprio, se vê destruído "no fim do Livro, para além de todo texto".

De que lado situar-se, então, nessa narrativa (dos livros e das línguas)? Recitar sem ler, dentro do Livro? Escrever no horizonte de uma língua outra, de um outro livro, fora da tradição? Escrever numa língua e falar (n)outra? Divisão inicial e inaugural a que se destina todo ser bilíngue, memórias de um bilinguismo de colonização que esse recitante queria poder superar, no impossível mesmo de seus desejos:

---

do Anjo e a do profeta, entre um livro já escrito, descendo do céu, e o primeiro destinatário que devia aprendê-lo de memória. A voz transforma-se em livro, em escrito, que é a cena de uma outra divisão entre a visão e o canto celeste. [...] A voz do anjo falava enquanto Maomé gravava, depois transmitia a mensagem, sem poder escrevê-la. O Livro devia ser memorizado, desde a origem, era uma encantação" (Khatibi, 2008c, p.32).

44 Siscar (2005b), a respeito da expressão *par coeur*, na leitura que propõe de Derrida, diz: "Em 'Che cos'è la Poesia', Derrida mostra que o *coração* (*le coeur*) não se separa de uma certa experiência de repetição e memória, daquilo que se sabe *de cor* (*par coeur*). Repetir está no centro do coração na medida em que coloca em questão o reconhecimento da espontaneidade desejosa, voluntária, de um sujeito. O coração apresenta-se de modo tal que a segurança do sentido e do sujeito é colocada em questão desde a origem. Ao mesmo tempo, essa técnica do recitar ou do rememorar é 'elíptica' por vocação, voltada na direção do silêncio, do mesmo modo que a paixão não se reduz à livre vontade de um sujeito. O coração é a marca de uma escrita, por exemplo, *poética*, visto que se manifesta pela catacrese espinhosa de um 'ouriço' que atravessa a rodovia" (ibidem, p.136).

Eu tinha aprendido sua língua nos bancos da escola, e não no bordel. Eu era um livro falante, arrancado de seus palimpsestos, para poder ser compreendido, ser admitido. Eu sou, então, um texto desse dilaceramento e, talvez, seja o primeiro louco por minha língua materna: transformar uma língua em outra é impossível. E eu desejo esse impossível. (ibidem, p.35)[45]

A língua aprendida nos bancos da escola, a língua do outro e da outra, da amante, soava como um palimpsesto: língua sob língua, texto sob texto; fruto desses traços, ele desejava ser compreendido e, sobretudo, ser "admitido". No entanto, podemos perguntar-nos o que estaria em jogo nessa forma de admissão? Quais seriam os mecanismos que tornariam possível um "ser admitido"? Admitido como estrangeiro, o outro, o "resto do inominável"? Admitir (se) de fora para dentro? E quando o dentro já está fora?

Loucuras de um texto em forma de língua, afinal, talvez ele fosse mesmo o "primeiro louco" por sua língua materna e seu desejo traduzia de forma explícita esse pensamento alucinante: "transformar uma língua em outra". Fundir a separação, mas negar toda unidade, pois essa situação que o tornava perplexo era uma "cruzada na confusão das línguas" (*c'est cela croisée dans la confusion des langues*) (ibidem, p.83).

Essa cruzada lhe impõe um desafio ainda maior na fusão do entre--línguas: o desafio de se ver constantemente confrontado às oscilações entre o materno e o estrangeiro, pois não podemos nos esquecer de que ele, o narrador-escriba-recitante, o outro, o estrangeiro, o inominável, o bilíngue "possui" uma língua materna,[46] língua para sempre marcada

---

45 "*J'avais appris sa langue sur le banc de l'école, et non au bordel. J'étais un livre parlant, qui s'arrachait de ses palimpsestes, pour parvenir à se faire comprendre, se faire admettre. Je suis donc un texte de cet arrachement, et peut-être suis-je le premier fou de ma langue maternelle: faire muter une langue dans une autre est impossible. Et je désire cet impossible.*"

46 Em uma das várias referências a Khatibi, ao longo de Le monolinguisme de l'autre, Derrida insiste no fato de que o amigo possui uma língua materna, questão fundamental no tratamento da diferença dos discursos que dizem respeito ao bilinguismo de Khatibi e ao monolinguismo de Derrida. Transcrevemos em seguida uma dessas passagens: "– Abdelkebir Khatibi, ele, fala de sua 'língua materna'. Sem dúvida não é o francês, mas ele fala dela. Fala numa outra língua. O francês

no corpo, "tatuada" e fazendo um com a sintaxe do corpo materno; língua do momento inaugural do sujeito, da arqueologia infantil, ainda que transformações e rupturas venham abalar a estrutura de tal "genealogia":

> O que quer dizer que a primazia genealógica da nomeação para o indivíduo que vai escrever em francês não é, na singularidade de sua narrativa, a que provém do Alcorão e da língua escrita, mas que a diglossia entre o oral e o escrito, entre o falar materno inaugural e a língua da lei (islâmica) e do Nome-do-pai e da escritura, que tal cisão será habitada, barrada, alucinada, representada num terceiro código, e que todo o edifício da linguagem será modificado de acordo com essa substituição. (idem, 1985, p.178)[47]

Há uma "primazia da nomeação genealógica" e uma língua que impõe a lei islâmica, a lei do Nome-do-pai que é também lei da escritura. No entanto, essa nomeação primeira já está rasurada na própria origem, e trata-se de uma rasura dupla, rasura que instaura a divisão no coração da lei da língua: na diglossia entre a língua escrita e o "falar materno" e entre essa diglossia e a língua estrangeira. Escrever em francês significa, a partir dessa situação inaugural, fazer apelo a uma outra nomeação, nomear-se de outra maneira, e inscrever a cisão na lei da própria escritura ou na lei como escritura.

Genealogia sem genealogia; genealogia cujas origens já se perderam no curso das lutas e das paixões, das línguas e das culturas, do

---

exatamente. Ele faz essa confidência pública. Ele publica seu discurso na nossa língua. E por falar de sua língua materna, aqui vai uma confidência, ela o 'perdeu'. / – Sim, meu amigo não hesita em dizer, então, 'minha língua materna'. [...] Ele afirma até mesmo, o que é ainda outra coisa, o possessivo. Ele ousa. Ele afirma-se possessivo, como se nenhuma dúvida insinuasse aqui sua ameaça: 'minha língua materna', ele diz" (idem, 1996a, p.63).

[47] "*Ce qui veut dire que la primauté généalogique de la nomination pour l'individu qui va écrire en français n'est pas, dans la singularité de son récit, celle qui provient du Coran et de la langue écrite, mais que la diglossie entre l'oral et l'écrit, entre le parler maternel inaugural et la langue de la loi (islamique) et du Nom-du-père et de l'écriture, qu'une telle scission sera habitée, coupée, hallucinée, jouée dans un troisième code, et que tout l'édifice du langage sera modifié selon cette substitution.*"

acontecimento da própria vida e da história: "Filho da língua, perdi minha mãe; filho da dupla língua, perdi meu pai, minha linhagem" (idem, 1992, p.75).[48]

Sentimentos de perda e de ambiguidade permeiam os espaços do bilíngue. A língua substitui-se à mãe, à língua-mãe, por quem tal bilíngue parece nutrir um sentimento ambíguo: ele a(s) ama, de fato, a mãe e a língua, também a língua da mãe, mas por um "golpe atroz de uma humilhação", cena silenciosa e duradoura que habita suas memórias, ele a(s) rejeita, pois um dia ele se sentiu envergonhado por essa língua e, talvez, nessa própria língua (*Langue dont il eut un jour, honte, sous le coup d'une atroce humiliation*) (ibidem, p.28). Algo se desfaz no elo que une "corporalmente" língua, mãe e filho.[49] A cadeia de filiação vê-se interrompida, é o fim de uma linhagem, já que a dupla língua o faz perder também o pai. Filho do "sem nome", "órfão do impossível". Filiação sem filiação. Por esse motivo, então, o narrador evoca (e invoca) o tormento (*les affres*) de sua história:

> Por isso eu evoco a angústia dessa narrativa obstetrícia que só me unia, pela língua, às belas-estrangeiras. Não sei em razão de que conflito inconfessável e dissimulado entre minha mãe e meu nascimento. Com o tempo, os duplos maternos tornaram-se indispensáveis para mim, para confirmar minha cenografia sem genealogia, não, como se diz, para voltar ao ventre da Mãe, que meu pai morto e meu deus invisível engravidaram, ao mesmo tempo; mas para acompanhar minha mãe real ao final de sua

---

48 "*Fils de la langue, je perdis ma mère; fils de la double langue, je perdis mon père, ma lignée.*"

49 A respeito da problemática relação, envolvendo a língua materna e o corpo da mãe, Khatibi ainda diz: "A língua dita materna é inaugural corporalmente, ela inicia ao dizer do não-dito da confusão com o corpo da mãe e, desta forma, tal dizer inicia ao que não poderá se apagar em nenhuma outra língua aprendida, ainda que esse falar inaugural se perca em ruínas e fragmentos. Em sua substituição, o falar materno é irredutível a toda tradução radical. Seu próprio desenraizamento o faz trabalhar na disrupção. Por fim [...] o falar materno, visto que não é escrito nem elevado ao conceito do texto, mantém a memória de uma narrativa e sua primazia genealógica, ainda que invertida e transportada para uma língua absolutamente diferente, dirá também: isso começou (*ça a commencé*)" (Khatibi, 1985, p.181-2).

velhice e até sua morte. Para apagar, pelo desejo de apagar, terei [...] que negar toda descendência, e celebrar essa procissão de mães, de putas e de homens revelados em mim. (ibidem, p.102)⁵⁰

Há um conflito "inconfessável" e "dissimulado" entre mãe e filho, entre a mãe e o nascimento do filho, o que leva este último a se ligar, em razão do conflito e por meio da língua (a outra língua), às "belas-
-estrangeiras", que evocam, na verdade, a configuração perfeita e ilusória (só perfeita porque ilusória) das "belas-línguas-estrangeiras". Na concepção dessa história, que implica a mãe, o nascimento e a língua (materna e estrangeira), irrompe também o desejo; não o de voltar ao ventre materno (ventre de uma mãe que o "pai morto" o "deus invisível" engravidaram, talvez, de forma intocável), mas o de acompanhar essa mãe na velhice e até morte. Desta forma, o filho não deseja a mãe (velha), talvez esquecida como a própria língua da mãe; ao contrário, por desejo e por necessidade, ele tenta apagar o rastro dessa genealogia (*ma scénographie sans généalogie*) e "celebrar" a cena que faz apelo ao múltiplo, ao mais de um, a uma verdadeira procissão: de mães (várias mães), de putas (várias putas), de homens (vários homens), enfim, de línguas, mais de uma língua, uma bi-língua, várias línguas.

Por uma espécie de inversão sintática e narrativa, o sujeito dessa história transforma-se em objeto e é perdido em meio a tantas dúvidas e questões. Nas dores obstetrícias dessa narrativa algo se perde:

Sim, minha língua materna me perdeu.
Perdeu? O quê? Mas eu não falava, não escrevia na minha língua materna com grande gozo? E a bi-língua não era minha chance de exorcismo? Quero dizer outra coisa. Minha mãe era analfabeta. Minha tia – minha

---

50 *"Par cela, j'évoque les affres de ce récit obstétrical qui ne m'attachait, par la langue, qu'aux belles-étrangères. Je ne sais pour quel conflit inavoué et dissimulé entre ma mère et ma naissance. Avec le temps, les doubles maternels me deviennent indispensables pour confirmer ma scénographie sans généalogie, non point, comme on dit, pour revenir au ventre de la Mère que mon père mort et mon dieu invisible ont engrossée tout à la fois; mais pour accompagner ma mère réelle au terme de sa vieillesse et à son décès. Par effacement, par désir d'effacement, j'aurai besoin [...] de nier toute descendance, et de célébrer cette procession de mères, de femmes, de putains et d'hommes révélés en moi."*

falsa ama-de-leite – também o era. Diglossia natal que me condenou talvez à escritura, entre o livro de meu deus e minha língua estrangeira, por meio de segundas dores obstetrícias, para além de toda mãe, una e única. Criança, eu chamava a tia no lugar da mãe, a mãe no lugar do outro, para sempre o outro, o outro. (ibidem, p.75)[51]

Como não reconhecer nessas palavras a voz de Khatibi, voz que será retomada, mais de uma vez, por seu amigo Derrida, que lhe concede a voz em seu próprio texto, que o toma como exemplo, como testemunha e, às vezes, como argumento de sua contra-argumentação; no entanto, ele, Khatibi, está lá, presente e ausente, só presente porque ausente, no texto e no pensamento do amigo. Eis as palavras de Derrida ao referir-se ao excerto acima citado do texto de Khatibi (citação que também comparece em *Le monolinguisme de l'autre*):

> Mas desde, sim, desde a abertura deste grande livro que é *Amour Bilingue*, há uma mãe. Uma só. Que mãe! Aquele que fala na primeira pessoa eleva a voz a partir da língua de sua mãe. Ele evoca uma língua de origem que, talvez, o tenha "perdido", ele, certamente, mas que ele não a perdeu. Ele guarda o que o perdeu. E ele também já guardava, evidentemente, o que não perdeu. Como se ele pudesse assegurar a salvação da perda, a partir de sua própria perda. Ele teve uma única mãe e mais de uma mãe, sem dúvida, mas ele teve com certeza *sua* língua materna, uma língua materna, uma única língua materna *mais* uma outra língua. Ele pode dizer "*minha* língua materna", sem deixar transparecer, na superfície, nenhuma desordem [...]. (Derrida, 1996a, p.64)[52]

---

51 "*Oui, ma langue maternelle m'a perdu. / Perdu? Mais quoi, ne parlais-je pas, n'écrivais-je pas dans ma langue maternelle avec une grande jouissance? Et la bi-langue n'était-elle pas ma chance d'exorcisme? Je veux dire autre chose. Ma mère était illettrée. Ma tante – ma fausse nourrice – l'était aussi. Diglossie natale qui m'avait voué peut-être à l'écriture, entre le livre de mon dieu et ma langue étrangère, par de secondes douleurs obstétricales, au-delà de toute mère, une et unique. Enfant, j'appelais la tante à place de la mère, la mère à la place de l'autre, pour toujours l'autre, l'autre.*"
52 "*Mais dès, oui, dès l'ouverture de ce grand livre qu'est Amour bilingue, il y a une mère. Une seule. Quelle mère aussi. Celui qui parle à la première personne élève la voix depuis la langue de sa mère. Il évoque une langue d'origine qui l'a peut-être 'perdu', certes, lui, mais qu'il n'a pas perdue, lui. Il garde ce qui l'a perdu. Et il*

Duas afirmações inaugurais, no entrelaçamento desses discursos, marcadas pelo advérbio sim: "Sim, minha língua materna me perdeu". / "Mas desde, sim, desde a abertura deste grande livro [...] há uma mãe". A mãe e a língua reunidas pelo laço dessa amizade, o traço da *aimance* alimentando a permanência do materno. "Aquele que fala na primeira pessoa eleva a voz a partir da língua de sua mãe" – proposição confirmada pelo amigo franco-magrebino que, falando na primeira pessoa, afirma falar e escrever "com grande gozo" na sua língua materna, língua de origem, por meio da qual falam também as tradições. No entanto, algo se passa entre a mãe e a língua, o filho e a língua da mãe, e o que parecia ser originariamente inseparável e uno abre espaço para o outro e para a outra língua. Nesse movimento, o advento de uma perda: "talvez [ela] o tenha perdido", mas ele com certeza não perdeu sua língua materna. Ele compõe na multiplicidade, para além de qualquer dualismo. "Ele guardava o que o perdeu", porque, evidentemente, ele nunca a perdeu – perda sem perda ou salvação da perda a partir do que se perde (e do que se guarda).

Mas o amigo franco-magrebino bilíngue quer também anunciar um outro acontecimento, pois a mãe, de quem herdou a língua, era analfabeta, e a tia, que se substituiu à mãe, também o era – mulheres "sem escritura" que, paradoxalmente, fazem do filho um ser de escrita, como assinala, num outro momento, Khatibi (1985, p.183):

> Eu escolhi o falar materno, não somente pela história genealógica daquele que escreve e assina no lugar da mãe e contra ela, projetando-se em direção ao exterior (a língua francesa), que engendra, gera o texto no assassinato incessante da mãe; não somente em razão dessa segunda ruptura umbilical [...] e desse exílio interior, arrancado da dor obstetrícia da criança destinada ao bilinguismo, mas igualmente por um motivo teórico, o do *simulacro*: desdobramento, ruptura da monolíngua e sua

---

gardait aussi, déjà, bien entendu, ce qu'il n'a pas perdu. Comme s'il pouvait en assurer le salut, fût-ce depuis sa propre perte. Il eut une seule mère et plus d'une mère, sans doute, mais il a bien eu sa langue maternelle, une langue maternelle, une seule langue maternelle plus une autre langue. Il peut alors dire 'ma langue maternelle' sans laisser paraître, en surface, le moindre trouble [...].

subestimação, seu movimento de transferência de uma língua para outra [...]. Jogo de simulacro, então, no qual "a origem" [...] pede para falar, para se desenhar no texto por meio de um apagamento em suspenso e no qual, podendo voltar a si própria, ela se desfaz em ruínas.⁵³

Fazer do filho um ser de escrita para que ele assine no lugar da mãe (*à la place de la mère*) e contra a mãe (*après elle*). Escritura do fora (*du dehors*) que perpetua, no próprio ato da escrita, "o assassinato incessante da mãe". Escritura matricida, fazendo apelo a um "jogo de simulacro" no qual a "origem" (enquanto língua da mãe morta e, também, morte da língua da mãe) "pede para falar", talvez de forma espectral, pede para ter voz e manifestar-se no texto, "desenhar-se por meio de um apagamento em suspenso". Desejo de uma mãe e de uma língua que querem, de alguma maneira, inscrever-se na corporalidade do texto, mesmo que esse desejo seja permanentemente diferido, apagado (até mesmo assassinado); ainda que ele (o desejo) assim como ela (a língua da origem), ele no corpo dela, ambos permaneçam em suspenso, para sempre em suspenso e em ruínas.

Escritura que o divide (ele, o narrador-escriba-recitante) entre o materno e o estrangeiro, entre a fala e a própria escrita, entre o Livro de seu Deus e os livros de sua língua estrangeira, entre sua língua materna e uma outra língua, pois ele teve, ao mesmo tempo, "uma única mãe e mais de uma mãe", uma língua materna e uma língua outra, mais de uma língua, umas se substituindo às outras, no movimento sem fim do "para sempre o outro" ou a outra.

Em *Amour Bilingue* há uma mãe (*il y a une mère*) e mais de uma mãe (*plus d'une mère*); na verdade, há uma procissão de mães (*une procession*

---

53 *"J'ai d'abord choisi le parler maternel, non seulement pour l'histoire généalogique de celui qui écrit et signe à la place de la mère et après elle en se projetant vers le dehors (la langue française) qui engendre, génère le texte dans le meurtre incessant de la mère; non seulement en raison de cette seconde rupture ombilicale [...] et de cet exil intérieur, arraché à la douleur obstétricale de l'enfant voué au bilinguisme, mais également pour un motif théorique, celui du simulacre: dédoublement, brisure de la monolangue et son déport, son mouvement de transfert de langue à langue [...]. Jeu de simulacre donc où 'l'origine' [...] demande à parler, à se dessiner dans le texte par un effacement en souffrance et là où, pouvant revenir à elle-même, elle tombe en ruine."*

de mères), mas há também *la mer* (o mar) e uma confusão entre *mère* (mãe) e *mer* (mar). Na confusão dessa narrativa, é possível vislumbrar um entrelaçamento de vida e de morte, de mar e de mãe, de língua e de bi-língua, tal como relata o próprio narrador: "Ele escrevia 'mar' ou 'morte' no lugar de 'mãe', e essa confusão já era sua narrativa. Ele queria se unir à língua antes de tecer, a partir dela, o pensamento para toda bi-língua" (idem, 1992, p.43)".[54]

Da língua à bi-língua, do materno ao estrangeiro, do uno ao duplo, do singular ao plural, da origem à prótese, enfim, pensamentos que permeiam todo o amor pela língua, mais precisamente, pela bi-língua. Na história desse amor, as rupturas e substituições não se fazem sem provocar no ser bilíngue um sentimento de dor e de inquietação. Se, por um lado, ele ama suas línguas, a que considera materna e o francês, sua língua estrangeira, por outro, esse amor traz consigo as marcas de uma "letra em suspenso", de um significado ausente, de um lugar vazio deixado pela história que só a escritura pode ocupar, como se essa mesma escritura pudesse dar voz ao silêncio de uma loucura que passa pelo real, pois a história real dessa "cruzada das línguas" não deixa de ter algo de enlouquecedor:

> Cada um de nós sofria por sua língua materna, no seio da loucura. E, talvez, aquela que toma o lugar da mãe deve enlouquecer. Tornar a França louca foi o sonho de uma infância humilhada, e ser seduzido por uma mãe má foi ainda mais terrível. Eu fui essa testemunha, e o que sofria em mim testemunha por ela, em todas as línguas do mundo. (ibidem, p.61)[55]

"Para sempre o outro" é que se apresenta inegavelmente na cena da bi-língua, o outro que se substitui ao outro, a outra que se substitui à mãe, numa cadeia infinita. Substituição da substituição concorrendo

---

54 "*Il écrivait 'mer' ou 'mort' au lieu de 'mère', et ce trouble était déjà son récit. Il voulait s'enchaîner à la langue, avant d'en tresser la pensée pour toute bi-langue.*"

55 "*Chacun de nous souffrait de sa langue maternelle, au seuil de l'affolement. Et peut-être celle qui prend la place de la mère doit devenir folle. Rendre la France folle fut le rêve d'une enfance humiliée, et être séduit par une mauvaise mère fut encore plus terrible. Je fus ce témoin, et ce qui souffrait en moi témoigne pour lui, dans toutes les langues du monde.*"

para um desfecho pouco conciliatório. Se a tia ocupa o lugar da mãe, a França "toma" o lugar desta para exercer o papel de uma "mãe má" que humilha, faz sofrer, impõe, mas seduz – e nada mais terrível, segundo o testemunho desse franco-magrebino bilíngue, do que "ser seduzido por uma mãe má".[56] Sedução da língua, violência da história e, no sonho de um sono acordado, poder ver a França enlouquecer, pois, de alguma forma, a França estava louca – loucura desenfreada em nome de um colonialismo sem fim para atingir seus próprios fins. Sofrer, então, pelo amor à língua e testemunhar o sofrimento dessa paixão.

Na história dessa paixão, a língua da mãe é violentada pelo outro, o colonizador, ato de violência inaugural e duradouro, que se repete, marca e "re-marca" o corpo silencioso dessa língua, pois a mãe não pode escrever e sua voz não se faz ouvir. No entanto, o apego às línguas, apego invencível ao árabe e ao francês, como forma de narrar a experiência da *aimance* em *Amour Bilingue*, permite a esse personagem-narrador resgatar o sentido do "amar pensando" (cf. idem, 2007), do amar escrevendo, do amor-escritura, sem, portanto, fazê-lo ignorar a força de tal violência, o que lhe possibilita também evocar, de forma paradoxal, uma fusão entre a violação, o prazer e a língua: "Ele foi, então, violentado por sua língua estrangeira. Jogado por terra, ele sofria de maneira atroz. No entanto – sensação bizarra – ele estava por detrás de seu violentador, não, por sua vez, o penetrando, mas ele era penetrado pelo gozo da língua [...]" (idem, 1992, p.55).[57] "Sensação

---

56 Claude Lévesque (1982), numa série de debates consagrados à tradução, ao questionar Derrida sobre sua língua materna (a língua materna de Derrida) e, ao avançar, a partir da perspectiva da desconstrução, os propósitos sobre a difícil relação dos escritores quebequenses com a língua dita materna, conclui: "Desta forma, não podemos falar a língua materna senão como língua do outro. [...] A língua materna só poderia, então, ser a língua da mãe má (mas não haveria [mãe] boa), da mãe que se mantém sempre à distância, longe (*fort*), e que, em vão, repetidas vezes, tentaríamos fazer que voltasse (*da*). A figura da mãe só poderia estar desfigurada na língua, fragmentada e disseminada, não figurando senão o que não é, ou o que é sem fundo e sem figura. Língua já sempre abandonada em si mesma, bastarda, traída, contaminada, estrangeira" (Levesque, 1982, p.190).

57 *"Il fut violé alors par sa langue étrangère. Jeté à terre, il souffrait atrocement. Mais – sensation bizarre – il était derrière son violeur, non pas à son tour le pénétrant, mais il était pénétré par la jouissance de la langue [...]."*

bizarra", sem dúvida, o fato de ser violentado pela língua estrangeira e sentir o gozo dessa penetração. Escritura desejosa de um corpo para se alojar, para se acoplar, ainda que esse corpo seja a figuração da língua do outro. Nesse enredo, corpo, sexualidade, língua, desejo, sofrimento e gozo criam um espaço de diálogo entre a cultura do colonizador e do colonizado, diálogo muitas vezes permeado de interditos e de imposições, mas que pretende inserir-se no território do duplo, de uma dupla cultura, de uma dupla língua, enfim, no movimento de tudo que não se reduz ao uno ou ao único.

A narrativa sobre a bi-língua situa-se nas dobras (*les plis*) de uma história que se faz e se desfaz em línguas. Pensamento sempre oscilante, fazendo apelo aos contrários, ao "mal entendido bilíngue", ao sentido que se dissemina numa sintaxe múltipla que vê multiplicar os efeitos de seu próprio traçado. Daí encontrarmos formulações que parecem fazer sentido na medida em que o sentido escapa, tal um personagem que dorme ao não dormir (*dormant ne dormant pas*) (ibidem, p.16), sonha ao não sonhar (*rêvant ne rêvant pas*) (ibidem, p.16), se esquece no inesquecível (*s'oublier dans l'inoubliable*) (ibidem, p.19), compreende e não compreende (*comprends, ne comprends pas*) (ibidem, p.25), é único e duplo (*être l'unique et le double*) (ibidem, p.27), presente e ausente (*le présent et l'absent*) (ibidem, p.27), compartilha o incompartilhável (*partager l'impartageable*) (ibidem, p.70), nega e afirma tudo (*qui nie, affirme tout*) (ibidem, p.123). Tais procedimentos só podem ser apreendidos no contexto de uma escritura que, a exemplo de seus personagens, está sempre no horizonte da errância: "[...] como se, nadando de continente em continente, ele estivesse eternamente à deriva" (ibidem, p.13).[58]

A bi-língua representa a chance e o risco desses deslocamentos sintáticos, históricos e literários – chance de uma deriva que institui todo pensamento como tradução ou todo pensamento em tradução,[59]

---

58 "[...] *comme si, nageant de continent en continent, il était éternellement en dérive.*"
59 Khatibi, enquanto pensador engajado no movimento da bi-língua, das diferentes culturas, do pensamento da *différance*, sempre esteve atento às questões relacionadas à tradução, vendo nesta uma forma de possibilitar o diálogo entre os povos. No contexto das literaturas ditas franco-magrebinas, ele afirma que só

pois nessa narrativa, escrever é traduzir, traduzir-se, dizer o abismo das línguas no "cerne do intraduzível", do quase indizível: "*Arrière-pensée* extravagante, que não me abandona nunca. Ela se impõe neste toque: que toda língua seja bilíngue! Assimetria do corpo e da língua, palavra e escritura – no cerne do intraduzível" (ibidem, p.11).[60]

O intraduzível sob o signo da diglossia, fenda que reproduz uma história assimétrica balizando o campo que vai de um em direção ao outro: da fala para a escrita, do árabe para o francês, do materno para o estrangeiro, da língua para o corpo, do um para o bi- ou para o duplo, num toque que anuncia o pensamento dissimulado da língua – "que toda língua seja bilíngue!". Línguas que se comunicam, apesar de tudo, na permutação de um "amor intraduzível a traduzir" (ibidem p.26) e que se evocam em ato e como ato de tradução: "Muitas vezes, eu pensei no que a traduz, a transfigura em sua língua [...]" (ibidem, p.24).[61] "Traduza-me em seus inconscientes [...]" (ibidem, p.43).[62]

Línguas que, no desejo de seu encontro, aspiram à tradução, ao impossível do traduzir (se), porque a língua já é filha do intraduzível (*elle-même fille de l'intraduisible*) (ibidem, p.24). "Traduza-me": apelo sem resposta ou resposta como impossibilidade de traduzir o apelo. "Traduza-me em seus inconscientes", naquilo que não se diz,

---

uma teoria da tradução levando em conta a pluralidade e a singularidade dessas produções permite a abordagem de tais textos, como podemos notar na seguinte passagem: "Enquanto a teoria da tradução, da bi-língua e da pluri-língua não tiver avançado, certos textos magrebinos permanecerão inexpugnáveis de acordo com uma abordagem formal e funcional. A 'língua materna' opera na língua estrangeira. De uma para outra se desenvolvem uma tradução permanente e um diálogo em abismo, extremamente difícil de ser apreendido [...]. Onde se desenha, então, a violência do texto, senão neste quiasma, nesta intersecção, para dizer a verdade, irreconciliável? É preciso, ainda, constatar tal processo no texto: assumir a língua francesa, sim, para nomear aí esta fenda e este gozo do estrangeiro que deve trabalhar, de maneira contínua, à margem, por conta própria, solitariamente" (Khatibi, 1985, p.171-2).

60 "*Arrière-pensée extravagante, qui ne me quitte jamais. Elle s'impose dans cette frappe: que toute langue soit bilingue! Asymétrie du corps et de la langue, parole et écriture – au seuil de l'intraduisible.*"
61 "*Maintes fois, j'ai pensé à ce qui te traduit, te transfigure à ta langue [...].*"
62 "*Traduis-moi dans tes inconscients [...].*"

transporte-me para sua língua no exercício indizível da tradução. Eis o grito de um desejo que não se cala em *Amour Bilingue*, porque amar alguém é amar "seu corpo e sua língua" (ibidem, p.29), e a língua francesa terá sido para esse franco-magrebino a "paixão desse intraduzível para sempre a traduzir", tal como ele diz: "O que parecia nos unir era uma extraordinária tradução" (ibidem, p.71).[63]

Aventura das línguas ritmada pelo encontro e pela separação, pelo familiar e pelo estrangeiro, pela sedução e pela guerra, pela bi-língua (*La bi-lingue! La bi-lingue!*) (ibidem, p.109). Mas o que pode ainda traduzir um desejo bilíngue? Tal desejo pode traduzir a diferença de todo pensamento que "se afirma e se nega" na tradução (ibidem, p.76), todo acontecimento bilíngue, às vezes, celebrado com nostalgia: "Nostalgia que ele gostava de pronunciar, de pensar, também, na palavra árabe: "Hanîne", anagrama de um duplo gozo" (ibidem, p.14).[64]

Palavra árabe, palavra francesa, pensamento entre duas línguas, "anagrama de um duplo gozo" que se dá a ler como uma transposição árabe-francesa ou franco-árabe, num contexto em que as permutações nem sempre ocorreram de maneira tranquila. Entretanto, não se trata em *Amour Bilingue* de pulverizar a língua francesa, como diz Khatibi (1997, p.125), pois "muitas palavras exóticas podem matar o texto". Mas também não há como negar o apelo mútuo entre as línguas, o chamado de reconhecimento e de distância de uma com relação à outra, um procedimento de enxerto que as aproxima, para enriquecer a sintaxe do texto, na evocação de um pensamento segundo o qual toda unidade linguística, cultural e literária é "desde sempre inabitável" (idem, 1992, p.109). É preciso, então, no campo da sintaxe, domínio tão apreciado por Khatibi,[65] encontrar recursos para acolher as línguas, abrigá-las

---

63 "*Ce qui semblait nous unir était une extraordinaire traduction.*"
64 "*Nostalgie qu'il aimait prononcer, penser aussi dans le mot arabe: 'Hanîne', anagramme d'une double jouissance.*"
65 Khatibi, que sempre exaltou o papel da sintaxe no jogo entre as línguas, afirma: "Seria preciso falar de sintaxe, como gesto entre o encadeamento e o descontínuo, ritmo, repartição graduada entre o claro e o obscuro, a fulguração e a queda, a variação e a reversibilidade. O texto mágico no qual eu penso consiste em vocalizar o inaudito" (idem, 1999, p.56).

em suas diferenças, reservar-lhes um espaço de hospitalidade que lhes permita "se dizer" e dizer o texto bilíngue em sua singularidade, não como uma confusão generalizada, mas como texto que resulta de um procedimento passível de controlar o contínuo e o descontínuo, a ordem e desordem, o silêncio e o tom – tom que inspira um gesto único, quando se trata de fazer comparecer em cena o árabe e o francês:

> Ele se acalmou, de repente, quando apareceu a "palavra" árabe "kalma" com seu equivalente erudito "kalima" e toda a cadeia de diminutivos, calembures de sua infância: "klima"... A diglossia "kal(i)ma" reapareceu sem que desaparecesse nem se apagasse a palavra "palavra". Todas as duas se observavam nele, precedendo a emergência agora rápida de lembranças, fragmentos de palavras, onomatopeias, frases em forma de guirlandas, excessivamente entrelaçadas: indecifráveis. (ibidem, p.10)[66]

Reflexão em torno da palavra "palavra", pois ele também sabe que, em francês, sua língua estrangeira, a palavra (*le mot*) está próxima da morte (*la mort*) (ibidem, p.10). Jogar com as palavras numa cena de vida e morte, num ato que rememora a infância e em que o diminutivo, como símbolo de afeto, está do lado do materno, da diglossia que o acompanha e que, de certa forma, o condena à escritura, ao *métier* que cinde definitivamente todos os seus supostos pertencimentos.

Jogo de homônimos em francês entre a forma da terceira pessoa do *passé simple* do verbo "acalmar", (*il se*) *calma*, e a palavra árabe *kalma*, como se, de repente, uma língua acalmasse e acomodasse a outra, uma palavra sustentasse o sentido da outra, num movimento de suplemento dos suplementos. Do lado da escritura, estão o estrangeiro e o clássico, o outro e o erudito, ambos distantes da voz que conduz o narrador à cadeia de diminutivos, porém marcados no texto e nas lembranças; trata-se de uma forma de presença-ausência que permeia toda a

---

66 "*Il se calma d'un coup, lorsqu'apparut le 'mot' arabe 'kalma' avec son équivalent savant 'kalima' et toute la chaîne de diminutifs, calembours de son enfance: 'klima'... La diglossie 'kal(i)ma' revint sans que disparût ni s'effaçât le mot 'mot'. Tous deux s'observaient en lui, précédant l'émergence maintenant rapide de souvenirs, fragments de mots, onomatopées, phrases en guirlandes, enlacées à mort: indéchiffrables.*"

textualidade da narrativa sobre a bi-língua. Processo de pluralidade textual que consiste em fazer irromper o sentido dos "fragmentos de palavras", das "onomatopeias", dos "calembures" da infância, das frases entrelaçadas. Cena indecifrável e que revela a complexidade da trama narrativa do entre-línguas em *Amour Bilingue*: da diglossia natal ao texto estrangeiro, ou seja, em língua estrangeira: "Passagem múltipla segundo um *chassé-croisé*: aqui, duas línguas e uma diglossia, cena de suas transcrições. Ele tinha aprendido que toda língua é bilíngue, oscilando entre a passagem oral e uma outra, que se afirma e se destrói no incomunicável" (ibidem, p.27).[67]

Um *chassé-croisé* de línguas, uma oscilação constante entre o árabe clássico e o dialetal, entre a escrita e a voz, entre uma palavra autorizada e outra silenciada. Calar-se e escrever. Afirmar-se e destruir-se. Facetas do incomunicável. Episódios de uma narrativa bilíngue. Textos sob textos, frases sob frases, línguas sob línguas, sentido sob sentido operando na elaboração de um verdadeiro palimpsesto (bilíngue). Rasura da origem na história de uma escritura que narra a presença e o apagamento do outro, "para sempre o outro". Dobras (*plis*) de uma história que se faz e se desfaz em línguas.

Christine Buci-Glucksmann, no texto intitulado *Fitna ou la différence intraitable de l'amour* (1987), afirma que, em geral, a escrita em Khatibi desenrola-se à maneira dos *addâd* próprios à língua árabe, ou seja, dessas palavras contrárias que possuem dois significados contrários ou vários significados dos quais, pelo menos dois, contrários (ibidem, p.21). Se concordarmos com a autora, podemos, então, recorrer a inúmeras cenas de *Amour Bilingue* em que Khatibi faz prevalecer, de fato, a força desses *addâd*. Limitemo-nos, entretanto, à cena que se dobra e se desdobra desde o começo do livro, a começar pelo próprio título: *Amour Bilingue* – cena de amor e de paixão, de sedução e de morte, de encontro e de separação, ritmada pela língua, mais precisamente, pela bi-língua.

---

67 *"Passage multiple selon un chassé-croisé: ici, deux langues et une diglossie, scène de ses transcriptions. Il avait appris que toute langue est bilingue, oscillant entre le passage oral et un autre, qui s'affirme et se détruit dans l'incommunicable."*

Trata-se de um amor cheio de paixão, de uma sintaxe amorosa que evoca o mar (*la mer*), a mãe (*la mère*), a língua, a amante, a prostituta, o anjo, o corpo, o desejo, a sedução, o gozo e a própria morte. Desde o começo de *Amour Bilingue*, predomina a cena de sedução das línguas, uma sobrepondo-se a outra, seduzindo-a, convocando-a para o espaço das trocas amorosas, do gozo compartilhado; entretanto, no jogo reservado à sedução, vê-se irromper o desafio da vida e da própria língua, num território nem sempre ocupado de forma harmoniosa. Dupla cena de um duplo jogo, conforme relato de nosso personagem bilíngue:

> Todos os dois possuíam uma extrema vivacidade, um gosto imoderado pela sedução, uma estética da fascinação. Fascinação preenchida por seus próprios jogos, no conflito, na própria cólera. [...] Ele não se esquecia de que, no seu léxico, a sedução (fitna) é essa homografia de guerra e de sedução propriamente dita, essa paixão cavalheiresca que só exalta os ausentes do deserto, os amantes desconhecidos. Nisso, a sedução transportava-os para uma dupla cena na volúpia da língua. (Khatibi, 1992, p.17)[68]

No léxico de sua língua materna, o encontro perfeito do *addâd*, *fitna*,[69] que celebra a guerra e a sedução. Paixão de morte simbolizada

---

68 *"Tous deux avaient une extrême vivacité, un goût immodéré pour la séduction, une esthétique de la fascination. Fascination comblée par ses propres jeux, dans le conflit même, la colère même. [...] Il n'oubliait pas que dans son lexique, la séduction (fitna) est cette homographie de guerre et de séduction proprement dite, cette passion chevaleresque qui ne chante que les absents du désert, les aimés inconnus. En cela, la séduction les portait sur une double scène dans la volupté de la langue."*

69 A respeito desse jogo de sedução e morte veiculado pelo vocábulo *fitna*, reportamo-nos ao trabalho de Christine Buci-Glucksmann para quem a *fitna* é uma espécie de sedução e sedição, segundo a autora: "Sedução e sedição na língua, como se toda relação amorosa estivesse condenada à guerra e a essa guerra mais sutil que é a guerra das línguas. O fato de que na ética do Islã, a língua, nos dois sentidos da palavra, e o sexo estejam estreitamente ligados, tal como propõem Djedidi e Khatibi, remete-nos, talvez, a essa profundeza demoníaca da fitna – o que nela pertence ao 'feten' (o diabo) e desafia o destino, transgredindo os dois interditos, o da língua e o do sexo, conforme anunciado por Al Jahiz: 'Aquele que vigia sua língua (lisan) e seus prazeres carnais (literalmente sexo: farj) se preservará dos maus do destino'. Mais precisamente, a fitna seduz, fala e desvela" (idem, 1987, p.41).

na volúpia da língua por uma homografia que implica uma espécie de "sedução sediciosa", ou seja, a sedução que desautoriza a Lei do próprio amor e transgride toda determinação histórica: ele foi literalmente seduzido por essa língua que colocou seu país em estado de guerra, mas ele é um insurgente, viola o sagrado e a Lei em nome da língua. Estranho pacto de amor selado no espaço de um entre-dois poético sedutor e conflitante.

No jogo instituído por essa "sedução sediciosa", vários elementos atravessam a cena do desenlace amoroso. A sedução e a sedição caminham juntas e perturbam a ordem estabelecida, confundem, seduzem e enganam. A *fitna*, conforme assinala Buci-Glucksmann (1987), também diz respeito ao diabo (*feten*), ao enganar ela cede espaço à demência, ao demoníaco e à loucura (ibidem, p.17). Nesse sentido, irrompe uma espécie de amor maldito, uma loucura de amor, rebelando-se contra as leis do amor, fazendo aparecer a violência originária própria a toda Lei: a Lei da língua, das imposições históricas, dos desafios coloniais, da cultura e também das criações literárias, pois, no contexto de todos esses acontecimentos, ainda há uma "estética da fascinação" que produz na língua do outro, a partir da experiência da alteridade e do duplo, uma narrativa sobre as ligações e as rupturas amorosas, a narrativa sobre a bi-língua: "A bi-língua unia e rompia o círculo. Eu me sentia estrangeiro na minha língua natal, e você, na sua. Encontro em forma de simulacro! Separação! Tudo começa, tudo termina na inocência" (Khatibi, 1992, p.92)[70] – inocência de corpos que se encontram e que se amam para além de qualquer interdito.

Ele a ama na sua língua materna (ele também ama a língua materna dela); ela, no entanto, desconhece a língua dele, mas quando ele diz "Eu a amo para sempre", essa frase já se enuncia, por si só, na própria língua (*Je t'aime pour toujours; et déjà, cette phrase était dite par la langue elle-même*) (ibidem, p.67). A língua fala por eles ou a língua fala neles. Fusão de línguas e de corpos. Êxtase de um encontro bilín-

---

[70] "*La bi-langue liait et déliait le cercle. Je me retrouvais étranger dans ma langue natale, et toi dans la tienne. Quelle rencontre mise en simulacre! Et quelle séparation! Tout commence, tout finit dans l'innocence.*"

gue, ainda que seja para sempre em forma de simulacro. Inquietante estranheza, no círculo que se rompe, atravessando a sintaxe em torno do materno e do estrangeiro.

Em *Amour Bilingue*, a sintaxe do texto pode ser lida como a metáfora de uma sintaxe corporal em que língua e corpo fundem-se num abismo vertiginoso para dizer a complexidade e o indizível sobre a bi-língua: "'Você me ama?' ele se calou bruscamente. Nunca, em nenhuma língua, ele pôde dizê-lo; ele só podia escrever. Falar não é escrever, e de oposição em oposição, até a escansão: sintaxe do corpo" (ibidem, p.19).[71]

O amor não pode ser dito, ele é objeto de um inter-dito da língua. Não se diz o amor na língua do Livro sagrado,[72] e o desafio impõe-se de poder escrevê-lo na língua do outro, a língua secreta que revela o desejo do corpo.[73] Língua de todos os segredos e de todas as revelações, mas que, contrariamente à língua e ao procedimento da revelação di-

---

71 "'*M'aimes-tu?' il se tut bruscament. Jamais, dans aucune langue, il ne put le dire, il ne pouvait que l'écrire. Parler n'est pas écrire, et d'opposition en opposition, jusqu'à la scansion: syntaxe du corps.*"

72 Sobre a questão do corpo-escritura em *Amour Bilingue*, Alfonso de Toro (2006, p.86) faz a seguinte observação: "O corpo funciona como livro, como o Livro dos livros, o que nos faz pensar, primeiramente, no Alcorão. Mas este é dessacralizado em prol de uma escritura desejante dos corpos, ao passo que o Alcorão é escrito por uma mão divina, segurada por um anjo [...], em *Amour Bilingue* o Alcorão é transformado em uma imensa textualidade do desejo pela escritura do corpo".

73 Assia Djebar também explora a problemática do corpo e da língua em muitos de seus escritos. A escritora, dividida entre suas várias línguas, atribui um papel determinado a cada uma delas, em função dos múltiplos interditos ligados à expressão do desejo e do amor. Em *L'amour, la fantasia*, uma das vozes femininas da obra diz: "Para as meninas e as jovens de minha época – pouco antes que a terra natal se liberasse do jugo colonial [...], nós dispúnhamos de quatro línguas para expressar nosso desejo, antes de labutarmos: o francês para a escritura secreta, o árabe para nossos suspiros sufocados diante de Deus, o líbico-berbere, quando imaginávamos encontrar as mais antigas das nossas mães adoradas. A quarta língua, para todas, jovens ou velhas, enclausuradas ou meio antecipadas, permanecia a do corpo, que o olhar dos vizinhos, dos primos, pretendia tornar surdo e cego, visto que não podiam mais encarcerá-las totalmente; o corpo que, nos transes, nas danças ou nas vociferações, pelo acesso à esperança ou ao desespero, se insurgia, procurava, como um analfabeto, em algum lugar, o destino de sua mensagem de amor" (idem, 1995, p.254-5).

vinas, deve ser enunciada pela voz e pela escritura do próprio amante bilíngue, sem nenhum intermediário, amante que não raras vezes disse: "Eu a amo na sua língua materna" (*Je t'aime dans ta langue maternelle* (ibidem, p.48). Talvez, ele amasse nela, de fato, duas mulheres, "a que vivia em sua língua comum", o francês, e a outra, "essa outra que ele habitava na bi-língua" (ibidem, p.26),[74] o espaço ilusório de sua "morada", o corpo ausente que lhe servia de abrigo.

A narrativa em *Amour Bilingue* revela uma pluralidade de corpos, de corpo como escritura ou "corpo-escritura", como assinala Alfonso de Toro (2006), que representa uma espécie de Babel, pulverizando os sentidos do nome que podem ser atribuídos a "ela" e a "ele", a esse corpo-escritura que com eles se relaciona. A ambivalência desses pronomes, pois não podemos nos esquecer de que "ele" sempre aparece entre as figurações do corpo dela, impossibilita a atribuição de lugares fixos a tais pronomes-personagens ou personagens em forma de pronomes no decorrer de toda a história. Ele é ela, ela é ele, um existindo em função da imagem do outro, do duplo do outro ou do outro do duplo. Ideia retomada por Buci-Glucksman (1987, p.37) que sintetiza, numa frase-limite e surpreendente, a pluralidade desse jogo: "Eu a vejo me ver, eu a vejo me vendo vê-la, mas onde eu estou?".[75]

Onde ele estaria nesse jogo de espelhos e reflexos duplamente revelados? "Ele errava de país em país, de corpo em corpo, de língua em língua" (Khatibi, 1992, p.30).[76] Ele estava sempre em errância, entre dois continentes, entre duas línguas, entre duas mulheres, no entre do jogo do impossível, porque a língua também fala esse impossível, esse desejo de falar várias línguas numa única voz e numa única escritura. Esse desejo sempre o perseguiu, ainda que ele soubesse que "falar em várias línguas" podia ser um pensamento louco. Mas, a todo momento, ele era tomado pela loucura da língua, uma alucinação constante que fazia que a loucura da língua oferecesse-o às loucuras do corpo (ibidem, p.28).

---

74 *"Peut-être aimait-il en elle deux femmes, celle qui vivait dans leur langue commune, et l'autre, cette autre qu'il habitait dans la bi-langue."*
75 *"Je te vois me voir, je te vois me voyant te voir, mais où suis-je?"*
76 *"Il errait de pays en pays, de corps en corps, de langue en langue."*

Daí o salto brusco de seu pensamento: "Prostituir uma mulher, sim, e prostituir uma nomeação: eis o salto do pensamento" (ibidem, p.30).[77] Nada separa esse corpo-escritura, essa nomeação inaugural que acontece a partir da fusão entre a língua materna e o corpo da mãe e que se prolonga na multiplicidade de outros encontros: a prostituição, a homossexualidade, a androginia, figuras presentes na escritura desse amante bilíngue. Fusão e difusão contínua de sentidos que fazem, às vezes, parecer que a língua estava mesmo louca. Uma língua que traduz o "impuro no puro", "a prostituição na androginia" (ibidem, p.30), o sagrado no profano, o materno no estrangeiro, o contínuo na dispersão. Recursos de um texto que assegura suas estratégias retóricas no movimento da *différance*, no intervalo, no espaçamento, na expressão de um sentido em forma de suplemento e disseminação, à maneira daquela página sem pontuação que procura ilustrar não uma narrativa "às avessas", mas um "ponto" (*punto*) a partir do qual o sentido absoluto de qualquer livro teria naufragado:[78]

> Seguir assim de continente em continente para além de qualquer Torre de Babel o Livro já está aniquilado em mim trocar de deus e de prostituta você entende isso você a santa no cio você você minha puta de luxo poético [...] eu tenho que voltar deixar cada país em êxtase e me abandonar a um outro pensamento esse êxtase na lei da minha errância lei das línguas palavras e fragmentos [...]. (ibidem, p.83)[79]

---

77 "*Prostituer une femme, oui, et prostituer une nomination: voici le saut de la pensée.*"
78 Interessante também notar que a referida página termina com um poema intitulado "*Punto y raya*" (poema que o narrador teria descoberto em Caracas). Transcrevemos aqui as duas últimas estrofes do poema que respondem, de certo modo, à estrutura retórica da própria escrita da página, pois aí podemos ler que puntos e rayas não existem: "*Caminando por el mundo / se ven ríos y montañas / se ven selvas y desiertos, / pero no puntos ni rayas. / Porque esas cosas no existen, / sinon que fueron trazadas / para que mi hambre y la tuya / esten siempre separadas*" (Khatibi, 1992, p.83-4).
79 "*Poursuivre ainsi de continent en continent au-delà de toute Tour de Babel le Livre est déjà abîmé en moi changer de dieu et de prostituée tu comprends cela toi la sainte en chaleur toi toi ma putain de luxe poétique [...] je dois revenir quitter chaque pays dans l'extase et m'abandonner à une autre pensée cette extase dans la loi de mon errance loi des langues mots et fragments [...].*"

O desafio imposto pela bi-língua conjuga-se no êxtase da lei da errância ("na lei da minha errância"), pois só assim se torna possível conviver com e além de todos os paradoxos. Percorrer os continentes ignorando os limites geográficos que os separam, situar-se "para além de qualquer Torre de Babel", na confusão das línguas e dos povos ou, mais precisamente, na diferença daquilo que os torna singulares. Poder trocar "de deus e de prostituta", já que, nesse universo bilíngue, a "santa no cio" confunde-se com a "puta de luxo", de um "luxo poético", pois só a poesia dessa língua-outra permite (lhe) todo tipo de experimentação literária, de jogo com a letra – letra de um Livro que o persegue e cujo fim desenha-se na sua própria carne; ele, o poeta, talvez fosse o fim do Livro.[80] O fim do Livro e o começo de outro, de uma narrativa que o procura: "Esta narrativa, eu confesso, me procura e me ama mais do que eu poderia imaginar" (1992, p.73).[81]

Texto feito de palavras, fragmentos, línguas confundidas, mas que diz, com precisão, as alegrias e os infortúnios do estar sempre entre línguas, entre-as-línguas ou no entre-das-línguas. Tarefa que impõe um ritmo retórico, filosófico e literário contrário a qualquer modelo previamente estabelecido, que foge à autoridade do centro (de uma literatura central e centralizadora) para dizer-se nas margens e à margem da exemplaridade das Letras, num gênero talvez sem filiação, no sem nome do gênero.

Texto que se confunde com a história de seus personagens, pois nosso escriba-recitante-bilíngue é um sujeito "sem-nome" e "sem-fundamento": "Nenhuma palavra lhe pertencia, nem mesmo seu nome [...]" (ibidem, p.45).[82]

---

80 No texto ao qual já nos referimos, *Du Message Prophétique* (1988/2008c), Khatibi, ao tratar do acontecimento da revelação da palavra divina, diz que não há nada mais detestável aos olhos de Alá do que o poeta e o louco, isso porque "[...] o poeta adora, antes de tudo, a língua por si só. A língua; sua deusa. Ele faz dela um ídolo, um jogo de palavras que se seduzem entre si e que mentem. O poeta diz o que não faz e faz o que não diz. Eis porque Maomé distingue entre as três figuras, a do possuído, a do poeta e a do profeta" (idem, 2008c, p.33).
81 *"Ce récit, je l'avoue, me cherche et m'aime plus que je n'aurais pensé."*
82 *"Aucun mot ne lui appartenait, même pas son nom [...]."*

Se na origem havia um nome,[83] este já foi mutilado pela língua estrangeira, pela transcrição do próprio nome na língua do outro. Primeiro ato de violência nominal: o nome não se escreve mais na própria língua, ele também é fruto de uma alienação histórica colonial incontornável – violência e mutilação que são sempre objetos de questionamento para Khatibi, como ele próprio assinala:

> Como subverter seu nome? Ter tal nome, carregar tal atributo exige perdê-lo na língua (do outro), apagar-se nessa língua ao escrever, não somente entre Alá e a língua do Alcorão, mais ainda, enfrentá-la de fora por meio de uma língua estrangeira. (idem, 1985, p.176)[84]

Exílio do nome e sua consequente transformação no texto bilíngue é o que podemos constatar a partir dessa "subversão" inicial. Dupla

---

83 Khatibi retoma em vários textos a questão do nome próprio, mais exatamente, de seu próprio nome. No romance, *La mémoire tatouée* (1971/2008a), ele explora tal problemática de maneira detalhada e, em vários momentos, discorre sobre as referências ligadas ao seu nome. No prefácio do livro, o personagem-narrador diz: "Do meu nascimento, conservo o rito sagrado. [...] Nascido no dia de Aïd el Kébir, meu nome sugere um rito milenar e ocorre-me, às vezes, imaginar o gesto de Abraão degolando seu filho. Não há nada a ser feito, mesmo que o canto desse degolamento não me obseda, existe, na raiz, a fissura nominal [...]. Meu nome retém-me, desde o nascimento, entre o perfume de Deus e o signo estrelado. Sou servidor e sou tentado; eu mesmo rasurado em imagens, coloco-me diante de minha questão perdido entre as letras. Não há erva verde nem seca que não esteja num escrito explícito" (idem, 2008a, p.13).
Em série de entrevistas concedidas a Pascal Amel (1997) sobre suas obras e reunidas no livro *La Langue de l'autre* (1999), Khatibi ainda diz: "Nasci segundo uma lenda, uma narrativa milenar, a de Abraão. No plano simbólico, meu nascimento está marcado pelo cruzamento entre esse mito e essa guerra. Alá é designado por seu nome e seus 99 atributos, de acordo com os muçulmanos. Uma espécie de rosário por meio do qual as contas são recitadas umas após as outras. Nasci nessas contas simbólicas, num atributo que é o da grandeza de Alá. Marca difícil de ser carregada! Nasci para o mundo e para meu nome, ao mesmo tempo, no dia de uma festa religiosa, a do sacrifício. Festa que talvez tenha me orientado para a escrita, para a narrativa. Algo esteve definitivamente gravado no meu destino" (ibidem, p.72).

84 "*Comment subvertir son prénom? Porter un tel prénom, un tel attribut exige de le perdre dans la langue (de l'autre), de s'y effacer en écrivant, non seulement entre Allah et la langue du Coran, mais encore de l'affronter du dehors par une langue étrangère.*"

assinatura, de uma dupla genealogia, encenando o gesto de um dom perdido na origem, dom da nomeação que é também uma doação cindida, rasurada e objeto de uma substituição que, por sua vez, encadeará muitas outras divisões, negações e apagamentos: "Ora, eu havia rompido esse círculo, renegado, para além desses encadeamentos pouco afáveis, minha família e meu país: primeira lição da insurreição contra meu nome" (idem, 1992, p.95)[85]

Essa insurreição Khatibi aprendeu a praticar no ato da escritura, no traçado e nos meandros da língua, na necessidade de se fazer ouvir diante da ameaça de silêncio imposta pelo outro. Se em *Amour Bilingue* o narrador diz amar todas as línguas e, consequentemente, todas as raças (ibidem, p.15), ele não o faz por acaso, mas como prática de um exercício literário que não (se) permite excluir a alteridade, esse outro distante e pouco "frequentável", às vezes, e que, no entanto, faz parte de sua história, história que surpreende constantemente ao revelar a necessidade e o desejo, a necessidade como desejo, de apresentar uma "cenografia sem genealogia", pois esse personagem bilíngue sempre duvidou de seus pertencimentos.

De uma narrativa para outra, essa dúvida sobre a certeza absoluta de "se pertencer" e de pertencer a um país, a uma língua, a uma cultura, a uma história persegue os protagonistas dessas tramas, como esse personagem que conta, em sua "autobiografia de um descolonizado", o que registrou sua "memória tatuada":

> [...] eu era filho do meu pai e da sua linhagem, uma criança de quem a tribo se despojava, em uma genealogia cada vez mais dilacerada. E estou convencido de que minha profissão – olhar desdobrado sobre os outros – enraíza-se, por acaso, nesse apelo de me encontrar para além desses humilhados, que foram minha primeira sociedade. (idem, 1971/2008a, p.15)[86]

---

85 *"Or, j'avais rompu ce cercle, renié, outre ces enchaînements quelque peu aimables, ma famille et mon pays: première leçon de l' insurrection contre mon nom."*

86 *"[...] j'étais fils de mon père et de sa lignée, un enfant en qui se dépouillait sa tribu, en une généalogie de plus en plus brisée. Et je pense bien que ma profession – regard dédoublé sur les autres – s'enracine à tout hasard à l'appel de me retrouver, au-delà de ces humiliés qui furent ma première société."*

Apelo antigo que já acenava para um "olhar desdobrado sobre os outros", sobre as outras línguas, sobre as diferentes culturas, enfim, sobre a própria literatura. Esboço de um pensamento plural que, aos poucos, foi insinuando-se nessa aventura bilíngue. Aventura de uma cena literária singular que o coloca (ele, narrador-escriba-recitante), de fato, "para além dos humilhados" de sua primeira sociedade. Gesto de uma escritura que supera o silêncio dessa humilhação e que, de maneira paradoxal, fala por meio dela. Atos de uma língua-literatura que não para de se dobrar (*doubler*) e de se desdobrar (*se dédoubler*):

> Eu a havia batizado: bi-língua. E agora, pluri-língua. Em resumo, uma questão de tradução a ser descontada de minhas noites passadas em branco. [...] Em seguida, eu tinha atravessado a inocência das coisas, a confusão das línguas e toda linguagem anterior à revelação. Construir, então, a coisa pelo signo? Tarde demais. Compor teoricamente a bi-língua? Sim, lentamente, no esquecimento de minha inexperiência. (idem, 1992, p.113)[87]

Compor teoricamente a bi-língua, a pluri-língua e o espaço de suas escrituras é também tarefa de Khatibi, mas ele vai além. *Amour Bilingue* mostra-nos que o *métier* de escritor, a coisa construída pelo(s) signo(s), é a arte de poder conjugar em várias línguas a dimensão do linguístico, do cultural, do religioso, do antropológico e, sobretudo, do político. Na alquimia do encontro e da separação, de si e do outro, do outro e do duplo, nesse jogo do lugar e do nada, do mar e da travessia, do dom e da promessa, nasce uma literatura que fala em línguas. Oscilando entre a sedução e a sedição, o gesto predominante em *Amour Bilingue* talvez possa ser sintetizado nas palavras do poeta: "Ensina-me a falar em suas línguas" (ibidem, p.131).[88]

---

87 "*Je t'avais baptisée: bi-langue. Et maintenant, pluri-langue. En somme, une question de traduction, à défalquer de mes nuits blanches. [...] J'avais traversé ensuite l'innocence des choses, la confusion des langues et tout langage antérieur de révélation. Construire alors la chose par le signe? C'est trop tard. Composer théoriquement la bi-langue? Oui, lentement, dans l'oubli de mon inexpérience.*"

88 "*Apprends-moi à parler dans tes langues.*"

Exercício de aprendizagem fascinante e apelo inegável ao amigo que, no rastro de uma alteridade que não se apaga, deve, em sua(s) língua(s), responder ao imperativo desse chamado.

3
DESDOBRAMENTOS: EM TORNO DA MONOLÍNGUA

Jamais je n'ai cessé, même aux jours de succès près de l'institutrice, de ressentir au fond de moi cette seconde rupture du lien ombilical, cet exil intérieur qui ne rapprochait plus l'écolier de sa mère que pour les arracher, chaque fois un peu plus, au murmure du sang, aux frémissements réprobateurs d'une langue bannie, secrètement, d'un même accord aussitôt brisé que conclu... Ainsi avais-je perdu tout à la fois ma mère et son langage, les seuls trésors inaliénables – et pourtant aliénés.

Kateb Yacine

Je suis là et je n'en peux pas rendre compte, du fait que je suis né juif d'Algérie, que je suis né dans la langue française, pourquoi...? Et tout aura été déterminé par ça, je me suis trouvé dans la langue française... mais je ne m'y suis jamais trouvé, évidemment, je ne m'y suis jamais trouvé mais je m'y suis trouvé, voilà. Et c'est entre ces deux façons de se trouver ou de ne pas se trouver que, comme ça se trouve, on dit en français, on écrit.

Jacques Derrida

Notas sobre o monolinguismo: um testemunho (outro)

Se entre *Amour Bilingue* e *Le monolinguisme de l'autre*, no entre das línguas e das escrituras, no diálogo dos amigos sustentado pelo enlace da *aimance* é possível perseguir sempre os rastros de uma "cena testemunhal", podemos ainda nos perguntar o que se dá a ler na tessitura de um testemunho monolíngue, nas marcas e nas (des)dobras de tal discurso. Quem testemunha o quê e em que língua? Haveria uma língua própria ao testemunho? Se para testemunhar é preciso certa inteligibilidade da (e de) língua, um acordo entre falantes que devem, antes de tudo, acordar quanto à língua em que testemunham, que língua inventar para "prestar testemunho", quando a única língua de que se crê dispor é a monolíngua do outro?

Expor (e também dispor de) sua própria história, narrar suas memórias, atestar em seu nome e o próprio nome na língua do outro, na outra língua, esse é o desafio com o qual o sujeito monolíngue se vê confrontado. Para poder contar sua história, que já seria também a história do outro e dos outros, nas condições descritas por Derrida em *Le monolinguisme de l'autre*, é necessário situar-se nas margens de algum fantasma da língua, de uma língua francesa mais precisamente, pois, na história que essa língua permite (lhe) contar, não há travessia, somente deriva, deriva de uma "linha inencontrável", já que como diz Derrida (1996a, p.14):

> [...] é *nas bordas* do francês, unicamente, nem nele nem fora dele, na linha inencontrável de sua costa que, desde sempre, para sempre, me pergunto se podemos amar, gozar, rezar, morrer de dor ou morrer simplesmente numa outra língua sem dizer nada a ninguém, sem mesmo falar.[1]

---

1 "[...] *c'est au bord du français, uniquement, ni en lui ni hors de lui, sur la ligne introuvable de sa côte que, depuis toujours, à demeure, je me demande si on peut aimer, jouir, prier, crever de douleur ou crever tout court dans une autre langue ou sans rien en dire à personne, sans parler même.*"

O que nos conta, então, essa história que, conforme assinalado, se desenrola como a cena de um diálogo imaginado (ou imaginário) com o amigo Khatibi, com as aventuras narradas de sua bi-língua? Trata-se do diálogo sobre um monólogo ou de um monólogo em forma de diálogo? Comecemos pelo fim, pelo que se apresenta literalmente como o epílogo de *Le monolinguisme de l'autre*:

> Ainda uma palavra para epilogar um pouco. O que delineio aqui não é, sobretudo, o começo de um esboço de autobiografia ou de anamnese, nem tampouco um tímido ensaio de *Bildungsroman* intelectual. Antes de ser uma exposição sobre mim, será a narração do que terá se apresentado como obstáculo, para mim, a esta autoexposição. Do que me terá exposto, então, a esse obstáculo e me lançado contra ele. Esse grave acidente de percurso no qual não deixo de pensar. (ibidem, p.131)²

No epílogo, o esboço de um começo, não o de uma autobiografia nem o de uma anamnese, mas o começo de uma outra narração, um *exposé*, uma apresentação dos obstáculos que entrevaram a exposição de si mesmo – grave acidente de percurso para alguém cujo trajeto, bastante singular (e também irregular, como as irregularidades de qualquer percurso), delineia-se na referência constante a um alhures (*l'ailleurs d'un ailleurs*).³

---

2 "*Encore un mot pour épiloguer un peu. Ce que j´ébauche ici, ce n'est surtout pas le commencement d'une esquisse d'autobiographie ou d'anamnèse, pas même un timide essai de* Bildungsroman *intellectuel. Plutôt que l'exposition de moi, ce serait l'exposé de ce qui aurait fait obstacle, pour moi, à cette auto-exposition. De ce qui m'aura exposé, donc, à cet obstacle, et jeté contre lui. Ce grave accident de circulation auquel je ne cesse de penser.*"

3 A referência ao "alhures" (*l'ailleurs*) sempre se faz presente no discurso de Derrida, principalmente quando se trata de nomear a "tarefa" empreendida em *Le monolinguisme de l'autre* (1996, p.132-3): "Os caminhos e as estratégias que eu tive que seguir neste trabalho ou nesta paixão obedecem também a estruturas e, portanto, a determinações internas à cultura greco-latina-cristã-gálica, na qual meu monolinguismo me encerra para sempre; era preciso contar com esta cultura para nela traduzir, atrair, seduzir isso mesmo, o 'alhures', em direção ao qual eu mesmo estava ex-portado de antemão, a saber, o 'alhures' desse completamente outro com o qual eu tive que manter, para me guardar e me resguardar, como de uma temível promessa, um tipo de relação sem relação, um se resguardando do outro, na espera sem horizonte de uma língua que só sabe se fazer esperar".

Um fim para esboçar o começo do que terá sido, ou não, a trajetória desse sujeito, um sujeito monolíngue. No fim e no começo, no entre desses limites que nada delimitam na escritura derridiana, os traços daquilo que embaralha as fronteiras: nem autobiografia nem anamnese, nem mesmo "um tímido ensaio de *Bildungsroman* intelectual". Um testemunho, talvez? A confissão de uma verdade cuja única verdade nada teria a ver com a verdade?

Derrida desestabiliza as noções aparentemente estáveis de "autobiografia",[4] "confissão", "testemunho", "verdade" e "atesta-

---

4 Philippe Lejeune, em seus diversos estudos sobre as questões envolvendo o texto autobiográfico – ver particularmente *O pacto autobiográfico* (a versão do texto de Lejeune a que nos referimos é a tradução citada nas referências que compreende, na verdade, uma compilação dos textos do autor num espaço de tempo e de publicação que vai de 1996 a 2005) –, considera, num primeiro momento, a autobiografia em sua relação direta com o texto literário, o que leva, do ponto de vista da estrutura textual "interna", à impossibilidade de distinção entre o romance e o texto autobiográfico. A autobiografia compreenderia, de acordo com o autor, "uma narrativa retrospectiva que uma pessoa real faz de sua própria existência, quando focaliza sua história individual, em particular a história de sua personalidade" (2008, p.14). Posteriormente a essa primeira análise, Lejeune procura estabelecer critérios externos que possibilitem, por meio da afirmação de um pacto, o "pacto autobiográfico", a distinção entre um gênero e outro, a saber, a ficção literária da escrita autobiográfica. Nesse processo de instauração do pacto em que o autor, identificado com o narrador da obra e escrevendo na pessoa do "eu", se compromete a "dizer a verdade" de sua vida, o leitor passa a ocupar lugar de destaque, pois cabe a ele aceitar o texto do pacto como autobiográfico (ou não). A esse respeito Lejeune (ibidem, p.26) diz: "Partindo da primeira pessoa para chegar ao nome próprio, sou levado aqui, a retificar o que escrevi em *L'autobiographie en France*: 'Como distinguir a autobiografia do romance autobiográfico? Tenho de confessar que, se nos ativermos à análise interna do texto, *não há nenhuma diferença*. Todos os procedimentos que a autobiografia utiliza para nos convencer da autenticidade do relato podem ser – e muitas vezes o foram – imitados pelo romance'. Isso só é correto, quando nos limitamos ao texto, sem considerar a página do título, pois desde o momento em que a englobamos ao texto, com o nome do autor, passamos a dispor de um critério textual geral, a identidade do *nome* (autor-narrador-personagem). O pacto autobiográfico é afirmação, no texto, dessa identidade, remetendo em última instância, ao nome do autor, escrito na capa do livro. As formas do pacto autobiográfico são muito diversas, mas todas elas manifestam a intenção de honrar *sua assinatura*. O leitor pode levantar questões quanto à semelhança, mas nunca quanto à identidade.

ção", entre outros. Em *Otobiographies* (1984), ao tratar da questão do nome próprio e da assinatura, e das implicações que estes acarretam na elaboração de uma escrita autobiográfica, Derrida critica a maneira segundo a qual são escritas as biografias de filósofos[5] (o discurso sobre a "autobiografia" de Nietzsche é o objeto-sujeito dessa obra) e coloca em cena a relação entre o *logos* e o *gramma*, a lógica e o gráfico, na medida em que tais elementos atravessam o biológico, o biográfico, o tanatológico e o tanatográfico (ibidem, p.39). A problemática do biográfico, que se torna ainda mais complexa, quando ao *bio-* e ao *-grapho* vem acoplar-se um *autos-*, um eu como outro, logo, um *heteros-* fazendo apelo à alteridade do mesmo, tal problemática não deve ignorar, de acordo com Derrida, a instância do bio-lógico e do tanato-lógico, pois é a relação vida-morte que está em jogo, a morte como questão que acompanha a escritura da vida, da vida da obra, da obra da língua, da língua da mãe e da lei do pai – rastros de um percurso nietzschiniano.

Se Derrida promete não ler *Ecce Homo* (1906) com seus leitores (ou

---

Sabe-se muito bem o quanto cada um de nós preza o seu próprio nome". Várias questões merecem ser colocadas, a partir do discurso de Lejeune, no que diz respeito ao real da autobiografia, ao fictício da literatura, ao nome, à assinatura, enfim, à problemática da identidade. Questões que vem à baila, princípios cujas estruturas homogeneizantes e dogmáticas são sempre abaladas pelos traços da escritura derridiana, traços que procuramos rastrear aqui.

5 Questão sobre a qual Derrida (1984, p.39-41) afirma: "A biografia de um 'filósofo', não a consideramos mais como um *corpus* de acidentes empíricos que deixam um nome e uma assinatura fora de um sistema que seria ofertado a uma leitura filosófica imanente, a única tida por filosoficamente legítima [...]. Romances biográficos ou psico-biográficos pretendem dar conta da gênese do sistema de acordo com processos empíricos do tipo psicologista, até mesmo psicanalitista, historicista ou sociologista. Não, uma nova problemática do biográfico em geral, da biografia dos filósofos em particular, deve mobilizar outros recursos, pelo menos uma nova análise do nome próprio e da assinatura. Nem as leituras 'imanentistas' dos sistemas filosóficos, quer sejam estas estruturais ou não, nem as leituras empírico-genéticas externas nunca interrogaram, enquanto tais, a *dynamis* desta borda entre a 'obra' e a 'vida', o sistema e o sujeito do sistema. Esta borda [...] não é nem ativa nem passiva, nem fora nem dentro. Ela não é sobretudo uma linha tênue, um traço invisível ou *indivisível* entre o limite dos filosofemas, por um lado, e, por outro, a vida de um autor já identificável pelo seu nome. Essa borda divisível atravessa os dois corpos, o *corpus* e o corpo [...]".

seus "auditores", já que *Otobiographies* corresponde ao texto integral de uma conferência em francês proferida na Universidade de Virgínia, Charlottesville, em 1976), o discurso empreendido sobre o prefácio (*l'exergue*) da referida obra de Nietzsche antecipa as marcas de uma leitura sobre a "obra" e a "vida" do filósofo alemão, sobre a borda "divisível" que perpassa a invisibilidade de tais limites, na dobra de uma duplicidade aparentemente contraditória. Princípio de vida e de morte, como assinala Derrida (ibidem, p.61):

> O que acontece logo depois desta espécie de "prefácio", depois desta data? Depois desta "data", o primeiro capítulo [...] começa, como vocês sabem, pelas origens de "minha vida": meu pai e minha mãe, ou seja, sempre o princípio de contradição na minha vida, entre o princípio de morte e o princípio de vida, o fim e o começo, o baixo e o alto, o degenerescente e o ascendente etc. Essa contradição é minha fatalidade. Ora, ela pertence à minha própria genealogia [...]: em uma palavra, meu pai morto, minha mãe viva, meu pai o morto ou a morte, minha mãe a vivente ou a vida. Quanto a mim, estou entre os dois [...].[6]

Derrida lendo Nietzsche, parafraseando e abalando as fronteiras entre os possíveis autores-leitores do(s) texto(s), numa cena em que se confundem os personagens e os discursos. Na expressão "minha vida", que só em sua primeira ocorrência vem grafada entre aspas, as vidas de (dos) filósofos confundidas; o discurso na primeira pessoa do singular e os possessivos "meu" – "minha" dão um tom "autobiográfico" ao que, de acordo com as regras de uma determinada tradição filosófica, deveria limitar-se a uma leitura-escritura "externa" ao texto. No entanto, são as regras dessa tradição, da leitura

---

6 *"Que se passe-t-il aussitôt après cette sorte d'"exergue', après cette date [...]? Après cette 'date', le premier chapitre [...] commence, vous le savez, par les origines de 'ma vie': mon père et ma mère, soit encore le principe de contradiction dans ma vie, entre le principe de mort et le principe de vie, la fin et le commencement, le bas et le haut, le dégénérescent et l'ascendant, etc. Cette contradiction est ma fatalité. Or elle tient à ma généalogie même [...]: en un mot mon père mort, ma mère vivante, mon père le mort ou la mort, ma mère la vivante ou la vie. Quant à moi, je suis entre les deux [...]."*

como perpetuação de um *status quo* da escrita[7] filosófica que Derrida procura desestabilizar: o fora já é o dentro do texto que, por sua vez, se apresenta como a tessitura de muitos outros textos disseminados entre seus autores-leitores, os quais ocupam simultaneamente um e outro lugar. Derrida leitor de Nietzsche, nós, leitores de Derrida, todos atingidos pelo apelo da letra, da escritura que se tece entre os vários "entre" do *corpus* e do corpo textual.

Corpus autobiográfico, corpo de uma genealogia híbrida. Voltemos à dupla origem de Nietzsche. Ele está entre os dois, ele é o "dois", o duelo e o duplo (ibidem, p.65). Na origem do duplo há uma lei e uma língua:[8] por um lado, a lei imposta pelo pai, pela ordem dos mortos, pela própria lei da morte; por outro, a língua viva na qual se diz a lei, língua da mãe, a vivente, língua que é preciso respeitar e venerar na integridade viva de seu corpo (ibidem, p.79).

"Em uma palavra" (para parafrasear Nietzsche), se a leitura de Derrida – seus comentários sobre *Ecce Homo* e também *Sobre o futuro de nossos estabelecimentos de ensino* (1872) – coloca-nos nas vias de uma interrogação sobre o que se assina sob o enigma de "minha vida", tal leitura não deixa de ser uma visada sobre o que se escreve sob o signo de "minha língua".

---

7 Siscar e Magalhães (2010, p.96) ao abordarem a problemática do "autobiográfico" em Derrida, afirmam: "Não se pode escamotear que, dentro do programa circunscrito da filosofia, um filósofo usar o recurso da 'autobiografia' provoca suspeita, visto que fronteiras são imediatamente quebradas; não apenas em função do questionamento da objetividade do discurso e da subjetividade entranhada no discurso objetivo, mas sobretudo, por causa da maneira utilizada para essa 'quebra'./[...] Essa estranha autobiografia – estrangeira em todos os sentidos, sobretudo aos grandes relatos legitimadores do gênero autobiografia – explicita que o texto de um autor, se não deve ser desgarrado daquilo que ele viveu, esse vivido não pode jamais ser visto a partir de um sentido de presença originária, como se fosse possível recuperá-la e sistematizá-la em uma relação vida-obra. Porque não há essa distinção, não pode haver também relação unívoca". Ver também sobre esse assunto a tese de doutorado de Milena C. Magalhães Santos Guidio, *Os logros da autobiografia* (2008).

8 Sobre as questões de língua, envolvendo os discursos de Nietzsche, ver Marc Crépon, *Le malin génie des langues*, mais especificamente, o capítulo intitulado "*La langue, l'esprit et les classiques*" (2000, p.13-36).

Até aqui (*l'ici*) o fio que conduziu as reflexões desta pesquisa, com seus enlaces e no seu desenrolar, girou em torno da língua, da língua da mãe e da língua do pai, da língua do outro, da bi-língua e, agora (*le maintenant*), da monolíngua.

A história da escrita, quer seja ela filosófica, literária, documental, científica etc., (a supor que todas essas distinções sejam literalmente apreensíveis) é sempre uma questão de língua, está ligada à língua enquanto questão que atravessa vários domínios, a saber, o político, o literário, o psicanalítico e o filosófico, entre outros.

Essa língua, "minha língua", pode, às vezes, ser flagrada sob os mais diversos pseudônimos. Ela se mostra e se esconde nos meandros de suas histórias, é visível-invisível em função de sua lei, de seu pai e de sua mãe. Nesse sentido, Derrida ainda diz que, em certos escritos de Nietzsche, no que se dá a ler como uma história de vida que é também uma história de língua, a mãe foi excluída, rejeitada:

> Não há mulher, então, se li bem. A mãe é forcluída, evidentemente. Mas isso faz parte do sistema, a mãe é a figura sem figura de uma *figurante*. Ela dá lugar a todas as figuras perdendo-se no fundo da cena como um personagem anônimo. Tudo lhe pertence, primeiramente a vida, tudo se dirige a ela e a ela se destina. Ela sobrevive sob a condição de permanecer no fundo. (ibidem, p.118)[9]

A mãe perde-se no fundo da cena. Ela participa do espetáculo sem se fazer notar. É uma protagonista anônima, uma "figura sem [a] figura de uma figurante". Ela engendra a vida e a língua (assim como a vida da língua) como se fosse um personagem secundário, uma simples coadjuvante no fundo da cena. Há mãe como se não houvesse mãe. Escritas de uma vida que parece órfã sem o ser, pois em Nietzsche a figura da mãe é a figura da vivente, daquela que sobrevive com sua

---

[9] "*Pas de femme, donc, si j'ai bien lu. Fors la mère bien entendu. Mais cela fait partie du système, la mère est la figure sans figure d'une figurante. Elle donne lieu à toutes les figures en se perdant au fond de la scène comme un personnage anonyme. Tout lui revient, et d'abord la vie, tout s'adresse à elle et s'y destine. Elle survit à la condition de rester au fond.*"

língua nobre, não degenerada (ibidem, p.78). A lei da mãe, lei como língua, é um corpo vivo que não deve ser sacrificado. No traço da escrita nietzschiniana da vida de sua obra (e da obra como vida), há um fundo sem mãe de mãe, mas há mãe, e ela permanece nesse fundo. As questões relacionadas à mãe e à língua também acompanham Derrida nos relatos de sua *Circonfession*. No entanto, tal texto trata de uma mãe "morrente" e de uma outra língua, de "uma língua bem crua" (*d'une langue toute crue*) (1991a, p.8) para confessar a história de uma cicatriz não cicatrizada (de uma vida e de uma circuncisão). Corpo e língua circuncidados na confissão de uma confissão, pois, segundo Derrida, confessar é sempre confessar o outro:

> [...] eu me confesso quer dizer eu confesso minha mãe quer dizer eu confesso fazer minha mãe confessar, eu a faço falar em mim, diante de mim, daí todas as questões em volta de seu leito como se eu esperasse de sua boca a revelação, enfim, do pecado, sem acreditar que tudo aqui gire em torno de uma falta da mãe que eu carrego em mim [...]. (ibidem, p.139)[10]

Se, em *Circonfession*, confessa-se a mãe e em nome da mãe, confessa-se a falta (*la faute*) ou o pecado dessa mãe, em *Le monolinguisme de l'autre*, a falta (*le manque*) é de outra ordem: falta como ausência, como privação, como impossibilidade de se dizer na língua da mãe. Na história do sujeito monolíngue, falta uma mãe (*une mère*), mas há um mar (*une mer*), o que, na intraduzibilidade do idioma derridiano, um idioma de língua francesa, não nos esqueçamos, poderia traduzir-se na seguinte formulação: "*il y a la mer et il y manque une mère*" (há o mar e aí falta uma mãe); aí, talvez, também falte uma língua.

Confissão sem confissão, pois quem ousaria confessar em nome de um monolinguismo absoluto? Quem se autorizaria uma "autobiografia", a partir de uma língua não autorizada? Mas não se trata de uma autobiografia nem de uma anamnese ("O que delineio aqui não é,

---

10 "*[...] je me confesse veut dire je confesse ma mère veut dire j'avoue faire avouer ma mère, je la fais parler en moi, devant moi, d'où toutes les questions au bord de son lit comme si j'espérais de sa bouche la révélation du péché enfin, sans croire que tout revienne ici à tourner autour d'une faute de la mère en moi portée [...].*"

sobretudo, o começo de um esboço de autobiografia ou de anamnese, nem tampouco um tímido ensaio de *Bildungsroman* intelectual" (idem, 1996a, p.131)). Do que se trataria então?

Camillo Penna, ao propor um estudo de *Le monolinguisme de l'autre* sob a ótica do testemunho, "uma espécie de falsa ontologia do testemunho" (2001, p.339), afirma, com relação à referida obra de Derrida, que

> Trata-se, na verdade, de uma resposta provocadora de Derrida a uma questão de política cultural contemporânea, generalizada nos anos 80, quem sabe a partir das Universidades americanas e que se poderia designar precariamente como a *questão do multiculturalismo*, que Derrida, num movimento calculado, que não tem nada de ingênuo, delimita e retraduz em termos da relação entre identidade cultural e língua. O fato do prêmio Nobel de Rigoberta Menchú ter sido conferido exatamente no mesmo ano em que *Monolinguismo do Outro* foi proferido, não é, sem dúvida, uma coincidência. (ibidem, p.339)[11]

Outro elemento, de ordem "testemunhal", parece ocupar a cena do monolinguismo. Que tal obra possa ser lida como uma resposta "generalizada" (e) ou "dirigida" ao amigo Khatibi, resposta em que cada elemento obedeceria à lei incalculável dos cálculos político-hitórico--discursivos, isso já o mencionamos, porém, o que nos interessa agora

---

11 Camillo Penna questiona o surgimento, no contexto latino-americano, do que ele considera ser um gênero de "estatuto literário ambíguo" comumente chamado de testemunho. Segundo o autor (2001, p.338): "A emergência destas narrativas marca, portanto, uma crise da instituição literária e a interpelação da ficção a *atestar* no tribunal do real, do destino e do martírio de comunidades minoritárias que se multiplicam pelo globo. Esta função eminentemente jurídica de *atestado* ou de *evidência*, por si só define a ambiguidade do estatuto deste gênero de narrativas que circula entre o literário e o documental. A decisão da Casa de las Américas (o Ministério da Cultura de Cuba) de criar um prêmio especial para a categoria de *testimonio*, em 1970, revela uma ligação entre a revolução cubana e a criação deste espaço enunciativo na América Latina". Ainda, de acordo com Camillo Penna, o fato de o Prêmio Nobel ter sido concedido à Rigoberta Menchú, em 1992, por seu livro testemunhal *Me llamo Rigoberta Menchú*, "desenha o contorno de novas alianças possíveis entre o local e o global, e interpelações profundamente ambíguas, no contexto transnacional que é o contemporâneo" (ibidem, p.338-9).

é desvendar, no rastro dessa resposta, os traços de uma escritura que pode também, entre inúmeras outras hipóteses, se dar a ler como um exercício de testemunho, o testemunho de Jacques Derrida.

No entanto, "o" testemunho de Jacques Derrida vem abalar, no vestígio de tantos outros abalos, o que convencionalmente se designa sob a assinatura de um testemunho. Mas quem conveciona o quê? Desde quando? A partir de onde? Que leis decidiriam intrinsecamente sobre a legitimidade (ou não) de um testemunho? O que seria (de) um intrínseco condenado à excentricidade?

A problemática do testemunho coloca-nos diante da questão da verdade. Testemunhar é dizer "presentemente" a verdade de um acontecimento passado. Exige-se de uma testemunha que ela esteja (ou seja) presente na cena testemunhal e que confesse, num ato de fé (é preciso acreditar na testemunha), a veracidade dos fatos. São as questões relacionadas ao problema da verdade, da veracidade, da fé (ou do ato de fé), da presença e do presente que Derrida procura desmistificar.

Em *Demeure* (1998a), numa leitura dos escritos de Maurice Blanchot, mais precisamente de seu texto *L'instant de ma mort* (1994), Derrida põe em xeque a noção de testemunho, tal como concebida na tradição jurídica europeia[12] e trata do limite "indecidível" que permeia os espaços do testemunho e da ficção literária. Para Derrida, não há testemunho sem a possibilidade da ficção, do simulacro, da dissimulação, da mentira e do perjúrio; para que um testemunho tenha a validade "jurídica" de testemunho, ele deve comportar todas essas possibilidades, e só poderá guardar seu estatuto de testemunho sob tais condições (idem, 1998a, p.31).

---

12 No que diz respeito à tradição jurídica europeia, Derrida (1998a, p.30-1) faz a seguinte observação: "Por que insistir tanto sobre a questão do direito? Em nossa tradição jurídica europeia, um testemunho deveria permanecer estrangeiro à literatura e, principalmente, na literatura, ao que se apresenta como ficção, simulação ou simulacro, e que não é toda a literatura. Uma testemunha testemunhando explicitamente ou não sob juramento, sem poder nem dever provar nada, faz apelo à fé do outro engajando-se a dizer a verdade, e nenhum juiz aceitará que ela se isente ironicamente de sua responsabilidade ao declarar ou insinuar: o que digo aqui conserva o estatuto de uma ficção literária".

O que se coloca em jogo (*l'enjeu*) é o limite indecidível entre um e outro, a saber, o testemunho e a ficção (literária). No entanto, segundo Derrida, o testemunho, por si só, já seria uma espécie de ficção, uma (dis)simulação de verdade, da verdade atestada pelo testemunho. Cena de uma aporia testemunhal: impossibilidade de decidir e impossibilidade de permanecer no indecidível (ibidem, p.11). Eis o que se apresenta sob a ótica do testemunho derridiano:

> [...] sem a *possibilidade* dessa ficção, sem a virtualidade espectral desse simulacro e, por conseguinte, dessa mentira ou dessa fragmentação da verdade, nenhum testemunho veraz enquanto tal seria possível. Desta forma, a possibilidade da ficção literária persegue, como sua própria possibilidade, o testemunho dito veraz, responsável, sério, real. Essa obsessão talvez seja a própria paixão, o lugar passional da escritura literária, como projeto de dizer tudo – e por toda parte em que ela se apresenta como auto-biográfica, quer dizer, por toda parte, e por toda parte autobio--tanatográfica. (ibidem, p.94)[13]

O testemunho de Jacques Derrida como ficção, como atestação de uma verdade e de uma mentira. Um testemunho "veraz", "responsável", "sério", "real", mas fictício. É preciso, então, acreditar na sua palavra pelo seu dito (*sur parole*), mesmo se ele nada pode ou quer provar, pois a escrita de um projeto "auto-biográfico" que já é também "autobio-tanatográfico" representa a própria impossibilidade de tudo dizer sobre si mesmo e de si mesmo, de totalizar-se na e pela escritura. No entanto, nas rupturas dessa totalização, no fragmento do dizer, na impossível coincidência de si consigo próprio, alguma centelha de vida, de vida-morte, de morte como vida da morte, algum vestígio morrente ou vivente vem testemunhar em

---

13 "[...] *sans la* possibilité *de cette fiction, sans la virtualité spectrale de ce simulacre et par suite de ce mensonge ou de cette fragmentation du vrai, aucun témoignage vérace en tant que tel ne serait possible. Par conséquent la possibilité de la fiction littéraire hante, comme sa propre possibilité, le témoignage dit vérace, responsable, sérieux, réel. Cette hantise est peut-être la passion même, le lieu passionnel de l'écriture littéraire, comme projet du tout dire – et partout où elle est auto-biographique, c'est-à-dire partout, et partout autobio-thanatographique.*"

seu nome, em nome de um sujeito monolíngue. Basta acreditar na sua palavra, uma palavra de amigo.

Khatibi aceita as regras do jogo e toma como "verdadeiro" o testemunho do amigo Derrida, o que este testemunha em seu próprio nome, o que lhe pertence e o que não lhe pertence, o dito e o não-dito. Como se não houvesse outra saída, Khatibi, então, acredita: "– Eu aceito, então, a convenção proposta e, mais uma vez, já que você quer contar sua história, testemunhar em seu nome, falar do que é "seu" e do que não o é, resta-me acreditar na sua palavra" (Derrida, 1996a, p.24).[14]

Ato de fé duplamente engajado pelos contratantes do discurso: aquele que testemunha e aquele para quem se testemunha, um e outro implicados e imbricados na ficção de suas confissões.

No entanto, mesmo havendo crença (crença de que há crença), esse pacto de credulidade é regido pelas leis do que não é crível, ou seja, do incrível como inacreditável e como estranho, pois a declaração de um amigo que diz "Eu só tenho uma língua, ela não é minha" (*Je n'ai qu'une langue, ce n'est pas la mienne*) (ibidem, p.13) deve, no mínimo, causar estranheza, principalmente quando aquele que enuncia tal propósito o faz na própria língua que não é (a) sua e que, de início, se apresenta como a língua do outro.

Acreditar no inacreditável é a condição dessa cena testemunhal, como se só pudéssemos testemunhar a partir do que permanece incrível, a partir do limite, sempre indecidível, entre a verdade e a não-verdade, a veracidade e a mentira, o perjúrio e a fidelidade.

A ordem da atestação exige uma prova de fé antes de ser uma prova de fatos. Quando alguém testemunha algo, o faz, no ato mesmo da atestação, como um apelo de fé ao outro, à crença do outro. Acreditar no testemunho do outro supõe, desde então, um acordo "miraculoso" (entre amigos), pois, ainda que o milagre exija a prova dos fatos e de fato, essa prova é, ao mesmo tempo, um ato crível-incrível (ibidem, p.41) no qual só é preciso acreditar, a veracidade

---

14 "*– J'accepte donc la convention proposée, et une fois encore, puisque tu veux raconter ton histoire, témoigner en ton nom, parler de ce qui est 'tien' et de ce qui ne l'est pas, il me reste à te croire sur parole.*"

ou não dos acontecimentos não tendo, nesse contexto, nenhuma relevância, como assinala Derrida (1998a, p.97-8):

> [...] todo testemunho testemunha em essência o miraculoso e o extraordinário, uma vez que ele deve, por definição, fazer apelo ao ato de fé para além de toda prova. Quando testemunhamos, seja com relação ao acontecimento mais ordinário e mais "normal", pedimos ao outro que acredite em nossa palavra como se tratasse de um milagre. A testemunhalidade, e naquilo que ela partilha sua condição com a ficção literária, pertence *a priori* à ordem do miraculoso. [...] O milagre é o traço-de-união essencial entre testemunho e ficção.[15]

Se o miraculoso é o "traço-de-união essencial entre testemunho e ficção", *Le monolinguisme de l'autre* responde aos imperativos dessa aporia, do crível-incrível, do real-fictício, da verdade-mentira, do decidível-indecidível, ao ser "apresentado" como a escrita de uma fábula.[16]

A história de Derrida reduzida a uma fábula, uma ficção para enunciar os princípios de uma verdade geral e "universal" – a verdade de Jacques Derrida, que por ser "sua" verdade, já não o é mais, já trilha os passos de uma não-verdade, de uma verdade que não se decide entre o falso e verdadeiro, a supor que tal decisão seja possível. Fábula de uma história pessoal que se confunde com a história geral de uma nação, história-histórica da colonização francesa no Magrebe e, de modo mais preciso (de uma precisão circuncidante),[17] na Argélia. Uma fábula e dois episódios ou dois episódios de uma única fábula. Um testemunho fabular no qual só nos resta também acreditar.

---

15 "*[...] tout témoignage témoigne par essence du miraculeux et de l'extraordinaire dès lors qu'il doit, par définition, en appeler à l'acte de foi au-delà de toute preuve. Quand on témoigne, fût-ce au sujet de l'événement le plus ordinaire et le plus 'normal', on demande à l'autre de nous croire sur parole comme s'il s'agissait d'un miracle. La testemonialité, et là où elle partage sa condition avec la fiction littéraire, appartient a priori à l'ordre du miraculeux. [...] Le miracle est le trait d'union essentiel entre témoignage et fiction.*"

16 Sobre as questões referentes à noção de fábula, ver Jacques Derrida, *Le souverain bien* (2004/2007) conferência proferida em 2004 e publicada na revista *Cités* (2007), num dossiê dedicado a Derrida.

17 Para a problemática envolvendo a questão do circuncidar e da circuncisão, remetemos, particularmente, à obra *Circonfession* (1991a).

O que você se propõe a escutar, nesse momento, é, pelo menos, a história que eu me conto, a que eu gostaria de me contar ou que, talvez, a título do signo, da escritura e da anamnese, em resposta também ao título desse encontro, a(o) título de *Renvois d'ailleurs* ou *Echoes from elsewhere*, eu reduzo, sem dúvida, a uma pequena fábula. (idem, 1996a, p.31)[18]

Em resposta ao título e a título de resposta, o que já compreende também a resposta do título *Renvois d'ailleurs* ou *Echoes from elsewhere*,[19] Derrida põe-se a testemunhar sua fábula, visto que o amigo Khatibi se propõe a escutá-lo.

Para se apresentar, ainda que tal apresentação não seja nada mais do que da exposição do que terá se apresentado como obstáculo à autoapresentação (cf. ibidem, p.131), o sujeito desse testemunho em forma de "fábula" recorre à cidadania (*Pour me présenter comme franco--maghrébin, j'ai fait allusion à la citoyenneté*) (ibidem, p.33), pois, entre todos os participantes do Congresso, ele é o "único" a poder se dizer magrebino e cidadão francês ao mesmo tempo, "um e outro de nasci-

---

18 *"Ce que tu veux bien écouter en ce moment, c'est au moins l'histoire que je me raconte, celle que je voudrais me raconter ou que peut-être au titre du signe, de l'écriture et de l'anamnèse, en réponse au titre de cette rencontre, au titre des* Renvois d'ailleurs *ou des* Echoes from elsewhere, *je réduis sans doute à une petite fable."*

19 Como traduzir esse título na essência de sua intraduzibilidade? O que se reenvia sob o rótulo desses "reenvios"? *"Renvoi"*, em francês, além de compreender o sentido de reenviar, enviar de novo, significa exclusão, expulsão, pode designar também uma referência, uma nota que remete o leitor para outro sinal igual fora do texto, um tipo de "chamada" e, ainda, tem o sentido de adiamento. Na linguagem jurídica, *"renvoi"* implica o fato de não se admitir e, portanto, declinar, determinada jurisdição em um julgamento, ato que pode ser designado pelo vocábulo "declinatório". Em português, um reenvio, na sua concepção jurídica, corresponde à aplicação de uma lei estrangeira baseada em uma lei nacional, sentido que a palavra francesa parece não abarcar. Em inglês, *Echoes* soa mesmo como um eco, ou seja, aquilo que ecoa ou faz ecoar, uma reverberação, mas implica, também, o sentido de repetição. Onde nos situarmos entre todos esses "reenvios" senão no entre de algum outro lugar, de um alhures (*ailleurs*), impondo sua lei estrangeira, mas nacional, estrangeira à revelia do nacional? O que dizer de um reenvio que já se situa nas bordas de um outro (*else*) lugar (*place*)? Onde (*where*)? Em qual lugar? Essas são algumas das questões a que nos remete o não-lugar desse monolinguismo do outro.

mento". Desta forma, para se justificar como um e outro ("ao mesmo tempo"), um como outro, para poder se dizer o mais franco-magrebino entre os magrebinos, Derrida recorre a determinadas classificações, pois, mesmo correndo o risco de reduzir o problema a uma espécie de taxonomia (o que não é uma taxonomia simples), tal elaboração parece se fazer necessária na trama dessa história. Assim, ele diz:

> Olhemos à nossa volta e classifiquemos, dividamos, procedamos por conjuntos: A. Há, entre nós, franceses francófonos que não são magrebinos: franceses da França, em uma palavra, cidadãos franceses vindos da França. / B. Há, também, entre nós, "francófonos" que não são nem franceses nem magrebinos: suíços, canadenses, belgas ou africanos de diversos países da África Central. /C. Há, finalmente, entre nós, magrebinos francófonos que não são e nunca foram franceses, digamos, cidadãos franceses: você [Khatibi], por exemplo, e outros marroquinos ou tunisianos. / Ora, veja você, eu não pertenço a nenhum desses grupos claramente definidos. (ibidem, p.29-30)[20]

Será preciso inventar outra taxonomia que dê conta da "identidade" desse sujeito; seu não pertencimento a nenhum "desses grupos claramente definidos" pode ser um sintoma da complexidade de suas "origens", implica a cisão da própria origem (e a origem como cisão), pois tal personagem não é nem (só) francês, nem (só) francófono, nem (só) magrebino, mas francês e magrebino ao "mesmo tempo", franco--magrebino, mais precisamente, "magrebino" e "cidadão francês".

O "nascimento" dessa cidadania e essa cidadania de "nascimento" (*Une citoyenneté, par essence, ça pousse pas comme ça. C'est pas naturel*) (ibidem, p.34) desencadeiam uma série de fatores política e

---

20 "*Regardons autour de nous et classons, divisons, procédons par ensembles: A. Il y a. parmi nous, des Français francophones qui ne sont pas maghrébins: des Français de France, en un mot, des citoyens français venus de France. / B. Il y a aussi parmi nous, des 'francophones' qui ne sont ni français ni maghrébins: des Suisses, des Canadiens, des Belges ou des Africains de divers pays d'Afrique centrale. / C. Il y a enfin, parmi nous, des maghrébins francophones qui ne sont pas et n'ont jamais été Français, entendons citoyens français: toi, par exemple, et d'autres Marocains ou des Tunisiens. / Or, vois-tu, je n'appartiens à aucun de ces ensembles clairement définis.*"

culturalmente intrincados que deixarão suas marcas na declaração do testemunho derridiano e na escrita de sua fábula.

O duplo movimento de outorga e, algum tempo depois (*moins d'un siècle plus tard*) (ibidem, p.34), sob a "Ocupação", de retirada[21] da cidadania francesa com relação aos ditos judeus argelinos foi, segundo Derrida, um acontecimento francês e dos franceses, "uma operação franco-francesa", "um ato da Argélia Francesa" (ibidem, p.36), na ausência de qualquer ocupação alemã: "Nunca se viu nenhum uniforme alemão na Argélia. Nenhum álibi, nenhuma denegação, nenhuma ilusão possível: era impossível transferir para um ocupante estrangeiro a responsabilidade dessa exclusão" (ibidem, p.36).[22]

Cidadãos franceses, judeus-argelinos-franceses, em território magrebino, reféns de cidadãos franco-franceses, de uma França ocupada. Ocupação não do ocupante, que poderia se dizer alemão, mas o incrível (o não crível) nessa história, de outras cores e com outros ares, é o fato de que a "Ocupação", na Argélia, competia exclusivamente aos "ocupados", ou seja, aos cidadãos franceses.

Superimposição de reféns, ocupação da ocupação, acarretando uma desordem identitária e um movimento calculado de exclusão. Mas o que desencadeia, ainda, essa desordem da "identidade"[23] além

---

21 Sobre o Decreto Crémieux e a perda da cidadania francesa pelos judeus argelinos, ver capítulo 2: "Cena um".

22 "*On n'a jamais vu un uniforme allemand en Algérie. Aucun alibi, aucune dénégation, aucune illusion possible: il était impossible de transférer sur un occupant étranger la responsabilité de cette exclusion.*"

23 Em um seminário ocorrido em Barcelona, em 2002 (os textos de tal seminário foram publicados no livro *Lengua por venir/Langue à venir*, 2004a, organizado por Marta Segarra), ao ser questionado sobre a problemática da identidade, à complexa questão envolvendo a identidade de um sujeito, de uma comunidade, de uma nação, enfim, de uma língua, Derrida afirma: "Aqui vou ser muito, muito prudente; muito prudente porque, por um lado, apesar do que, com outros, pude dizer contra a política da identidade em geral, a política do identitário, da identificação, todas as reservas que formulei com relação à crença na identidade ou na política da identidade, no entanto, nunca acreditei ter que me opor frontalmente a toda política de identidade; isso depende dos contextos. Quando, em certos contextos, tal grupo, fração social, classe, sexo, nação encontrava-se oprimido e privado das menores chances de ver sua identidade reconhecida, nesses momen-

da desordem por si mesma e em si mesma? Questão à qual Derrida responde num tom de outras interrogações que ditarão o tom dessa cena testemunhal apresentada sob o título de *Le monolinguisme de l'autre*:

> Será que essa "desordem da identidade" favorece ou inibe a anamnese? Aguça o desejo de memória ou desespera o fantasma genealógico? Reprime, recalca ou libera? Tudo ao mesmo tempo, sem dúvida, e aí estaria uma outra versão, a outra vertente da contradição que nos pôs em movimento e nos faz correr até perder o fôlego ou até perder a cabeça. (ibidem, p.37)[24]

Tudo ao mesmo tempo: o ensaio de uma anamnese e sua hesitação ou, de modo mais calculado, sua inibição. O desejo de memória e a ameaça do esquecimento que aflige o "fantasma genealógico", a pulsão de uma genealogia sem fim e ainda precária, frágil, recente, mais ameaçada do que nunca. O recalcamento de uma história pessoal (e nacional) que se libera (sem nunca se libertar, de fato) e se diz nessa língua constitutivamente destinada ao outro e do outro advinda. Essas contradições dizem tudo e nada "ao mesmo tempo", num ritmo que

---

tos, eu partilhava de suas causas comuns. Acho que existem momentos, nas lutas sociopolíticas, em que o motivo da identidade não é condenável, em seguida, é preciso ver até onde isso vai. Quer se trate de lutas nacionalistas, de lutas sexuais, de lutas sociais... há um momento em que, pelo menos acredito, devemos lutar em nome da identidade para que determinada identidade seja reconhecida, quer seja ela linguística, nacional, cultural, sexual, pessoal! Depois, é preciso ver, no processo da luta, o momento em que a reivindicação, digamos legítima, da identidade pende para o identirarismo, essencializa-se e declara guerra às outras identidades; [o momento] em que a reivindicação legítima de uma nação – sempre considerei como legítima a afirmação nacional – torna-se nacionalista. Muitas vezes, é muito difícil discernir esse momento. Ele sempre já começou..., o risco sempre já está lá. [...] Mas é por isso que há responsabilidades a serem tomadas, é porque não sabemos muito bem onde isso começa. Se soubéssemos exatamente em que momento a afirmação nacional é legítima e quando o nacionalismo torna-se condenável, seria muito simples..." (Derrida, 2004a, p.74).

24 *"Ce 'trouble de l'identité', est-ce qu'il favorise ou est-ce qu'il inhibe l'anamnèse? Est-ce qu'il aiguise le désir de mémoire ou désespère le phantasme généalogique? Est-ce qu'il réprime, refoule ou libère? Tout à la fois sans doute et ce serait là une autre version, l'autre versant de la contradiction qui nous mit en mouvement. Et nous fait courir à perdre haleine ou à perdre la tête."*

faz perder o fôlego e até mesmo a cabeça. Perder-se como forma de se dizer nesse tudo-nada ao mesmo tempo (*en même temps*) e para sempre (*à demeure*). Mas quem se diz nesse enredo de uma anamnese que é um fundo perdido de uma amnésia? Uma anamnese de uma amnésia?

Tudo se passa em torno da origem, uma origem grega que nega e também afirma, ao mesmo tempo, como sempre, desde o começo, a própria origem. Em amnésia, do grego *a(n)-* e *-mnese*, está o sentido do esquecimento, da privação da memória, (*-mnese*) marcada pelo sufixo *a(n)-*, por algo que antecede a palavra, que também já está lá, contribuindo para apagar a lembrança, a recordação e o acontecimento. A anamnese, vocábulo de origem também grega, é o que permite, contrariamente à amnésia, trazer algo de volta, de novo (*ana-*), à memória. Em anamnese está, então, o sentido da rememoração, da recordação, da evocação do passado, talvez já abalado por algum tipo de amnésia.

Evocar o passado significa sempre correr um risco, o risco do esquecimento da rememoração. O que e quem se recorda por meio desse passado que pode já estar esquecido em algum lugar da memória?

O esquecimento da memória do passado, um passado do qual, apesar de tudo, não se esquece nunca, não é objeto de nenhuma amnésia; antes, ele deve ser contado, portanto rememorado, por meio do que, aqui, se apresenta como uma fábula anamnésica. Uma fábula ou um testemunho? Só nos resta também dizer (e acreditar) (*il me reste à te croire sur parole*) (ibidem, p.24) que se trata de uma fábula e de um testemunho, de uma autobiografia e de uma anamnese, em última instância, de uma simples amnésia.

Segundo Derrida, a "anamnese autobiográfica" (anamnese e autobiografia sem anamnese nem autobiografia), em seu sentido corrente, pressupõe sempre uma "identificação" e não uma identidade (ibidem, p.53), identificação daquele que diz "eu",[25] que deve saber dizê-lo

---

25 Em *Demeure* (1998a), Derrida também discorre sobre a condição do testemunho a partir da enunciação de um "eu", ou seja, de um sujeito que fala na primeira pessoa do singular, que pode testemunhar em nome desse eu: "Então, eu testemunho que eu falo francês e informo os destinatários, que compreendem a língua que eu falo, a respeito disso. Essa é a primeira condição do testemunho. Em seguida, esse enunciado ocorre, como deve ser todo testemunho, na primeira pessoa. Um

em determinada língua,[26] que deve, na verdade, poder dizê-lo em sua própria língua. É preciso, então, saber em que língua o "eu se diz" (*je se dit*) e "eu me digo" (*je me dis*). É preciso também saber o que diz esse "eu" que se apresenta como "eu (me digo)". De acordo com Derrida,

> [...] já sabemos que o *eu* da anamnese dita autobiográfica, o *eu-me*, do eu me recordo, se produz e se profere de maneira diferente, de acordo com as línguas. Ele não as precede nunca, não é, então, independente da língua em geral. Fato bastante conhecido, mas, raramente, levado em conta por aqueles que tratam, em geral, da autobiografia – quer esta seja um gênero literário ou não, quer a consideremos, aliás, como gênero ou não. (ibidem, p.54)[27]

O "eu" se pronuncia de maneira diferente, de acordo com as línguas, fato que podemos considerar como "bastante conhecido", no entanto, o que parece perturbar esse conhecimento sobre o eu do "eu-me lembro", "eu-me recordo" é sua total dependência com relação à língua na qual ele se diz. Dizer "eu me lembro" (e também eu não me lembro) implica a inscrição de si mesmo na língua, do eu como língua e da própria língua. Mas como situar esse "eu me digo – eu se diz" na língua, quando a referência à língua própria, a única de que

---

testemunho ocorre sempre na primeira pessoa. Aqui, ele ocorre duas vezes na primeira pessoa, uma vez que digo: eu falo francês, nós falamos francês – primeira pessoa do singular, primeira pessoa do plural" (ibidem, p.43).

26 Com relação à "inteligibilidade da língua" e ao "domínio da língua" (*la maîtrise*), por parte daquele que testemunha, Derrida afirma: "Aí está um problema sem fundo, um problema dramático do qual se torna desnecessário assinalar as dimensões críticas, políticas e jurídicas. Em que medida esta competência [da/na língua] pode ser compartilhada? Como e a partir de quais critérios metalinguísticos avaliá-la? A análise dessa competência faria apelo a sutilezas infinitas. Em todo caso, o conceito jurídico da atestação implica um domínio suficiente da língua, por mais problemático que seja este conceito" (Derrida, 1998a, p.39).

27 "*[...] on sait bien que le je de l'anamnèse dite autobiographique, le je-me du je me rappelle se produit et se profère différemment selon les langues. Il ne les précède jamais, il n'est donc pas indépendant de la langue en général. Voilà qui est bien connu mais rarement pris en considération par ceux qui traitent en général de l'autobiographie – que ce soit un genre littéraire ou non, qu'on le tienne d'ailleurs pour un genre ou non.*"

dispomos, já é a língua do outro? Nesse caso, e em todos os outros, dizer "eu", inscrever-se como "eu" seria um exercício de alteridade absoluta? Alteridade do eu e do outro? E da língua?

A partir de então, eu é mais de um, é *uns*, é uma singularidade plural, é aquele outro que (não) me acompanha (*Celui qui ne m'accompagnait pas*) (idem, 1998b, p.225), que não se apresenta mesmo quando está presente, é um desaparecido (ibidem, p.227) e, às vezes, um reaparecido.[28]

Apreender esse eu desaparecido ou reaparecido na língua pode parecer uma tarefa estranha (*situation étrangement familière et proprement impropre*) (idem, 1996a, p.55) principalmente quando, em sua própria constituição (que não é independente da língua), o eu se forma na referência constante ao alhures (*toujours ailleurs*), como assinala Derrida:

> Ele teria, então, se *formado*, esse *eu*, no sítio de uma *situação* inencontrável, remetendo sempre ao alhures, a uma outra coisa, a uma outra língua, ao outro em geral. Ele teria se *situado* numa experiência instituável da *língua*, quer dizer, da língua no sentido amplo desta palavra. (ibidem, p.55)[29]

Nessa "situação inencontrável" de uma "experiência instituável da língua", esboçam-se os traços de uma história singular, de uma anamnese de outro tipo, de um testemunho sem dúvida fabular, e se todo testemunho, como nos lembra o próprio Derrida (1998a, p.51), é sempre autobiográfico na essência, trata-se também, aqui, de uma outra autobiografia ou de uma autobiografia do completamente outro.

---

28 A experiência da alteridade é, também, para Derrida, uma experiência aporética de presença-ausência, de ausência na presença, tal como ele assinala: "Não temos acesso ao aqui-agora do outro, do outro lado, no ponto zero desta origem do mundo – esta é a condição da experiência do outro como outro. Esta separação primeira no cerne do elo social, e como condição do elo social, está ligada, em primeiro lugar, à alteridade do outro: este só se apresenta *como outro* sob condição de nunca se apresentar como tal, outro como outro" (Derrida, 1998b, p.226).

29 "*Il se serait alors formé, ce je, dans le site d'une situation introuvable, renvoyant toujours ailleurs, à une autre chose, à une autre langue, à l'autre en général. Il se serait situé dans une expérience instituable de la langue, de langue au sens large, donc, de ce mot.*"

A história do sujeito não se separa da história da língua que, por sua vez, remete à história da colonização. Sujeito e língua confundidos em território alheio, num alhures que implica, para sempre (*à demeure*), a morada sem morada (*la demeure sans demeure*) da língua.[30]

A lembrança de tais histórias não significa uma simples rememoração dos fatos (pessoais e históricos); essa recordação não se separa do trauma que a faz ser lembrada e esquecida, só relembrada porque esquecida; na origem do esquecimento, a possibilidade (como vida--morte) de uma autobio-tanatografia. Tudo e nada ao mesmo tempo, de novo (cf. idem, 1996a, p.37). No rastro dessa experiência aporética, o desenrolar de uma história, apesar de tudo.

Deixemos, então, o sujeito dessa história explicar-se um pouco. O traçado de sua escritura e a narração de sua experiência monolíngue abalam os modelos textuais estáveis nos quais seríamos tentados a enquadrar o movimento dessa "narrativa", movimentos que deslocam o exercício da anamnese para um alhures ou para um além, como diz o próprio Derrida (ibidem, p.116-7, grifos nossos):

---

30 A respeito do enigmático vocábulo "*demeure*" que, de certa forma, atravessa toda a reflexão sobre a língua (como já o mencionamos nas várias referências à obra de Crépon, (2005)), Derrida (1998a) faz a seguinte observação: "Palavra de origem latina, de novo, e que, por intermédio do provençal, do espanhol (*demorar*) ou do italiano (*demorari*) reconduz ao latim *demorari*, de e *morari*, que significa *esperar* e *tardar*. Há sempre uma ideia de espera, de contratempo, de atraso, de prazo ou de sursis em *demeure* como em moratória. [...] '*Etre en demeure*' é estar atrasado, e '*mettre en demeure*', na linguagem jurídica, é intimar, exigir que alguém cumpra uma obrigação num prazo requisitado. A extensão à habitação, ao abrigo, à residência, à casa está, primeiramente, ligada ao tempo concedido para a ocupação de um lugar e conduz, dessa forma, à 'última morada' onde reside a morte" (Derrida, 1998a, p.101-2). Caberia, ainda, desvendar outros enigmas envolvendo a palavra "*demeure*", pois, "*demeurer*", enquanto verbo, além de morar, residir, habitar, tem também o sentido de permanecer, ficar, não ir embora. E não podemos nos esquecer da expressão "*à demeure*" que significa em permanência, de maneira estável, para sempre. Estamos, de fato, no domínio do que, por excelência, deveria permanecer, mas não permanece, deveria habitar, mas não encontra abrigo, ou seja, no território da própria língua, para sempre (*à demeure*) "*langue sans demeure*" (língua sem morada).

[...] traçados [...] que guiam a anamnese para além da simples reconstituição de uma herança dada, para além de um passado disponível. Para além de uma cartografia, para além de um saber ensinável. Trata-se de uma anamnese completamente diferente, até mesmo de uma anamnese do completamente outro, se podemos dizê-lo, com relação à qual eu gostaria de *me explicar um pouco*.[31]

Não se trata de falar sobre (ou de rememorar) uma "herança dada", um "passado disponível"; a lembrança dessa história também não pode ser reduzida aos limites de uma "cartografia", embora a situação geográfica tenha muito a dizer sobre as condições políticas nas quais se produziram os acontecimentos de tal história. O que e quem pode, então, se explicar nesse pouco explicável que gostaria de se explicar um pouco?

A explicação (para essa história), de um fundo quase inexplicável, que seria também uma forma de atestação (dessa história), estaria vinculada ao problema do interdito. Ao evocarmos a questão do interdito, não podemos, como assinala Derrida (ibidem), ceder à tentação da facilidade dos conceitos e aos equívocos que tal facilidade parece assegurar. No entanto, no contexto de sua história, no caso singularmente exemplar desse monolinguismo absoluto, o interdito ocupou a cena de acontecimentos históricos e pessoais – interdito "fundamental" e "excepcional" sobre o qual o sujeito monolíngue diz:

> Quando se interdita o acesso a uma língua, não se interdita nenhuma coisa, nenhum gesto, nenhum ato. Interdita-se o acesso ao dizer, isso é tudo, a um certo dizer. Mas aí está justamente o interdito fundamental, a interdição absoluta, a interdição da dicção e do dizer. O interdito de que falo, o interdito a partir do qual eu digo, me digo e o digo para mim, não é, então, um interdito entre outros. (ibidem, p.58)[32]

---

31 *"[...] des tracés [...] qui portent l'anamnèse au-delà de la simple reconstitution d'un héritage donné, au-delà d'un passé disponible. Au-delà d'une cartographie, au-delà d'un savoir enseignable. Il s'agit là d'une tout autre anamnèse, et même d'une anamnèse du tout autre, si on peut dire, au sujet de laquelle je voudrais m'expliquer un peu."*

32 *"Quand on interdit l'accès à une langue, on n'interdit aucune chose, aucun geste, aucun acte. On interdit l'accès au dire, voilà tout, à un certain dire. Mais c'est là justement l'interdit fondamental, l'interdiction absolue, l'interdiction de la diction*

Interditar o dizer é interditar tudo, é tudo. Se, visivelmente, nenhum ato, nenhum gesto, nenhuma coisa foram interditados, isso se deve ao fato de que tal interdito operava de acordo com mecanismos mais silenciosos, mais pacíficos, mais astuciosos (ibidem, p.59) – interdito fundamentalmente dissimulado na legalidade da lei, de uma lei que, em sua língua (mas qual é a língua da lei?), dizia a interdição do dizer: "interdição absoluta" e dupla interdição.

Se, por um lado, o acesso a toda língua não-francesa da Argélia era interditado aos judeus-franco-magrebinos e aos argelinos (*les indigènes*), de modo geral, quer se tratasse do árabe clássico ou dialetal, do berbere e de outras línguas ou dialetos, por outro, o acesso à língua francesa da França, da Metrópole, a "Cidade-Mãe-Capital-Pátria" (*Ville-Capitale-Mère-Patrie*) (ibidem, p.72), era também objeto de certo interdito, interdição diferente, mais camuflada, é claro, mas, nem por isso, menos interditante.

Ruptura radical e dilaceramento originário atravessam a história de um sujeito para quem dizer eu significa se dizer a partir de um duplo interdito. No entanto, como conciliar a necessidade e o desejo de se dizer com a impossibilidade de tornar possível o dito (e o não dito)? Dizer a lei do interdito em sua própria violação? Violar a lei e a língua? Mas não há nada no mundo que o sujeito monolíngue respeite mais do que a língua. Respeito sagrado e sacramentado por uma palavra "interditadora" e "interditada" – e o francês se lhe apresentava sob o signo dessas duas ameaças, ameaça (interditadora-interditada) interditando o dizer.

No traçado dessa escritura – que é também uma escrita traçada (e trançada) entre fios diversos que perpassam a instância e o instante de um testemunho, a aventura de uma fábula, o risco de uma autobiografia – não há passado disponível, não há herança dada nem tampouco língua materna autorizada. A referência dessa (e para essa) história, a escrita desse eu, é sempre o outro: um outro lugar (*l'ailleurs*), uma outra língua (*la monolangue*), o outro simplesmente (*l'autre tout court*). Para contar essa história é preciso, de certa forma, inventar-

---

et du dire. *L'interdit dont je parle, l'interdit depuis lequel je dis, me dis et me le dis, ce n'est donc pas un interdit parmi d'autres.*"

-se (e também inventar uma forma) e dizer (e escrever) a partir do interdito, apesar do interdito e de todas as faltas (*les manques et les fautes*). Aí falta uma mãe e uma língua; duplo interdito, que leva o narrador a se perguntar:

> Em que língua escrever suas memórias, quando não houve língua materna autorizada? Como dizer um "eu me lembro" que valha, a partir do momento em que é preciso inventar e sua língua e seu *eu*, inventá-los *ao mesmo tempo*, para além desse ímpeto de amnésia que desencadeou o *duplo interdito*? (ibidem, p.57)[33]

"Ao mesmo tempo" (e tantas vezes, até o momento, foi questão de dizer "ao mesmo tempo", como se o espaço do um e, ao mesmo tempo, do outro fosse inseparável) a língua que impõe o interdito também se vê, de alguma forma, por certas vias, em determinadas circunstâncias, interditada. Excesso e falta no interdito. Aporias da interdição.

Falta uma língua materna na lembrança dessa história que só pode ser lembrada, na origem e desde a origem, na língua do outro. Na falta, o suplemento e a invenção ou o suplemento como invenção: é preciso inventar uma língua para a invenção do eu ou, inversamente, inventar um eu que permita, de algum lugar (*ailleurs*), inventar uma língua. O importante é "lembrar-se", rememorar, em uma palavra, narrar-se. Lembrar-se dos rumos que tomaram essa história, mesmo quando se torna difícil (e quase impossível) dizer "eu me lembro". No rastro desse "eu me lembro", de alguma forma, inscrevem-se muitos acontecimentos. Basta relembrá-los.

- Eu me lembro de que o francês não era minha língua materna ou que "eu nunca pude chamar o francês, esta língua que falo com você, 'minha língua materna'. Essas palavras não me vêm à boca,

---

33 "*Dans quelle langue écrire des mémoires dès lors qu'il n'y a pas eu de langue maternelle autorisée? Comment dire un 'je me rappelle' qui vaille quand il faut inventer et sa langue et son je, les inventer en même temps, par-delà ce déferlement d'amnésie qu'a déchaîné le double interdit?*"

elas não me saem da boca. Aos outros, 'minha língua materna'" (ibidem, p.61).³⁴

- Eu me lembro de que o árabe era uma língua estrangeira na Argélia:

  O estudo *facultativo* do árabe era, na verdade, permitido. Nós sabíamos que tal estudo era autorizado, ou seja, tudo, menos estimulado. A autoridade da Educação nacional (da "instrução pública") propunha o estudo do árabe da mesma maneira, ao mesmo tempo e sob a mesma forma, que qualquer língua estrangeira em todos os liceus franceses da Argélia. O árabe, língua estrangeira facultativa na Argélia! (ibidem, p.66-7).³⁵

- Eu me lembro de que do outro lado, na outra costa, situava-se a Metrópole, um sonho de país e o país dos sonhos: "A *metrópole*, a Cidade-Capital-Mãe-Pátria, a cidade da língua materna, um lugar que representava, sem o ser, um país distante, próximo, mas distante, não estrangeiro, isto seria muito simples, mas estranho, fantástico e fantasmal" (ibidem, p.73).³⁶

- Eu me lembro de que éramos cercados, apesar do mar e pelo mar, por modelos ditos escolares (a escola era, sem dúvida, um belo nome para a interdição da coisa em si): "Entre o modelo dito escolar, gramatical ou literário, por um lado, e a língua falada, por outro, havia *o mar*, um espaço simbolicamente infinito, um precipício para todos os alunos da escola francesa na Argélia, um abismo" (ibidem, p.75).³⁷

---

34 "*[...] jamais je n'ai pu appeler le français, cette langue que je te parle, 'ma langue maternelle'. Ces mots ne me viennent pas à la bouche, ils ne me sortent pas de la bouche. Aux autres, 'ma langue maternelle'.*"
35 "*L'étude facultative de l'arabe restait certes permise. Nous la savions autorisée, c'est-à-dire tout sauf encouragée. L'autorité de l'Éducation nationale (de l' 'instruction publique') la proposait au même titre, en même temps et sous la même forme que l'étude de n'importe quelle langue étrangère dans tous les lycées français d'Algérie. L'arabe, langue étrangère facultative en Algérie!*"
36 "*La métropole, la Ville-Capitale-Mère-Patrie, la cité de la langue maternelle, voilà un lieu qui figurait, sans l'être, un pays lointain, proche mais lointain, non pas étranger, ce serait trop simple, mais étrange, fantastique et fantomal.*"
37 "*Entre le modelé dit scolaire, grammatical ou littéraire, d'une part, et la langue parlée d'autre part, il y avait la mer, un espace symboliquement infini, un gouffre pour tous les élèves de l'école française en Algérie, un abîme.*"

Expliquemos e relembremos um pouco mais.

A política de colonização francesa no Magrebe esteve diretamente ligada (e de forma radical) à imposição de uma língua única, no caso, o francês, nos territórios ocupados: o Marrocos, a Tunísia e a Argélia. Se o poder de dominação não se dissocia do poder de nomeação, nesse contexto, impor uma lei colonial correspondia a fazer valer os mecanismos linguísticos que tornavam viáveis a imposição da dita lei, ou seja, impor a Lei significava impor a língua da lei, a língua na qual a Lei se fazia obedecida e ouvida (no entanto, raramente entendida). A língua da lei era a própria "Lei como Língua" (ibidem, p.69); uma e outra, uma como outra, agindo sempre em nome do outro, a saber, do colonizador. O monolinguismo do outro seria, como afirma Derrida, essa soberania, essa lei vinda de um outro lugar, mas também e "em primeiro lugar, a própria língua da Lei" (ibidem, p.69).[38]

A extenuação, em função das leis coloniais, do árabe e do berbere, a redução ao "um" das línguas (a hegemonia do homogêneo) ou ao "uma" língua, toda essa articulação visando desarticular as línguas locais era, segundo Derrida, parte de um movimento calculado que tratava, no que diz respeito à Argélia, de considerá-la como "o conjunto de três departamentos franceses" (ibidem, p.68), movimento, sem dúvida, calculado e atendendo aos imperativos de uma política homo-hegemônica da língua, da legitimação das estruturas coloniais, enfim, da colonização em si. Mas a Argélia nunca foi uma "província" da França. A Argélia era um país, todos sabiam disso, ainda que esse saber tivesse que permanecer em segredo:

> Pois, nós sabíamos, de um saber obscuro, mas certo, [que] a Argélia em nada era a província, nem Argel um bairro popular. Para nós, desde a infância, a Argélia também era um país, em um sentido confuso desta

---

38 A respeito da lei (e da língua da lei) Derrida (1996a, p.69) afirma que: "Sua experiência seria aparentemente *autônoma*, já que eu devo falar esta lei e me apropriar dela para ouvi-la *como se* eu oferecesse esta lei a mim mesmo; mas ela permanece, assim o quer no fundo a essência de toda lei, *heterônoma*. A loucura da lei abriga sua possibilidade para sempre no coração desta auto-heteronomia".

palavra que não coincide nem com o Estado, nem com a nação, nem com a religião, nem mesmo, ousaria dizer, com uma autêntica comunidade. (ibidem, p.74)[39]

Em meio a tantas interdições, decretos, imposições nessa história, algo ainda parecia certo, de uma certeza que se deve manter secreta, obscuramente secreta: "a Argélia também era um país", e nesse "também" inscreve-se um apesar de tudo e de todos (de quase todos, desse quase todos que representava o poder colonial francês).

A Argélia também era um país e nesse país um interdito (entre muitos outros) estava definitivamente lançado contra o árabe e o berbere. Operação sustentada pelo sistema educativo, por um "dispositivo pedagógico" funcionando legalmente em nome das leis da metrópole. Obra da escola, da escola francesa na Argélia, como relata Derrida:

> O interdito procedia de um "sistema educativo", como se diz há algum tempo na França, sem sorriso nem inquietação. Considerando todas as censuras coloniais [...], o desaparecimento em curso do árabe como língua oficial, cotidiana e administrativa, o único recurso ainda era a escola e, na escola, o aprendizado do árabe como língua estrangeira; dessa estranha espécie de língua estrangeira como língua do outro, certamente, embora, eis o estranho e o inquietante, do outro como o próximo mais próximo. *Unheimlich.* (ibidem, p.66)[40]

---

39 *"Car nous le savions d'un savoir obscur mais assuré, l'Algérie n'était en rien la province, ni Alger un quartier populaire. Pour nous, dès l'enfance, l'Algérie, c'était aussi un pays, en un sens trouble de ce mot qui ne coïncide ni avec l'État, ni avec la nation, ni avec la religion, ni même, oserai-je le dire, avec une authentique communauté."*
40 *"L'interdit procédait d'un 'système éducatif', comme on dit en France depuis quelque temps, sans sourire et sans inquiétude. Etant donné toutes les censures coloniales [...], étant donné la disparition en cours de l'arabe comme langue officielle, quotidienne et administrative, le seul recours était encore l'école; et à l'école l'apprentissage de l'arabe au titre de langue étrangère; de cette étrange sorte de langue étrangère comme langue de l'autre, certes, quoique, voilà l'étrange et l'inquiétant, de l'autre comme le prochain le plus proche. Unheimlich."*

O próximo mais próximo como um "vizinho" distante, e esse vizinho, próximo-distante, impedido de falar sua "própria" língua materna; impedido, mas autorizado, pois a escola encarregava-se de dissimular a dita interdição. Na escola, segundo as leis da escola (francesa na Argélia), todos podiam aprender o árabe como língua estrangeira. Interdito realmente original e de uma violência sem igual, como atesta Derrida: "Sem dispor de qualquer estatística, eu me lembro de que a porcentagem dos alunos no liceu que escolhia o árabe aproximava-se de zero" (ibidem, p.67).[41] Situação *unheimlich*.

Embora estranho e inquietante, pode parecer familiar, estranhamente familiar, que a língua do colonizado (*les indigènes*) desapareça (há um *interdito*) sob os holofotes da língua dominante, a língua do colonizador; o que, no entanto, parece menos familiar é que a língua dominante (nem sempre predominante) também seja objeto de algum interdito (há um *outro* interdito) no rastro dessa mesma colonização. Eis, porém, a situação testemunhada por Derrida: "Será ainda mais difícil para mim, a partir de então, mostrar que a língua francesa nos era igualmente interditada. Igualmente, mas eu admito, de uma outra maneira" (ibidem, p.71).[42]

"Eu admito" (*je le concède*) e nesse gesto de concordância uma confissão: então, eu confesso (*je l'avoue* ou *je le concède*). Confesso que, em meu nome e pela minha história, a "língua francesa nos era igualmente interditada". Igualmente e de outra maneira: duplo gesto de contradição, para não perder de vista o duplo interdito. Igualmente, sem ser igual (já diferente e diferindo na origem), a língua francesa "nos" era também interditada. Cabe-nos, talvez, perguntar quem responde por esse nós. Essa pluralidade explícita no pronome "nós" compreende "igualmente" eu e os outros, o outro do eu, os outros "eu" (*plus d'un je*)? Aqui, então, a história desse nós toma um outro rumo. História de um nós que é igual ao outro, aos outros, mas também, e no fundo, diferente.

---

41 "*Sans avoir de statistiques à ma disposition, je me souviens que le pourcentage des élèves de lycée qui choisissaient l'arabe avoisinait le zéro.*"
42 "*Il me sera d'autant plus difficile, dès lors, de montrer que la langue française nous était également interdite. Également, mais je le concède, autrement.*"

O interdito sobre a língua francesa de que fala Derrida, o fenômeno da língua interditada para "nós", corresponde, de fato, e em primeiro lugar, à enorme distância estabelecida entre o francês da metrópole e o da(s) colônia(s), distância infinita que era preciso saber contornar, pois da *Ville-Capitale-Mère-Patrie* chegavam os "paradigmas da distinção", da correção, do *bien parler*, em uma palavra, o modelo a ser imitado, quer se tratasse da língua literária ou simplesmente da língua do dia-a-dia:

> Para os alunos da escola francesa na Argélia, quer fossem argelinos de origem, "nacionais franceses", "cidadãos franceses da Argélia", quer tivessem nascido nesse meio dos Judeus da Argélia que eram, ao mesmo tempo e sucessivamente, um e outro ("Judeus autóctones", como se dizia sob a Ocupação sem Ocupação, Judeus autóctones e, no entanto, franceses durante certo tempo), para todos, o francês era uma língua supostamente materna, mas cuja fonte, normas, regras, lei situavam-se alhures. (ibidem, p.71-2)[43]

Língua quase inacessível, vinda de um país distante (*un pays de rêve*), de um lugar mítico (*un là-bas mythique*) e, nesse sentido, interditada (*l'interdite*) – interditada à vulgarização, à profanação, ao uso descuidado. Língua sagrada que era preciso venerar em sua "pureza imperativa e categórica" (ibidem, p.79).

Entretanto, para "todos" ("argelinos de origem", "nacionais franceses", "cidadãos franceses da Argélia", "Judeus autóctones" e "franceses durante certo tempo") o francês era supostamente uma língua materna, uma espécie de substituto do materno ou de um materno, para sempre, substitutivo. Para todos, a convicção (sem convicção) e o sentimento experimentado de uma língua materna como língua do outro.

---

43 *"Pour les élèves de l'école française en Algérie, qu'ils fussent algériens d'origine, 'nationaux français', 'citoyens français d'Algérie' ou qu'ils fussent nés dans ce milieu des Juifs d'Algérie qui étaient à la fois ou successivement l'un et l'autre ('Juifs indigènes', comme on disait sous l'Occupation sans Occupation, Juifs indigènes et néanmoins français pendant un certain temps), pour tous le français était une langue supposée maternelle mais dont la source, les normes, les règles, la loi étaient situées ailleurs."*

Entre todos, todos nós, todos eles, uma categoria encontrava-se, porém, mais dilacerada (ou mais interditada) com relação a essa língua supostamente materna; tratava-se do conjunto daqueles a quem Derrida diz pertencer: os judeus-franco-magrebinos, ou seja, judeus da Argélia, judeus argelinos e franceses ao mesmo tempo, um e outro (*à la fois*).

É preciso, então, (re)apresentar esse personagem obstinadamente monolíngue, esse judeu-francês-argelino cuja história, uma fábula, é marcada por rupturas e interdições.

Primeiramente, a descrição de um corpo, o corpo do monolíngue, que aparece como o corpo de um mártir: o mártir franco-magrebino que sofre com a difícil condição de ser monolíngue, mas que também goza dessa condição singular (*je souffre et je jouis de ceci que je te dis dans notre langue dite commune*) (ibidem, p.14-5). Como apresentar esse mártir a não ser pelo próprio recurso de sua língua que é, na verdade, a língua do outro? Recorramos a Derrida, quando ele nos diz:

> Ouso, então, me apresentar aqui a você, *ecce homo*, paródia, como o franco-magrebino exemplar, mas desarmado, com sotaques mais ingênuos, menos vigiados, menos polidos. *Ecce homo*, pois se trataria mesmo de uma "paixão", não se deve sorrir, o martírio do franco-magrebino que, desde o nascimento, a partir do nascimento, mas também de nascimento, na outra costa, a sua, não escolheu nada e não entendeu nada, no fundo, e que ainda sofre e testemunha. (ibidem, p.39-40)[44]

Eis o Homem! O homem que, por meio de seu exemplo, do exemplo de sua paixão (*car il s'agirait bien d'une "passion"*), testemunha a singularidade universal do (seu) idioma, um idioma com o sotaque particular do sujeito que nele se diz "com sotaques mais ingênuos, menos vigiados, menos polidos" (*des accents plus naïfs, moins surveil-*

---

44 "*J'ose donc me présenter ici à toi, ecce homo, parodie, comme le franco-maghrébin exemplaire, mais désarmé, avec des accents plus naïfs, moins surveillés, moins polis. Ecce homo, car il s'agirait bien d'une 'passion', il ne faut pas sourire, le martyre du franco-maghrébin qui dès la naissance, depuis la naissance mais aussi de la naissance, sur l'autre côte, la sienne, n'a rien choisi et rien compris, au fond, et qui souffre encore et témoigne.*"

lés, moins polis), um sotaque que deixa transparecer, na entonação do dizer, a preocupação em forjar um outro sotaque (mais polido, talvez) que possa encobrir o sotaque *naïf* do monolíngue. Esse é o desafio do mártir que diz sua história, uma história que ele não escolheu, aquela que "desde o nascimento, a partir do nascimento, mas também de nascimento" (*dès la naissance, depuis la naissance mais aussi de la naissance*) é a sua história a despeito de si mesmo. Essa é a situação do judeu-franco-magrebino que confessa, apesar do seu sotaque, seu destino singularmente universal de "herói-mártir-pioneiro-legislador--fora-da-lei" (*héros-martyr-pionnier-législateur-hors-la-loi*) (ibidem, p.79). Mas que sotaque inventar para contar essa história? O sotaque de sua própria língua, ainda que esta não lhe pertença, mesmo que seja preciso perdê-lo (o sotaque) para poder se dizer. Como declara o próprio monolíngue:

> Não se entrava na literatura francesa a não ser perdendo o sotaque. *Acredito* não ter perdido meu sotaque, não ter de todo perdido meu sotaque de "Francês da Argélia". Sua entonação torna-se mais aparente em certas situações "pragmáticas" [...]. Mas *acredito* poder esperar, gostaria tanto que nenhuma publicação deixasse transparecer meu "francês da Argélia". *Não acredito*, no momento e até prova do contrário, que se possa descobrir *pela leitura*, e se eu mesmo não declarar, que sou um "Francês da Argélia". (ibidem, p.77, os grifos no verbo acreditar são nossos)[45]

Eis a figura do herói-mártir que vive a experiência da marca no próprio corpo da escritura e que tenta apagar essa lesão por meio da crença de que nunca houve marca ou de que a marca pode sempre ser ocultada. Mártir, na verdade, perpassado pela dúvida da crença, como deixa transparecer o jogo idiomático do verbo acreditar: "acredito

---

45 "*On n'entrait dans la littérature française qu'en perdant son accent. Je crois n'avoir pas perdu mon accent, pas tout perdu de mon accent de 'Français d'Algérie'. L'intonation en est plus apparente dans certaines situations 'pragmatiques'[...]. Mais je crois pouvoir espérer, j'aimerais tant qu'aucune publication ne laisse rien paraître de mon 'français d'Algérie'. Je ne crois pas, pour l'instant et jusqu'à la démonstration du contraire, qu'on puisse déceler à la lecture, et si je ne le déclare pas moi-même, que je suis un 'Français d'Algérie'.*"

não ter perdido" (*je crois n'avoir pas perdu*), "acredito poder esperar" (*je crois pouvoir espérer*), "não acredito que se possa descobrir" (*je ne crois pas qu'on puisse déceler*). Nesse jogo entre o crível e o não crível, a denegação aparece como afirmação de si mesmo, como marca da expressão de um francês-argelino que acredita, sem mesmo acreditar, "poder esperar" não ser apreendido (nem compreendido) como um francês da Argélia, esperança que depara com a difícil constatação: "Acredito não ter perdido meu sotaque, não ter de todo perdido meu sotaque de 'Francês da Argélia'" (*je crois n'avoir pas perdu mon accent, pas tout perdu de mon accent de "Français d'Algérie"*). O intensificador *tout* associado à partícula de negação *pas* vem desacelerar o processo de crença e de negação da perda: *je crois n'avoir pas tout perdu* dá-se a ler como: eu perdi só um pouco (não o suficiente talvez) de meu francês argelino. Desejo ou simples retórica do verbo acreditar? O que fazer com esse sotaque que marca (*marque et re-marque*) um corpo-a-corpo na/com a língua e que diz muito mais que a acentuação (ibidem, p.78)? Sofrer e testemunhar essa existência martirizada no próprio corpo e no corpo próprio da língua.

Eis o homem que testemunha a história de sua paixão, uma paixão martirizante (*il ne faut pas sourire*), de amor e de sofrimento, de rupturas e de interditos, de leis e de desvios. Uma paixão que testemunha o amor pela língua; um testemunho em nome da língua e da paixão. Mas de que paixão tratar-se-ia? Paixão de um mártir que é o único a poder morrer (viver) sua própria morte e testemunhar (em) seu próprio nome.[46]

---

[46] Sobre a problemática da paixão vinculada à tradição romano-cristã, da paixão ligada à história do martírio e do testemunho (do testemunho como ato ficcional) cabe, aqui, destacar a reflexão de Derrida em *Demeure* (1998a), obra sobre a qual nos apoiamos para todos os desenvolvimentos que dizem respeito à noção de testemunho esboçada até o momento. Segundo o autor, "'paixão' conota, sempre em memória da significação cristão-românica, o martírio, quer dizer, como seu nome indica, o testemunho. Uma paixão sempre testemunha. Mas se o testemunho pretende sempre testemunhar em verdade da verdade, pela verdade, ele não consiste, na sua essência, em transmitir um conhecimento, fazer saber, informar, dizer o verdadeiro. Como promessa de *fazer a verdade*, de acordo com a expressão de Agostinho, exatamente no momento em que a testemunha deve ser a

O mártir – como o indica a própria etimologia, do grego *martur*, "testemunho (de Deus)" – não cessa de testemunhar e seu testemunho não se reduz a uma simples narração, sua palavra é uma entrega de corpo e alma (ou de corpo e de língua), como afirma Derrida:

> O mártir, quando testemunha, não conta história, ele se oferece. Ele testemunha sua fé oferecendo-se ou oferecendo sua vida ou seu corpo, e este ato de testemunho não é somente um engajamento, mas sua paixão não remete a nada mais a não ser ao seu momento presente. (1998a, p.44)[47]

Cena de uma oferenda total marcada pelo ato de fé daquele que se oferece: oferece seu presente, o presente de seu corpo e de sua vida no momento presente ou na presença de um momento único. Essa seria a paixão do mártir ("uma paixão sempre testemunha") que, sem a possibilidade do presente, de nada poderia testemunhar. O mártir testemunha em ato e no ato do testemunho ele só conta (sem nada contar) com seu momento presente.

O que dizer, então, de um mártir (*héros-martyr-pionnier-législateur-hors-la-loi*) que conta a história de sua paixão testemunhando no presente de uma história passada (mas ainda presente)? Como lidar com esse presente-passado do mártir que sofre e testemunha?

A articulação desse presente-passado inscreve-se (implícita e explicitamente) nas marcas de um momento histórico (pois o mártir deixa sempre suas marcas na história) como marca de um instante[48]

única, insubstituivelmente, no momento em que ela é a única a poder morrer sua própria morte, o testemunho está sempre associado, pelo menos, à *possibilidade* da ficção, do perjúrio e da mentira. Essa possibilidade eliminada, mais nenhum testemunho seria possível [...]. Se o testemunho é paixão, é também porque ele *sofrerá*, sempre, pelo fato de estar ligado indecidivelmente à ficção, ao perjúrio e à mentira e pelo fato de não dever nem poder, por não cessar de testemunhar, tornar-se uma prova" (Derrida, 1998a, p.27-8).

47 "*Le martyr quand il témoigne, il ne raconte pas d'histoire, il s'offre. Il témoigne de sa foi en s'offrant ou en offrant sa vie ou son corps, et cet acte de témoignage n'est pas seulement un engagement, mais sa passion ne renvoie à rien d'autre qu'à son moment présent.*"

48 Em *Demeure* (1998a), Derrida também trata da "instância" do instante no ato testemunhal, da aporia que faz que o instante torne um testemunho ao mesmo tempo possível e impossível. Segundo Derrida: "No momento em que se é

presente de um momento passado que marca (e re-marca) a história do testemunho.

Algo permanece marcado (uma marca, uma cicatriz) na atestação presente ou passada, presente e passada, de uma testemunha. A experiência da língua e, de modo geral, de todo discurso é, segundo Derrida (1996a, p.50), uma experiência da marca (*la marque*), da re-marca (*la re-marque*) ou da margem (*la marge*). Experiência de fato marcante é o que se pode depreender do relato desse judeu-franco-magrebino (que é também um herói-mártir-pioneiro-legislador-fora-da-lei), relato sobre a língua numa cena em que predomina a experiência martirizante do corpo:

> Quando evocamos aqui as noções aparentemente abstratas da marca ou da re-marca, pensamos também em estigmas. O terror se exerce a preço de feridas que se inscrevem diretamente no corpo. Falamos aqui de martírio e de paixão, no sentido estrito e quase etimológico desses termos. E quando dizemos o corpo, nomeamos tanto o corpo da língua e da escritura quanto aquilo que faz delas uma coisa do corpo. Referimo-nos assim ao que se chama tão rapidamente o corpo próprio e que se encontra afetado pela mesma ex-apropriação, pela mesma "alienação" sem alienação, sem propriedade para sempre perdida ou sem nunca ser reapropriada. (ibidem, p.50-1)[49]

---

testemunha e no momento em que se atesta, '*bearing witness*', no instante em que se presta testemunho é preciso haver um encadeamento temporal das frases, por exemplo, e, sobretudo, é necessário que essas frases prometam sua própria repetição e, deste modo, sua própria reprodutibilidade quase técnica. Quando me comprometo a dizer a verdade, me comprometo a repetir a mesma coisa, um instante depois, dois instantes depois, no dia seguinte e para a eternidade, de certa maneira. Ora, esta repetição transporta o instante para fora de si mesmo. Desta forma, o instante é instantaneamente, *no mesmo instante*, divido, destruído por aquilo que o torna possível – o testemunho" (ibidem, p.36-7).

[49] "*Quand nous évoquons ici les notions apparemment abstraites de la marque ou de la re-marque, nous pensons aussi à des stigmates. La terreur s'exerce au prix de blessures qui s'inscrivent à même le corps. Nous parlons ici de martyre et de passion, au sens strict et quasi étymologique de ces termes. Et quand nous disons le corps, nous nommons aussi bien le corps de la langue et de l'écriture que ce qui en fait une chose du corps. Nous en appelons donc à ce qu'on nomme si vite le corps propre et qui se trouve affecté de la même ex-appropriation, de la même 'aliénation' sans aliénation, sans propriété à jamais perdue ou à se réapproprier jamais.*"

Eis o corpo estigmatizado de um mártir (*Ecce homo*), corpo literalmente ferido cujas chagas permanecem expostas. É uma história de martírio e de paixão, e no cerne dessa história, a exposição de um corpo (e de alguns corpos): o corpo próprio do mártir e o corpo de sua língua e de sua escritura. O corpo de um que não se separa do corpo das outras, daquilo que "faz delas uma coisa do corpo" (*ce qui en fait une chose du corps*). Aqui, também, como na cenografia de *Amour Bilingue*, estamos diante dele e dela, dele e delas, do corpo e do *corpus*, da paixão, do amor e do sofrimento. Fazer da língua uma coisa do corpo é, de certa forma, deixar-se falar por ela, entregar-se a ela, ao seu corpo, em cujo *corpus* nos inscrevemos, ao escrevermos uma história, uma fábula que pode ser também a nossa. Inscrição de dor (*La terreur s'exerce à prix de blessures qui s'inscrivent à même le corps*) no corpo de um *corpus* para sempre alienado. Corpo e língua afetados pela mesma "ex-apropriação" sem nunca terem pertencido a ninguém. Mas não se trata do corpo de um mártir? Quem fala em nome desse corpo martirizado? Quem diz eu no *corpus* dessa língua alienada desde sempre?

Esse "eu" ousa falar, numa determinada língua, a monolíngua do outro, em nome de um "quase-sub-conjunto" de sujeitos, como ele próprio afirma:

> Esse quase-sub-conjunto, então, seria o dos "Judeus autóctones", como se dizia exatamente naquela época. Cidadãos franceses desde 1870 e até as leis de exceção de 1940, eles não podiam *identificar-se* propriamente, no duplo sentido do "identificar-se" [si mesmo] e do "identificar-se com" o outro. (ibidem, p.87)[50]

Dupla desidentificação de toda uma comunidade com relação a si mesma e com relação aos outros; uma espécie de "alienação sem alie-

---

50 "*Ce quasi-sous-ensemble, donc, serait celui des 'Juifs indigènes', comme on disait précisément à cette époque. Citoyens français depuis 1870 et jusqu'aux lois d'exception de 1940, ils ne pouvaient* s'identifier *proprement, au double sens du 's'identifier soi-même' et du 's'identifier à' l'autre.*"

A LITERATURA NA LÍNGUA DO OUTRO 175

nação", "alienação originária"[51] a partir da qual era preciso encontrar uma língua para se dizer, de alguma forma e de algum lugar. Esse quase-sub-conjunto terá sofrido (talvez mais do que os outros ou talvez como os outros, igualmente mas de uma outra maneira) todos os interditos impostos pela colonização francesa no que diz respeito à língua, à cultura e à própria religião. Derrida fala de uma tripla dissociação histórico-social ou de uma tripla alienação ao referir-se aos judeus-franco-magrebinos em território argelino:

> Esta "comunidade" terá sido três vezes dissociada pelo que nomeamos um pouco rapidamente interditos. 1. Ela foi privada, em primeiro lugar, da língua e da cultura árabe ou berbere (mais propriamente magrebina). 2. Ela foi privada, também, da língua e da cultura francesa, ou seja, europeia, que só era para ela um polo ou uma metrópole distante, heterogênea à sua história. 3. Ela foi privada enfim, ou para começar, da memória judaica, dessa história e dessa língua que supostamente deveriam ser suas, mas que num dado momento não o foram mais. (ibidem, p.93-4)[52]

---

51 A respeito dessa alienação sem alienação que afeta o sujeito (da linguagem), Derrida afirma: "A alienação não é um acontecimento que tem lugar num dado momento, de tal forma que num determinado momento nós seríamos, por exemplo, mestres e possuidores de nossa linguagem e que alguém ou uma força qualquer viesse arrancá-la de nós, a alienação faz parte de nossa experiência da língua desde o começo, ela é originária. A partir do momento em que falo, que tenho acesso à linguagem, em suma, desde que o bebê, a criança fala começa a receber, a se deixar impor uma língua que é a da sociedade em que vive, da família, ela já está sob a lei de algo que não lhe pertence, que lhe é estrangeiro [...]. Como essa alienação não tem história, como ela começa desde a primeira palavra, desde a primeira sílaba, é uma alienação sem alienação, é uma alienação que não pode ser afetada, estou sempre nessa alienação, então, é uma alienação que é inalienável" (Derrida, 2004b, p.51).

52 *"Cette 'communauté' aura été trois fois dissociée par ce que nous appelons un peu vite des interdits. 1. Elle fut coupée, d'abord, et de la langue et de la culture arabe ou berbere (plus proprement maghrébine). 2. Elle fut coupée, aussi, et de la langue et de la culture française, voire européenne qui n'est pour elle qu'un pôle ou une métropole éloignée, hétérogène à son histoire. 3. Elle fut coupée enfin, ou pour commencer, de la mémoire juive, et de cette histoire et de cette langue qu'on doit supposer être les siennes, mais qu'à un moment donné ne le furent plus."*

Superimposição de privações. Privação da privação. Interdito absoluto. É nesse contexto e a partir dessa situação que Derrida testemunha em seu nome e em nome de uma "comunidade", uma "quase-comunidade" que é também uma comunidade privada de quase tudo. Sujeitos estranhos ao mundo que os cercava: às línguas e às culturas locais; à língua e à cultura francesas, que representavam, para tal comunidade, uma tradição essencialmente católico-cristã; estranhos, enfim (*ou pour commencer*), às línguas e à história, em uma palavra, à memória judaica.[53]

Esse encadeamento de interditos exerceu-se, de maneira paradoxal, sobre a comunidade dos judeus-franco-magrebinos. Se, por um lado, com as leis de exceção, em 1940, os judeus argelinos se vêem privados da cidadania francesa e, de certa forma, duplamente excluídos do sistema sociocultural ao qual acreditavam pertencer – a Argélia sob a ocupação francesa, a colônia e a metrópole, o dentro e o fora, tal movimento provocando também a exclusão da escola dos cidadãos pertencentes ao referido grupo –, por outro, antes (e também depois)

---

53 Em sua *Lettre Ouverte à Jacques Derrida* (2004), Khatibi assinala as diferenças, principalmente no que diz respeito à língua, entre as comunidades judaicas do Marrocos e da Argélia. Embora a situação no Marrocos tenha sido bem diferente da situação vivida pelos argelinos, de modo geral, Khatibi também mostra como havia um "mosaico de interditos" operando de maneira eficaz em território marroquino. Interditos talvez mais silenciosos, mas não por isso menos interditantes. Segundo o autor: "No Marrocos, a comunidade judaica praticava fluentemente o árabe e o berbere de acordo com as regiões, da mesma forma, o francês e o espanhol eram praticados nos meios instruídos. A *hakitiya*, dialeto originário do espanhol medieval, também era falada. O hebreu era reservado ao culto. Durante o Protetorado, o ensino do francês obedecia a um mosaico de interditos, cujo objetivo era manter separadas as comunidades: sinais distintivos étnico-religiosos e inevitavelmente linguageiros. De maneira breve, delineio aqui alguns traços desses sinais: – o acesso ao árabe *escrito* era formalmente proibido nas escolas da Aliança judaica e nas escolas *franco-berberes* [...]; – o acesso ao berbere era proibido nas escolas *franco-muçulmanas* (onde eu era aluno) e no ensino muçulmano tradicional; – nos colégios e nos liceus franceses, o árabe era considerado língua estrangeira. Isso de maneira massiva. Na prática, criaram-se cursos paralelos (muito pouco frequentados) para o aprendizado do árabe ou do berbere. Eis o Protetorado e sua proteção das línguas, sua distribuição em postos de guerra" (ibidem, p.205).

desse momento de asfixia generalizada, essa mesma comunidade havia cedido à efervescência de um fenômeno de aculturação ou de francisação desenfreada, que não deixou de ser, segundo Derrida, um processo frenético de emburguesamento (ibidem, p.88).

Duplo movimento de identificação-desidentificação, ao mesmo tempo, num só ritmo, numa mesma cena. Dois sintomas de uma mesma afecção: a busca por uma identificação linguístico-cultural, ainda que essa fosse francesa, europeia, cristã, para dissimular a perda de uma identificação histórica, de uma memória judaica, já deficiente e quase incapaz de se lembrar, de se lembrar de si mesma ou de relembrar a própria história.

No rastro de uma herança perdida e de outra interditada, só resta ao sujeito dessa história se perguntar:

> Onde *nos encontramos* então? Onde nos encontrarmos? Com quem podemos ainda *nos identificar* para afirmar nossa própria identidade e contar nossa própria história? Para quem contá-la, em primeiro lugar? Seria preciso constituir-se a si próprio, seria preciso poder *inventar-se* sem modelo e sem destinatário certo. (ibidem, p.95-6)[54]

Inventar uma história própria como história do outro sem ceder à tentação de um modelo e à obsessão de um destinatário (*s'inventer sans modèle et sans destinataire assuré*); inventar uma história, uma fábula talvez, para contar a história dessa identificação, pois é preciso identificar-se, ainda que não haja passado disponível nem herança dada, ainda que toda cena genealógica também tenha sido interditada. É preciso recorrer a essa cena para explicar-se um pouco, só um pouco. Uma genealogia judeu-franco-magrebina não esclarece tudo, como afirma Derrida (ibidem, p.133), mas sem ela nada seria possível.[55] Nesse traço-de-união (uma espécie de ligação dissociada)

---

54 *"Où se trouve-t-on alors? Où se trouver? À qui peut-on encore s'identifier pour affirmer sa propre identité et se raconter sa propre histoire? À qui la raconter, d'abord? Il faudrait se constituer soi-même, il faudrait pouvoir s'inventer sans modèle et sans destinataire assuré."*

55 A respeito de sua genealogia, do que na sua genealogia diz respeito ao "ser judeu", Derrida interroga-se: "Como e com que direito distinguir, por exemplo, entre o

exibem-se e ocultam-se o enlace e a ruptura de vários acontecimentos: a colonização, o silêncio, a exclusão, um testemunho; a espera sem horizonte de uma língua que só sabe se fazer esperar (ibidem, p.133), a monolíngua, o interdito, uma fábula; o martírio, a paixão, o exemplo singular-universal, uma aporia.

A aporia de toda uma história, de um testemunho, de um exemplo, que atesta uma situação singular, única, insubstituível, mas, ao mesmo tempo (*toujours en même temps, à la fois*) universal, exemplar, logo, substituível, tal como nos diz Derrida (1998a, p.47-8):

> O exemplo não é substituível; mas, ao mesmo tempo, é sempre a mesma aporia que permanece, essa insubstituibilidade deve ser exemplar, ou seja, substituível. A insubstituibilidade deve se deixar substituir *in loco*. Ao

que de minha experiência diz respeito, *de um lado*, ao meu 'ser judeu' mais íntimo ou mais obscuro, mais ilegível [...] e o que, *de outro*, digamos, parece pertencer, de modo mais legível, ao meu trabalho, a um trabalho público de bom ou mau aluno que não carrega necessariamente nem sempre as marcas visíveis de meu 'ser judeu', quer se trate de escritura, de ensino, de ética, de direito ou de política, de comportamento cívico, quer se trate de filosofia ou de literatura" (2003, p.12). Mais uma vez é a questão da língua que se impõe para Derrida. A judeidade "chega" (e acontece) pela língua, impondo-lhe uma condição originária de dívida e expondo-o a uma "falha congênita" (2003, p.17) que o leva a confessar, num mutismo quase absoluto, seu "não-pertencimento de fato à cultura judaica" (idem, 1996a, p.79). Não se trata mais de saber, como queria Sartre, em que consiste ser um "Judeu autêntico" e um "Judeu inautêntico", mas, ao contrário, de interrogar por onde passa ou como chega essa judeidade que nunca, sob nenhuma forma e de nenhuma maneira, poderá pretender uma suposta autenticidade. Não existe uma essência a partir da qual se nomearia o "ser judeu"; só podemos nomear a partir da língua e a língua para Derrida supõe "uma alienação sem alienação". No cerne dessa alienação originária, ele tenta se lembrar como a palavra judeu teria, então, chegado, como a chegada de um acontecimento, até ele: "[...] como a palavra 'judeu' (bem antes de 'judaísmo' e sobretudo 'judeidade') chegou (*est arrivé*), chegou até mim (*m'est arrivé*) como alguém que chega, senão como o primeiro que chega, na língua da minha infância, desembarcando na língua francesa da Argélia das minhas primeiras frases. Eu não alcançarei nesta noite [...] esta anamnese da chegada de 'judeu' na minha língua, desse vocábulo que permanece para mim desconhecido, mais profundo em mim do que meu próprio nome, mais elementar e mais inapagável do que qualquer outro no mundo, [...], que está mais colado no meu corpo do que uma vestimenta ou do que meu próprio corpo" (2003, p.18). Para outros desenvolvimentos sobre essa questão ver *Circonfession* (1991a).

dizer: eu juro dizer a verdade, quando fui o único a ver ou ouvir, e quando sou o único a poder atestar, isso tudo é verdade à medida que qualquer um *no meu lugar*, naquele instante, tiver percebido a mesma coisa e puder repetir exemplarmente, universalmente, a verdade de meu testemunho. [...] O singular deve ser universalizável, esta é condição testemunhal.[56]

"Qualquer um no meu lugar", qualquer um no lugar desse mártir poderia testemunhar essa história única no mundo, história de um pertencimento sem pertença, de uma língua materna como monolíngua do outro, de uma identificação sem identidade, enfim, de uma prótese (originária) que desde o princípio teria, então, se substituído à origem ou à ilusão de que, no fundo, há uma origem.

Qualquer um poderia "repetir exemplarmente e universalmente" a verdade desse testemunho, pois esse exemplo permanece insubstituível, mesmo quando cede à exigência da substituibilidade, ao traço do substituível-insubstituível. Só nos resta, então, acreditar na sua palavra, na exemplaridade de seu testemunho.

Não se trata simplesmente de reduzir essa exemplaridade, como assinala Derrida (1996a, p.48), ao fenômeno "do exemplo na série", de um exemplo qualquer passível de ser substituído por um outro. A exemplaridade, neste caso (e este é *o* caso de um judeu-franco-magrebino), seria de outra ordem, da ordem que instaura a condição do hóspede como refém, refém universal de uma situação única cujos traços atestam a dor (e a paixão) de uma ferida aberta (*plus à vif*), de uma fissura que não se cicatriza: uma exemplaridade completamente outra, como testemunha Derrida (ibidem, p.48-9):

> Essa seria, antes, a exemplaridade – notável (*remarquable*) e notante (*remarquante*) – que permite ler de maneira mais fulgurante, intensa, até

---

56 "*L'exemple n'est pas substituable; mais en même temps, c'est toujours la même aporie qui demeure, cette irremplaçabilité doit être exemplaire, c'est-à-dire remplaçable. L'irremplaçabilité doit se laisser remplacer sur place. En disant: je jure de dire la vérité où j'ai été le seul à voir ou à entendre, et où je suis seul à pouvoir l'attester, c'est vrai dans la mesure où n'importe qui à ma place, à cet instant, aurait touché la même chose, et pourrait répéter exemplairement, universellement la vérité de mon témoignage. [...] Le singulier doit être universalisable, c'est la condition testimoniale.*"

mesmo *traumática*, a verdade de uma necessidade universal. A estrutura aparece na experiência da dor, da ofensa, da vingança e da lesão. Do terror. Acontecimento traumático, uma vez que estão em jogo golpes e ferimentos, cicatrizes, muitas vezes homicídios, algumas vezes assassinatos coletivos. É a própria realidade, o alcance de toda *férance*, de toda referência como *différance*.[57]

A realidade dessa história (que pode também ser uma ficção) traduzida num acontecimento traumático e atestando, em meio ao terror e à paixão, "a necessidade de uma verdade universal": a de que a língua não pertence (*Oui, je n'ai qu'une langue, or ce n'est pas la mienne*) (ibidem, p.15). Testemunho exemplar de um judeu-franco-magrebino que terá embaralhado todas as fronteiras que circundam a vida e a obra, a verdade e a ficção, o amor e o sofrimento, a língua e a amizade. Um testemunho outro, em nome também do outro, do amigo Khatibi que acredita (*sur parole*) – mesmo falando de sua experiência bilíngue, escrevendo a partir de um cenário inteiramente consagrado ao duplo (da língua) – no monolinguismo do outro, do amigo Derrida. Cena única de um amor intraduzível pelas línguas. Gesto orquestrado pela *différance* de duas histórias que não se separam, apesar da singularidade idiomática que as distingue.

Variações sobre a língua e o idioma

Até o momento, falamos de língua: de língua materna e estrangeira, de língua do outro e de língua outra, de bi-língua e de monolíngua. Num momento e noutro, no percurso dessa escrita, a questão do idioma também atravessou nossa reflexão. Sugerimos que há algo de

---

57 "*Ce serait l'exemplarité – remarquable et remarquante – qui donne à lire de façon plus fulgurante, intense, voire* traumatique*, la vérité d'une nécessité universelle. La structure apparaît dans l'expérience de la blessure, de l'offense, de la vengeance et de la lésion. De la terreur. Événement traumatique parce que' il y va ici de coups et de blessures, de cicatrices, souvent de meurtres, parfois d'assassinats collectifs. C'est la réalité même, la portée de toute* férance*, de toute référence comme différance.*"

idiomático "no ar", ou seja, na escritura, e que essa é sempre regida pelas leis do idioma. Noutras vezes, falamos indistintamente de língua e de idioma, evocamos ainda o idioma da língua.

Antes mesmo de nos interrogarmos sobre o (possível) limite que distingue um conceito do outro, a saber, a língua do idioma, caberia perguntar se tal distinção seria sustentável no âmbito da desconstrução ou, para sermos "fiéis" a Derrida, das "desconstruções". Haveria, de fato, uma fronteira assinalável entre a língua e o idioma? Como apreender tais noções, senão no traço indecidível que separa a língua do idioma e une, ao mesmo tempo, a língua ao idioma? Impossível decidir e impossível permanecer na indecibilidade (cf. Derrida, 1998a). Aporia das desconstruções, como sugere o discurso de Derrida (1998b, p.221-2):

> A "desconstrução", se há uma, e mesmo se ela é a prova do impossível, não há uma só. "Se houver", como acredito que é preciso sempre dizer, e de acordo com a irredutível modalidade do "talvez", do "talvez possível-impossível", há mais de uma, e ela fala mais de uma língua. Por vocação. / Desde o início, estava claro que "desconstruções" devia se dizer no plural. Cada momento dessa experiência se liga às figuras da singularidade. Em particular, às do idioma. Muito rápido, naturalmente, a questão das desconstruções se engajou em torno do que se chama enigmaticamente idioma, os artifícios do idioma – e este não se confunde simplesmente com a língua. Há, então, enigmas da tradução, paradoxos da assinatura.[58]

Há um enigma no ar, uma espécie de armadilha "em torno do que se chama enigmaticamente idioma". Há também um elo, algo que, talvez, de maneira enigmática, ligue o movimento das possíveis

---

58 *"La 'déconstruction', s'il y en a, et même si elle reste l'épreuve de l'impossible, il n'y en a pas une. 'S'il y en a', comme je crois qu'il faut toujours dire, et selon l'irréductible modalité du 'peut-être', du 'peut-être possible-impossible', il y en a plus d'une, et elle parle plus d'une langue. Par vocation. / Dès le départ, il était clair que 'déconstructions' devait se dire au pluriel. Chaque moment de cette expérience se lie à des figures de la singularité. En particulier celles de l'idiome. Très vite, naturellement, la question des déconstructions s'est engagée autour de ce qu'on appelle énigmatiquement l'idiome, les enjeux de l'idiome – et celui-ci ne se confond pas simplement avec la langue. Il y a donc des énigmes de la traduction, des paradoxes de la signature."*

desconstruções às figuras do idioma, da singularidade que se designa sob o nome de idioma. No entanto, o que compreende, de fato, tal singularidade? O que se esconde e o que se mostra, numa espécie de dissimulação contínua, nas entrelinhas de um idioma? Se o idioma "não se confunde simplesmente com a língua", como e onde encontrar critérios que sustentem idiomaticamente a diferença entre um e outro, ou seja, que permitam distinguir o idioma da língua? Há, sem dúvida, "enigmas da tradução", "paradoxos da assinatura".

A diferença entre língua e idioma não é facilmente (talvez nem visivelmente) apreensível no contexto das desconstruções, como o faz notar, inúmeras vezes, Derrida. Língua e idioma parecem constituir as diversas faces de um mesmo enigma, percorrer os caminhos de um mesmo paradoxo, afrontar o possível-impossível dos mesmos obstáculos. No entanto, nas aporias desse percurso, a língua não se confunde simplesmente com o idioma.

O próprio discurso de Derrida é atravessado pela dúvida (e talvez pelo enigma) em sustentar uma possível distinção entre esses conceitos. Se, por um lado, há um engajamento de sua escritura (e na escritura) para dissociar a língua do idioma, por outro, e não raras vezes, Derrida suspende a necessidade de manter distinto um conceito do outro, conforme podemos observar nos próprios argumentos apresentados em *Le monolinguisme de l'autre*. Ao ser acusado de confundir língua, idioma e dialeto, Derrida (1996a, p.23) responde:

> – Não ignoro a necessidade dessas distinções. Os linguistas e os eruditos, em geral, podem ter boas razões para mantê-las. Não me parece, todavia, com um rigor absoluto, e até seu limite extremo, que sejam sustentáveis. Se não levarmos em consideração, num contexto sempre bem determinado, critérios *externos*, sejam eles "quantitativos" (antiguidade, estabilidade, extensão demográfica do campo da palavra) ou "político-simbólicos" (legitimidade, autoridade, domínio de uma "língua" sobre uma palavra, um dialeto ou um idioma), não sei onde se podem encontrar traços *internos* e *estruturais* para distinguir rigorosamente língua, dialeto e idioma.[59]

---

59 "– *Je n'ignore pas la nécessité de ces distinctions. Les linguistes et les savants en général peuvent avoir de bonnes raisons d'y tenir. Je ne les crois pas tenables en toute*

Confusão de nomes (língua, idioma, dialeto) como em Babel, pois aqui também se confundem as fronteiras: mistura-se, embaralha-se, torna-se ofusco o que por si só de dentro de si já não permite mais uma distinção rigorosa, porque a própria distinção está suspensa. Faltam traços ("internos" e "estruturais") para "distinguir rigorosamente língua, dialeto e idioma". A diferença supostamente existente entre tais noções (a supor que tal diferença seja possível) só poderia fazer sentido, enquanto veiculada por uma política linguístico-cultural fazendo valer o poder de dominação em jogo, em qualquer contexto histórico-social, quando se trata de legitimar uns em prejuízo de outros, ou seja, a língua (ou uma língua) em detrimento do dialeto ou do idioma.[60]

---

rigueur, néanmoins, et jusqu'à leur extrême limite. Si l'on ne prend pas en considération, dans un contexte toujours très déterminé, des critères externes, qu'ils soient 'quantitatifs' (ancienneté, stabilité, extension démographique du champ de la parole) ou 'politico-symboliques' (légitimité, autorité, domination d'une 'langue' sur une parole, un dialecte ou un idiome) je ne sais pas où l'on peut trouver des traits internes et structurels pour distinguer rigoureusement entre langue, dialecte et idiome."

60 Ottoni, no artigo intitulado A tradução como *força de lei* entre a língua e o idioma (2005), ao analisar a questão do idiomático na tradução, discute a problemática derridiana da língua e do idioma a partir de um comentário do próprio Derrida. Citemos, então, o excerto do texto de Ottoni em que está em jogo a citação de Derrida: "[...] se faz necessário dizer que em inúmeros textos, principalmente nos últimos quinze anos, a distinção entre língua e idioma no e para o pensamento derridiano tem um papel preponderante. Uma das mais contundentes afirmações, a meu ver, encontra-se numa nota em que ele [Derrida] (1998:9) comenta o livro de Catherine Malabou sobre Hegel: 'Correndo o risco de chocar alguns linguistas e lexicólogos, não farei aqui nenhuma distinção entre língua, idioma e dialeto. A língua não adquire seu estatuto através de uma legitimação externa? Não é ela a consagração de um idioma dialetal, a dignidade que lhe conferem os poderes históricos e políticos a partir de critérios que não são na sua essência intrinsecamente linguísticos? Um dialeto é tomado como língua, me parece, quando os seus indivíduos o exigem e, sobretudo, quando têm o poder de fazer reconhecer suas exigências na cena sociológica. Um inglês não diria que a língua é um dialeto *with a navy*?'"(ibidem, p.338-9). Após citar este e outros trechos de diferentes obras de Derrida, Ottoni prossegue: "Analisei estes quatro trechos para mostrar e verificar a proliferação dos efeitos do idioma sobre a língua, ou os efeitos da língua sobre o idioma, para ressaltar como os enigmas do idioma estão presentes em todas as traduções. São esses enigmas que impossibilitam delimitar o limite da traduzibilidade (do intraduzível), já que é ele (o intraduzível) que proporciona o traduzível. Do mesmo modo que é o ilegível que possibilita a legibilidade – o que é legível.

Encontramo-nos (*Où se trouve-t-on alors? Où se trouver?*) (ibidem, p.95)⁶¹ diante de um impasse, daquilo que é sem o ser ou daquilo que, mesmo sendo, não o é. Se a questão envolvendo a língua e o idioma, mais precisamente a diferença entre língua e idioma, diz respeito à ordem do político, é uma questão política, não podemos, entretanto, reduzi-la a um acontecimento politicamente resolvido; ao contrário, tal questão permanece como um questionamento que atravessa qualquer domínio que se reivindique como uma prescrição política ou da política. Há interesses em jogo, enigmas e paradoxos para além de qualquer ordem.

Dentre os paradoxos existentes, podemos apontar as duas proposições que percorrem *Le monolinguisme de l'autre* do começo ao fim, duas sentenças que se repetem com algumas variações, inúmeras vezes, ao longo da obra e ditam, de certa forma, o tom do monoliguismo absoluto com o qual se confronta o protagonista da história. Duas proposições, como afirma Derrida, "contraditórias em si mesmas" e "entre si" (*Non seulement contradictoires* en elles-mêmes, *cette fois, mais contradictoires* entre eles) (ibidem, p.21). Duas sentenças "incompossíveis" que funcionam como uma espécie de lei guiada pelo princípio de uma "antinomia". O que dizem, de fato, tais proposições?

"Ei-las" (*Les voici*):

Uma vez que, repetindo, é a partir das armadilhas do idioma [...] que acontecem os 'enigmas da tradução'" (ibidem, p.339). Para outros desenvolvimentos sobre esse assunto ver, ainda, Ottoni (2002; 2006).

61 Em vários momentos Derrida joga com a idiomaticidade da expressão "*se trouver*", que, em francês, se refere tanto ao verbo "encontrar-se" em sua forma pronominal, mas também pode, na forma impessoal de "*il se trouve que*", compreender o sentido de acontecer, ocorrer. A esse respeito, ele diz: "Ora, acontece (*il se trouve*), quando nem sei se posso dizer que eu mesmo *me encontro* (*je me trouve moi-même*) (aí se encontra uma expressão idiomática, *se trouver*, uma descoberta de gênio da língua e sobre a qual não sei nunca se, onde, como ela se traduz), ocorre (*il se trouve*), então, que eu me deixei cercar, se ouso dizer, não muito ativamente, por uma 'cultura franco-monolíngue', mas num meio magrebino 'árabe-muçulmano', como se diz, às vezes, de maneira arriscada, na Argélia" (Derrida, 1998b, p.222).

1. *Nunca falamos senão uma única língua.*
2. *Nunca falamos uma única língua.* (ibidem, p.21)[62]

Logo após o anúncio dessa lei antinômica, esses enunciados são retomados com uma variação importante, ou seja, ao final de cada frase aparece a palavra idioma:

1. *Nunca falamos senão uma única língua – ou melhor, um único idioma.*
2. *Nunca falamos uma única língua – ou melhor, não há idioma puro.*
(ibidem, p.23)[63]

Junção de língua e idioma, de pluralidade e singularidade, de pureza e contaminação. À língua, vem se acoplar o idioma, aquilo que "não se confunde simplesmente com a língua". Nesse contexto, será sempre ocasião de perguntar-nos: onde nos encontramos então? Onde situarmos o traço indecidível dessa diferença, dessa contradição lógica como condição da lei da língua e do idioma? Os enigmas multiplicam-se. Por um lado a constatação de que falamos uma só língua (ou um só idioma) e estamos, assim, condenados a um monolinguismo radical. Situação que se torna ainda mais complexa, quando ao fato de falarmos uma única língua sobrepõe-se a difícil condição de experimentarmos a própria e única língua como língua do outro (*Ma langue, la seule que je m'entende parler et m'entendre à parler, c'est la langue de l'autre*) (ibidem, p.47). Por outro, a declaração segundo a qual a única língua que falamos não é única, ou seja, "não há idioma puro". Esta única língua como monolíngua do outro é algo contaminado em sua origem. Há uma contaminação constitutiva das línguas, sustentada pelo fato de que há mais de uma língua (*plus d'une langue*) em uma só e única língua (cf. idem, 1998b).[64] Aporia

---

62 "1. *On ne parle jamais qu'une seule langue. / 2. On ne parle jamais une seule langue.*"
63 "1. *On ne parle jamais qu'une seule langue – ou plutôt un seul idiome. / 2. On ne parle jamais une seule langue – ou plutôt il n'y a pas d'idiome pur.*"
64 Com relação à questão da contaminação no contexto das "desconstruções", mais precisamente, contaminação relativa à palavra *différance*, Ottoni (2002), faz a seguinte observação: "Se a *différance* é um efeito e não é originária, ela é

do princípio (ou princípio de uma aporia) desdobrando-se em outras sentenças que comandam a multiplicação de outras antinomias. Retomemos, então, a problemática da pureza anunciada pela contaminação constitutiva das línguas. Trata-se em Derrida, e no contexto deste livro, de uma pureza impura marcada (*marquée et remarquée*) desde sempre pela chegada do outro, da outra língua ou dos outros idiomas. Uma espécie de *schibboleth*[65] fazendo valer a in-

---

um efeito que não pode nem deve se fazer passar por original. Assim, podemos afirmar que a *différance* se dá como contaminada. A contaminação – do latim *contaminatio* – significa: *souillure [marque laissée par la contamination] résultat d'un contact impur; en linguistique (voir analogie): contamination d'un mot par autre* (*Le Petit Robert*, 1981, p.337) [mácula, marca deixada pela contaminação] resultado de um contato impuro; em linguística (ver analogia): contaminação de uma palavra por outra. Então, qual foi o contato im-puro da *différance*? Por que a palavra *différance* foi contaminada? Para a desconstrução, chegar à pureza é um objeto impossível, porque a desconstrução põe em cena esta contaminação entre as línguas e o outro, entre a presença e o originário. Isso quer dizer que sem contaminação não há desconstrução" (Ottoni, 2002, p.8).

65 A problemática referente à palavra *schibboleth* é tratada por Derrida, de maneira mais específica, na obra *Schibboleth: pour Paul Celan* (1986), livro dedicado ao poeta no qual Derrida (1986, p.44-5) consagra uma análise detalhada à questão das datas (ou da datação) nos poemas de Celan. De acordo com a narrativa bíblica, o vocábulo *schibboleth*, de origem hebraica, designaria, entre seus vários sentidos, o episódio segundo o qual os descendentes da tribo de Efraim, em fuga, eram reconhecidos e pegos pelos soldados de Galaad ao pronunciar a palavra *schibboleth*, quando tentavam atravessar o rio Jordão. Reproduzimos aqui um excerto do texto de Derrida sobre a questão relativa ao *schibboleth*: "*Schibboleth*, esta palavra que designo como hebraica, vocês sabem que a encontramos em toda uma família de línguas, o fenício, o judeu-aramaico, o siríaco. Ela é atravessada por uma multiplicidade de sentidos: rio (*fleuve, rivière*), espiga de trigo, ramo de oliveira. Mas além de todos esses sentidos, ela adquiriu o valor de um código secreto (*mot de passe*). Foi utilizada depois ou durante a guerra, na passagem de uma fronteira vigiada. A palavra importava menos pelo sentido do que pela maneira segundo a qual era pronunciada. A relação com o sentido ou com a coisa encontrava-se suspensa, neutralizada, colocada entre parênteses: o contrário, se ousamos dizer, de uma 'época' fenomenológica que faz prevalecer, em primeiro lugar, o sentido. Os efraimitas tinham sido vencidos pelo exército de Jeftá, assim, para impedir que os soldados escapassem ao atravessar o rio (*schibboleth* significa também rio, mas aí não está necessariamente a razão dessa escolha), pedia-se que cada pessoa dissesse *schibboleth*. Ora, os efraimitas eram conhecidos por sua incapacidade de pronunciar corretamente o *schi* de *schibboleth*, que se tornava, então, para eles

traduzibilidade no cerne da tradução (do intraduzível – a traduzir), multiplicando várias línguas em uma só língua, como afirma Derrida (1986, p.54):

> Multiplicidade e migração de línguas, certamente, e na própria língua, Babel *numa só* língua. *Schibboleth* marca a multiplicidade na língua, a diferença insignificante como condição do sentido. [...] Multiplicidade na língua, ou melhor, heterogeneidade. Convém precisar que a intraduzibilidade não resulta somente da passagem difícil (*no pasarán*), da aporia ou do impasse que isolaria uma língua poética de outra. Babel é também esse passo impossível (*pas impossible*)[66] e sem transação por vir, proveniente da

---

uma *palavra impronunciável*. Eles diziam *sibbolet* e, nessa fronteira invisível entre *schi* e *si*, denunciavam-se à sentinela expondo suas vidas. Eles denunciavam sua diferença tornando-se indiferentes à diferença diacrítica entre *schi* e *si*, eles se faziam notar (*marquer*) pelo fato de não poder notar (*re-marquer*) uma marca (*une marque*) assim codificada".

66 Como traduzir a idiomaticidade desse *"pas impossible"*, desse impasse como passo impossível? De fato, uma descoberta de gênio da e na língua. Traduzir na intraduzibilidade do apelo à tradução, como diria Derrida. Há armadilhas do idioma nesse *"pas impossible"*. Enquanto substantivo, *"pas"* quer dizer passo, pegada, rastro, pode ainda compreender o sentido de etapa, progresso, avanço, também evoca o sentido de passagem. Mas *"pas"*, também, tem a função de advérbio, ou seja, é um elemento de negação que empregado em correlação com a partícula *"ne"* (*ne... pas*) significa "não". Um *"pas impossible"*, em função do contexto (e só desta forma), seria tanto um "não impossível" quanto um "passo (ou uma passagem) impossível". Como advérbio de negação, *"pas"* é frequentemente usado na linguagem oral sem a partícula *"ne"*: um *"pas possible"*, por exemplo, seria algo impossível (*c'est pas possible!*), mas, assim como em *"pas impossible"*, na expressão *"pas possible"* há também um vestígio de passo, de rastro, de passagem. No texto de Derrida, o *"pas impossible"* representa, sem dúvida, um enigma. No contexto em que tal expressão aparece trata-se de passagem, fronteira, poderíamos então dizer que ela corresponderia a uma "passagem impossível". Entretanto, ao longo do texto, Derrida refere-se ao "sim" como parte do "não", um "sim-não" ou um "não-sim". Logo no começo do livro (trata-se de *Schibboleth*), há uma citação de um poema de Celan, em cujas primeiras linhas podemos ler: "Fale – / No entanto não separe do Sim o Não" (Celan apud Derrida, 1986, p.31). Impossível decidir, impossível permanecer na indecidibilidade, digamos, então, que nesse jogo do possível-impossível, um *"pas impossible"* seria um "não impossível" como marca de uma "passagem quase possível", de fato, um passo im-possível. Uma espécie também de *schibboleth*.

multiplicidade das línguas na unicidade da inscrição poética: várias vezes numa só vez, várias línguas num só ato poético.⁶⁷

"Multiplicidade e migração de línguas numa só língua." Confusão de nomes e de língua (ou idioma), pois Babel⁶⁸ também significa confusão. Entre a língua e o idioma há um *pas impossible*, uma passagem sem passagem, um passo impossível, um não como sim, logo, uma marca impura, já que a busca pela pureza originária denuncia a impureza de cada e em cada língua (cf. idem, 1982). Uma espécie de contaminação também afeta o contexto da língua e do idioma, contaminação e confusão, pois os efraimitas (cf. nota 65) não conseguem distinguir o *schi* do

---

67 *"Multiplicité et migration des langues, certes, et dans la langue même, Babel dans une seule langue. Schibboleth marque la multiplicité dans la langue, la différence insignifiante comme condition du sens. [...] Multiplicité dans la langue, hétérogénéité plutôt. Il convient de préciser que l'intraductibilité ne tient pas seulement au passage difficile (no pasarán), à l'aporie ou à l'impasse qui isolerait une langue poétique d'une autre. Babel, c'est aussi ce pas impossible, et sans transaction à venir, qui tient à la multiplicité des langues dans l'unicité de l'inscription poétique: plusieurs fois en une seule fois, plusieurs langues dans un seul acte poétique."*

68 Segundo o Antigo Testamento, os descendentes da tribo de Sem ambicionavam construir uma torre cujo topo atingisse o céu. A esse projeto vinculava-se também o propósito de "fazer (um) nome", ter uma genealogia própria, e impor uma língua única a todos os homens. Como resposta à desobediência divina, Deus castiga os semitas, impedindo a construção da torre e fazendo multiplicar as línguas entre os homens. Em seu texto *Des tours de Babel* (1987), Derrida relata o mito da construção de Babel e associa a multiplicação das línguas à questão da tradução, de acordo com o autor: "Ao procurar 'fazer (um) nome', fundar ao mesmo tempo uma língua universal e uma genealogia única, os semitas querem impor sua razão ao mundo, e esta razão pode significar simultaneamente uma violência colonial (uma vez que eles tornariam seu idioma universal) *e* uma transparência pacífica da comunidade humana. De maneira inversa, quando Deus lhes impõe e opõe seu nome, ele rompe a transparência racional, mas interrompe também a violência colonial ou o imperialismo linguístico. Ele destina-os à tradução, assujeita-os à lei de uma tradução necessária e impossível; desta forma a partir de seu nome próprio traduzível-intraduzível ele estabelece uma razão universal [...], mas limita simultaneamente a própria universalidade desta razão: transparência interditada, univocidade impossível. A tradução torna-se a lei, o dever e a dívida, mas da dívida não podemos mais nos livrar" (Derrida, 1987, p.210).
Ver também sobre a questão da tradução e do mito de Babel o artigo de Cristina Carneiro Rodrigues, *Ecos de Babel* (2006).

si, o *schi* já foi contaminado (várias vezes) pela indiferença da própria diferença (várias línguas). Um *schibboleth* e uma denúncia de impureza, em consequência, uma punição ou um castigo, castigo originário de uma indiferença original e impura. Há uma fronteira invisível entre o *schi* e o *si*, entre a língua e o idioma, entre o múltiplo e o único, entre o puro e o impuro. Inúmeros *schibboleth* figurando na cena idiomática da língua, de uma língua que deveria permanecer intacta (e pura).

Em *Le monolinguisme de l'autre*, Derrida confessa seu gosto "hiperbólico" pela pureza da língua (1996a, p.81), de uma língua, ou seja, a língua francesa:

> Por meio da história que conto e apesar de tudo o que, por outro lado, às vezes, pareço professar, adquiri, confesso, uma inconfessável e, na verdade, intratável intolerância: só suporto ou admiro, em francês pelo menos, e somente com relação à língua, o francês puro. (ibidem, p.78)[69]

Confissão inconfessável de uma paixão intratável: o gosto pelo "francês puro". Uma intolerância e um extremismo que só atingem a língua, a pureza da língua, nada mais que não seja da ordem dessa pureza. Uma pureza que é tudo, menos um purismo, uma pureza "impura" (ibidem, p.80), tal como ele nos confessa.

No rastro dessa paixão, outros segredos são revelados, segredos que dizem respeito à língua e ao idioma. Trata-se de um testemunho secreto, da confissão de um segredo que, no fundo, deve permanecer secreto, no entanto confessa-se e pede-se perdão: "Peço-lhes perdão, preparo-me para cumprimentá-los e agradecer-lhes na minha língua. Aliás, a língua será meu assunto: a língua do outro, a língua do hóspede, a língua do estrangeiro, até mesmo do imigrante, do emigrado ou do exilado" (idem, 2002, p.9).[70]

---

69 "À travers l'histoire que je raconte et malgré tout ce que je semble parfois professer d'autre part, j'ai contracté, je l'avoue, une inavouable mais intraitable intolérance: je ne supporte ou n'admire, en français du moins, et seulement quant à la langue, que le français pur."

70 "Je vous en demande pardon, je m'apprête à vous saluer et à vous remercier dans ma langue. La langue sera d'ailleurs mon sujet: la langue de l'autre, la langue de l'hôte, la langue de l'étranger, voire de l'immigrant, de l'émigré ou de l'exilé." Trata-se do

Em primeiro lugar o pedido de perdão, depois a confissão, algo deve ser dito (e perdoado), algo com o qual se sonha e que também é real, o sonho de uma realidade ou uma realidade sonhada num sonho acordado, no entanto, sempre o sonho de uma língua:

> O poema com o qual sonho, com certeza, não serei capaz de realizá-lo. E, aliás, em que língua teria podido escrevê-lo ou cantá-lo? ou sonhá-lo? Por um lado, estaria dividido entre as leis da hospitalidade, ou seja, o desejo do hóspede grato que deveria dirigir-se a vocês em sua língua e, por outro, meu apego invencível a um idioma francês sem o qual me sinto perdido, mais exilado do que nunca.[71] Pois o que entendo e compartilho melhor com Adorno, até a compaixão, talvez seja seu amor pela língua, e mesmo uma espécie de nostalgia do que terá sido, no entanto, sua *própria* língua. Nostalgia originária, nostalgia que não terá esperado a perda histórica ou efetiva da língua, nostalgia congênita que tem a idade de nosso corpo-a--corpo com a língua dita materna – ou paterna. (ibidem, p.22-3)[72]

---

discurso proferido por Derrida, em setembro de 2001, ocasião em que recebeu o prêmio Theodor-W. Adorno da cidade de Frankfurt.

71 Ao comentar também essa citação de Derrida, Crépon questiona a forma de exílio que a falta desse idioma provoca e faz a seguinte observação: "Mas este idioma (que não é a língua francesa), ele próprio, designa talvez um outro exílio também – um exílio da língua na língua, um exílio daquele que fala, na 'sua língua materna', no interior de sua própria língua, uma *outra* língua que não é, no entanto, uma língua estrangeira. Então, qual é a língua dele? O que ele 'possui' exatamente? Onde ele está em casa? Qual é sua morada? Essas questões em torno da propriedade, da apropriação ou da morada [...] são questões do idioma" (idem, 2005, p.12).

72 *"Du poème dont je revê, je ne serai sans doute pas capable. Et d'ailleurs, dans quelle langue aurais-je pu l'écrire ou le chanter? ou le rêver? Je serais partagé entre, d'une part, les lois de l'hospitalité, à savoir le désir de l'hôte reconnaissant qui devrait s'adresser à vous dans votre langue et, d'autre part, mon attachement invincible à un idiome français sans lequel je suis perdu, plus exilé que jamais. Car ce que je comprends et partage le mieux avec Adorno, jusqu'à la compassion, c'est peut-être son amour de la langue, et même une sorte de nostalgie pour ce qui aura été pourtant sa propre langue. Nostalgie originaire, nostalgie qui n'a pas attendu la perte historique ou effective de la langue, nostalgie congénitale qui a l'âge de notre corps-à-corps avec la langue dite maternelle – ou paternelle."*

O sujeito está dividido entre as "leis da hospitalidade" e o "desejo do hóspede" (*l'hôte*), um hóspede grato, certamente, mas que na dúvida da divisão faz prevalecer seu desejo: o desejo de só poder se dizer numa língua, num só idioma, sem o qual ele se sente "perdido, mais exilado do que nunca". Notemos a força "invencível" desse idioma (francês). Um idioma que, paradoxalmente, fundindo-se com a língua deixa de se confundir com a mesma. Estranho jogo do possível-impossível entre a língua e o idioma. Digamos que, por uma necessidade (epistemo)lógica, este último venha se alojar, como meio de se dizer e de se expressar, na "estrutura interna" da língua, daí podermos ler: um idioma francês como um (entre tantos outros) idioma da língua francesa. Entretanto, um idioma diferente de todos os outros porque "invencível" e mais (im)propriamente próprio do que qualquer outro, pois a expressão "meu apego invencível" (*mon attachement invincible*) vem confirmar toda essa força idiomática do idioma.

É uma história de "apego" e de "amor", mas trata-se também de uma compaixão compartilhada com outros, com Adorno, Jabès, Celan, Lévinas, Cixous,[73] entre outros, muitos outros amigos que sempre expressaram seu amor pela própria língua ou pela nostalgia do que teria sido uma língua própria. "Nostalgia originária" de uma língua

---

73 Em *Le monolinguisme de l'autre*, numa extensa nota de rodapé (p.91-114), Derrida sugere o desenvolvimento de um trabalho cujo título mais ambicioso poderia ser: *Le monolinguisme de l'hôte. Les juifs du XXe siècle, la langue maternelle et la langue de l'autre, des deux côtés de la Méditerranée* (O monolinguismo do hóspede. Os judeus do século XX, a língua materna e a língua do outro, dos dois lados do Mediterrâneo). Tal trabalho abordaria a problemática relação entre escritores judeus e a língua supostamente materna. Para explicar o que poderia abranger tais reflexões, Derrida analisa, de forma detalhada, os casos de Franz Rosenzweig, Hannah Arendt e Emmanuel Lévinas, apontando as semelhanças e diferenças no percurso desses escritores no que diz respeito ao sentimento e à experiência de uma língua considerada materna (ou não). Derrida retoma, de fato, a discussão feita no próprio corpo do texto de *Le monolinguisme de l'autre* sobre a impossível apropriação da língua e expõe os reflexos desse "princípio" no caso específico dos escritores judeus. Trata-se de analisar, nos exemplos mencionados, o que compreenderia para esses escritores uma "ética da língua" situada entre o desejo de apropriação (ou reapropriação) absoluta e a constatação inelutável da impossibilidade de apropriar-se do inapropriável.

que se pudesse dizer propriamente materna ou paterna. No entanto, a língua não comporta nada em próprio, "não existe propriedade natural da língua", ela vive sob a lei da desapropriação ou da ilusão que permitiria crer numa apropriação possível. Há uma hipótese e é preciso considerá-la:

> [...] nunca há apropriação ou reapropriacão absoluta. Uma vez que não existe propriedade natural da língua, esta só dá lugar à raiva apropriadora, ao ciúme sem apropriação. A língua fala esse ciúme, a língua não é senão o ciúme desprendido. Ela se vinga no coração da lei. Da lei que ela própria é, aliás, a língua, e louca. Louca por si mesma. Louca varrida. (idem, 1996a, p.46)[74]

A lei, que instaura a desapropriação no ato mesmo da apropriação, tenta apropriar-se do impossível, do que nunca se deixa apreender, ou seja, da própria língua. Em função de sua lei, a língua desencadeia "a raiva apropriadora" (*de la rage appropriatrice*), o "ciúme sem apropriação" (*de la jalousie sans appropriation*). Língua ciumenta e possessiva (do que não possui) e, por isso, louca varrida (*folle à lier*). Na expressão idiomática *folle à lier* encontramos o descomedimento da língua e da lei que a governa.

Mas como ousar falar uma língua louca, um idioma que, irrompendo no/do coração dessa língua, surge tão louco como a língua e a lei às quais ele também se submete?

Falar por amor à língua, falar do amor à língua, pois o monolíngue é louco por esta língua que não lhe pertence: o francês. Louco (de amor) por essa língua, ela mesma, louca por si (e em si). Tal como nos confessa:

---

[74] "[...] *il n'y a jamais d'appropriation ou de réappropriation absolue. Parce qu'il n'y a pas de propriété naturelle de la langue, celle-ci ne donne lieu qu'à de la rage appropriatrice, à de la jalousie sans appropriation. La langue parle cette jalousie, la langue n'est que la jalousie déliée. Elle prend sa revanche au coeur de la loi. De la loi qu'elle est elle-même, d'ailleurs, la langue, et folle. Folle d'elle-même. Folle à lier.*"

Minha paixão estranha e tempestuosa pela língua francesa foi se liberando pouco a pouco. Permaneço obstinadamente monolíngue, sem acesso natural a uma outra língua. Leio alemão, posso ensinar em inglês, mas meu apego à língua francesa é absoluto. Intratável. (idem, 2004c, p.25)[75]

Ele é louco por ela, ela é louca por si mesma e em si mesma. Paixão estranha e tempestuosa que se libera pouco a pouco por meio de um idioma francês. O apego a esse idioma (ou a esta língua) é incurável, intratável, nada pode arrancar-lhe essa paixão e livrá-lo dessa armadilha:

> Alguns anos mais tarde, no rastro ainda brilhante desse estranho momento de glória, eu estava como que arpoado pela literatura e pela filosofia francesas, por uma e outra, uma ou outra: flechas de metal ou de madeira, corpo penetrante de palavras invejáveis, temíveis, inacessíveis no momento mesmo em que entravam em mim, frases das quais era preciso, ao mesmo tempo, apropriar-se, domesticar, *adular*, quer dizer, amar incendiando, queimar (a isca [*l'amadou*][76] nunca está longe), talvez destruir, em todo caso marcar, transformar, talhar, entalhar, forjar, enxertar com fogo, fazer vir diferentemente, dito de outra maneira, para si em si. (idem, 1996a, p.84)[77]

---

75 "*Ma passion étrange et orageuse pour la langue française s'est libérée peu à peu. Je reste obstinément monolingue, sans accès naturel à une autre langue. Je lis l'allemand, je peux enseigner en anglais, mais mon attachement à la langue française est absolu. Intraitable.*"

76 A palavra *amadou*, que pode ser traduzida em português por "isca", também significa em provençal antigo "amoroso, inflamado de amor". Em francês, Derrida joga com o duplo sentido de *amadou*, daí a sugestão em seu texto de um "amor em chamas".

77 "*Quelques années plus tard, dans le sillage encore brillant de cet étrange moment de gloire, j'ai été comme harponné par la littérature et par la philosophie françaises, l'une et l'autre, l'une ou l'autre: flèches de métal ou de bois, corps pénétrant de paroles enviables, redoutables, inaccessibles alors même qu'elles entraient en moi, phrases qu'il fallait à la fois s'approprier, domestiquer, amadouer, c'est-à-dire aimer en enflammant, brûler (l'amadou n'est jamais loin), peut-être détruire, en tout cas marquer, transformer, tailler, forger, greffer au feu, faire venir autrement, autrement dit, à soi en soi.*"

Observemos o emprego dos verbos "arpoar" (*harponner*) e "adular" (*amadouer*).

Digamos que o corpo do idioma foi atingido por "flechas de metal" e "de madeira" (o idioma foi arpoado) e que essas flechas acabaram trespassando o próprio corpo do sujeito monolíngue (não nos esqueçamos de que essa é uma história de paixão e de martírio) – flechas em forma de palavras e palavras em forma de flechas (*flèches de métal ou de bois, corps pénétrant de paroles*). Palavras, ao mesmo tempo, "desejosas" e "temíveis"; "inacessíveis" e "penetrantes" (umas e outras, umas ou outras) – a possibilidade do im-possível irrompe, mais uma vez, como condição de existência do idioma. Corpo e idioma arpoados para sempre, submetidos à lei de um idioma que aprisiona. Torna-se, então, necessário "adular" (*amadouer*) as palavras, as frases, o texto, ou seja, é preciso conquistar para si, domesticar, apropriar-se do que não se deixa aprisionar, a saber, o próprio idioma. O verbo *amadouer* traz, em sua raiz, a chama do amor ("quer dizer amar incendiando") (*c'est-à-dire aimer en enflammant*). Uma paixão "inflamada", que queima e destrói. Paixão de morte (e de vida) na tentativa de conquistar, de conquistar para si, logo, de apropriar-se do idioma francês: de trazer o idioma em si para si (*faire venir autrement, autrement dit, à soi en soi*).

No entanto, desde o princípio há "enigmas da tradução", "paradoxos da assinatura" – princípio paradoxal que faz valer paradoxalmente a lei do idioma:

> O paradoxo do idioma, mesmo para quem fala idiomaticamente seu idioma, o que as pessoas chamam muito rapidamente uma "língua materna", é aquilo de que não se apropria. A herança não pertence, não mais que o idioma. Estamos sob sua lei e tentamos apropriar-nos dele, mas não nos apropriamos. Nada me é mais inapropriável que meu nome próprio, por exemplo. (idem, 1998b, p.261)[78]

---

[78] "*Le paradoxe de l'idiome, même pour qui parle idiomatiquement son idiome, ce que les gens appellent trop rapidement une 'langue maternelle', c'est qu'on ne se l'approprie pas. L'héritage n'appartient pas, pas plus que l'idiome. On est sous sa loi et on tente de s'approprier à lui, mais on ne se l'approprie pas. Rien ne m'est plus inappropriable que mon nom propre par exemple.*"

O próprio como condição do inapropriável, de uma lei que impera sobre qualquer desejo de apropriação. Nada mais pertence: nem a herança, nem o nome próprio, enfim, não há nenhuma genealogia disponível para esse sujeito que também não pode sequer apropriar-se daquilo que "as pessoas chamam muito rapidamente uma 'língua materna'". No entanto, o que pode significar uma língua materna "muito rapidamente" chamada assim? Qual o espaço-tempo dessa língua? Como se fala idiomaticamente uma língua materna? Mas a língua não se confundiria, nesse caso (e em todos os outros), com o idioma?

Crépon, sempre procurando um entendimento do que viria a ser o idioma em Derrida e para Derrida, assinala um possível traço de diferença entre a língua (materna) e o idioma. Segundo Crépon (2005, p.53),

> O que distingue o idioma da língua materna é que a segunda reconduz sempre a esses círculos, ao passo que o primeiro nos liberta deles, ou melhor, ele joga a cada instante, em cada palavra e a cada página, com a possibilidade dessa libertação.[79]

Os círculos aos quais se refere Crépon corresponderiam aos fantasmas identitários da apropriação da língua, à crença de que haveria um pertencimento incondicional à língua designada como própria, a língua própria de um sujeito, o que Derrida chama de "construção político-fantasmática da apropriação" (Crépon, 2005, p.53). A partir do momento em que essas "hipóteses" não podem logicamente se sustentar, o idioma entra em cena para colocar em jogo o limite de todas essas convicções sobre a propriedade absoluta da língua, ou melhor, "ele joga a cada instante, em cada palavra e a cada página, com a possibilidade dessa libertação".

Trata-se de um jogo entre o possível e o impossível, entre uma diferença que se sustenta e outra que se desfaz, entre a língua e o idioma.

---

[79] *"Ce qui distingue l'idiome de la langue maternelle, c'est que la seconde reconduit toujours à ces cercles, tandis que le premier nous en affranchit où, plutôt, qu'il rejoue, à chaque instant, dans chaque parole et à chaque page, la possibilité de cet affranchissement."*

É um jogo de limites no limite próprio de cada jogo, algo com o qual é preciso saber lidar. Mas é também preciso imaginar algo, pensar, sugerir, como o faz Derrida (2001a, p.83-6):

> O que tento imaginar é um idioma (e o idioma quer dizer o *próprio* justamente, o que é próprio) e uma assinatura no idioma da língua que seja, ao mesmo tempo, a experiência da inapropriabilidade da língua. / [...] O que tento sugerir aqui é que, paradoxalmente, o mais idiomático, isto é, o mais próprio a uma língua, não se deixa apropriar. É preciso tentar pensar que exatamente lá onde procuramos [...] o mais idiomático de uma língua, aproximamo-nos daquilo que, palpitante na língua, não se deixa apreender. Então, tentaria dissociar, por mais paradoxal que isso pareça, o idioma da propriedade. O idioma é o que resiste à tradução, desta forma, está, aparentemente, preso à singularidade do corpo significante da língua ou do corpo, simplesmente, mas que, por causa dessa mesma singularidade, se furta a toda posse, a toda reivindicação de pertencimento.[80]

É preciso imaginar um idioma e "uma assinatura no idioma da língua" (ou uma assinatura do idioma na língua), algo que se assina e que, no ato mesmo da assinatura, faz ecoar o apelo a uma contra-assinatura, uma espécie de oferecimento de si num gesto idiomaticamente assinável (e contra-assinável). Exatamente, nas circunstâncias em que pensamos lidar com o mais próprio e o mais singular (da língua), encontramo-nos diante de uma expropriação absoluta, porque esse propriamente singular, "palpitante na língua", fazendo bater o coração

---

80 "*Ce que j'essaie de penser c'est un idiome (et l'idiome veut dire le* propre *justement, ce qui est propre) et une signature dans l'idiome de la langue qui fasse en même temps l'expérience de l'inappropriabilité de la langue. / [...] Ce que j'essaie de suggérer là c'est que, paradoxalement, le plus idiomatique, c'est-à-dire le plus propre à une langue, ne se laisse pas approprier. Il faut essayer de penser que là où on recherche [...] le plus idiomatique d'une langue, on s'approche de ce qui, palpitant dans la langue, ne se laisse pas prendre. Et donc j'essaierais de dissocier, aussi paradoxal que cela paraisse, l'idiome de la propriété. L'idiome, c'est ce qui résiste à la traduction, donc ce qui apparemment est attaché à la singularité du corps signifiant de la langue ou du corps tout court mais qui, à cause de cette singularité-là, se dérobe à toute possession, à toute revendication d'appartenance."

num movimento de vida (e morte), antes mesmo de nos aproximarmos dele, já se furtou ao nosso movimento de busca e apreensão.

Algo também resiste à tradução. No entanto, no gesto calculado dessa resistência e de dentro da própria resistência, existe uma tradução em curso, uma operação que reclama o direito à proteção, que deseja não ser traduzida (cf. Crépon, 2005), mas que está, desde sempre, condenada ao traduzível-intraduzível, traduzível porque intraduzível, da língua e do idioma.

Várias questões ainda permanecem (e permanecerão, para sempre). Trata-se, na verdade, de língua ou idioma? Língua e idioma? Idioma da língua? Imaginamos também, pois pode ser só uma questão de imaginação, que há um *pas impossible* entre a língua e o idioma, o idioma da bi-língua e o idioma da monolíngua. São apenas algumas variações que perpassam o diálogo das línguas, entre as línguas. Coisas de amigos.

ALGUMAS CONSIDERAÇÕES
(UMA OUTRA MARGEM DO TEXTO)

Consideremos que, em tese, no contexto de uma determinada obra, talvez seja necessária "ainda uma palavra para epilogar um pouco" (*encore un mot pour épiloguer un peu*) (Derrida, 1996a, p.131). No começo do epílogo (e nesse epílogo como um outro começo) somos pegos, de entrada no jogo, nas tramas de uma citação e de uma tradução, dívida contratada no início deste livro e da qual não nos livramos mais. Falamos (ou escrevemos), desde o começo, a partir dessa dívida e segundo a lei de sua perpetuação. Traduzimos, na intraduziblidade dos inúmeros idiomas que compareceram em cena, fragmentos e fragmentos de textos diversos, de vários autores, principalmente de Khatibi e de Derrida, mas também de outros, de muitos outros, escritores e pensadores que sustentaram nossos questionamentos sobre "a literatura na língua do outro".

No entanto, é preciso "epilogar um pouco", ou seja, para sermos fiéis ao título deste livro, *A literatura na língua do outro: Jacques Derrida e Abdelkebir Khatibi*, faz-se necessário pensar, repensar diversas questões que se colocaram, a partir do título, na trajetória desta escritura. Enfim, em uma palavra, é preciso ainda imaginar, sugerir, como tantas vezes o fizeram Derrida e Khatibi.

O que dizer, então, sobre o título e a partir de um título que pretende dizer "a" literatura na língua do outro? Como ler o singular de uma pluralidade no plural de uma singularidade? Singular e plural, de novo, ao mesmo tempo? Singular e plural da literatura? Da língua? E do outro? Outros enigmas que desestabilizam a proposta tranquilizadora do que poderia vir a ser um título (um simples título), pois, muitas vezes, como sugere Derrida, toda narrativa "não é mais do que a glosa, a justificativa ou a expansão do título ele mesmo e por si mesmo" (1998a, p.65).[1] Nele mesmo e por si mesmo o que se dá a ler, de fato, nas entrelinhas de tal título?

Comecemos pelo "a": primeira letra e primeira vogal de nosso alfabeto. Enquanto categoria gramatical "a" tem a função de "artigo definido", ou seja, pertence a uma classe cujo traço semântico define o substantivo que o acompanha e ainda se trata, quanto ao número e ao gênero, de um artigo definido singular feminino.

Do ponto de vista gramatical, o enigma parece resolvido. Algo se define num singular feminino (a gramática também envolve questões relativas ao "sexo" das coisas, implica uma empreitada sexual que perpassa o corpo e o *corpus* da língua), algo denominado literatura, mais precisamente, "a" literatura. No entanto, no gesto que encena tal definição, os termos definidos e definíveis em nada se encerram nos limites de suas definições. Há uma perturbação interna, um embaralhamento de limites, logo, uma desestabilização do que se pretende definir, ou seja, o próprio título (ou o próprio do título): *A literatura na língua do outro: Jacques Derrida e Abdelkebir Khatibi*.

Um "a" para (re)começar e não mais para epilogar, pois outros desafios irrompem nesse começo de definição ou nesse começo apenas como uma definição. Ao dizermos "A literatura na língua do outro", faríamos apelo à noção de "uma" literatura, "a" literatura, disseminada em várias línguas (a supor que a língua do outro é sempre mais de uma língua)? Ou, ao contrário, falaríamos de várias literaturas numa única língua (a supor que exista "uma" língua própria à literatura)? Não bastassem as complexas questões envolvendo o gênero (e o sexo) das coisas, da coisa literatura (ou da literatura como coisa) e da coisa no-

---

[1] *"[tout le récit] n'est que la glose, la justification et l'expansion du titre lui-même et pour lui-même."*

meada na língua do outro, um sinal gráfico, simbolizado graficamente por dois pontos (:), engendra outras possibilidades de leitura dessa definição de título, exatamente quando ao primeiro grupo nominal, "a literatura na língua do outro", acrescentam-se dois nomes próprios, o de Derrida e o de Khatibi (e com eles toda a história narrada, até agora, sobre a bi-língua e a monolíngua) – armadilhas do idioma que, aqui, não deixam de ser armadilhas do título, de um simples título.

Retomemos a coisa "nomeada" literatura. O que dizer sobre esse nome que engaja, em sua própria nomeação, uma história sem fim de filiações, pertencimentos, políticas institucionais, acordos e desacordos conceituais, modelos e contramodelos? Como lidar com essa história cuja complexa trama desencadeia sempre outras histórias em nome de uma história para sempre indefinida e indefinível?

Ao tratar do limite indecidível entre ficção e testemunho e ao considerar a ficção como a própria condição do testemunho, Derrida traz à baila questões que dizem respeito aos limites (conceituais e institucionais) que pretendem encerrar toda tentativa de definição da "coisa nomeada literatura", coisa que, para ele, figura sempre do lado da indecidibilidade (e do im-possível). Desta forma, Derrida (ibidem, p.17) diz:

> [...] o nome e a coisa nomeada "literatura" permanecem para mim, até hoje, do mesmo modo que paixões, enigmas sem fundo. [...] nada, para mim, permanece, até hoje, tão novo e incompreensível, ao mesmo tempo, muito familiar e estrangeiro, quanto a coisa nomeada literatura. Às vezes, e sobretudo, me explicarei a respeito disso, o *nome sem a coisa*.[2]

São paixões e enigmas que também fazem do título deste livro algo muito familiar e estrangeiro, compreensível e incompreensível, trivial e inusitado, principalmente quando procuramos associar num mesmo sintagma vários nomes que problematizam a estrutura da própria associação, a saber: literatura e língua do outro, literatura e

---

2 "[...] *le nom et la chose nommée 'littérature' restent pour moi, jusqu'à ce jour, autant que des passions, des énigmes sans fond. [...] rien pour moi ne reste à ce jour aussi neuf et incompréhensible, à la fois tout proche et étranger, que la chose nommée littérature. Parfois et surtout, je m'en expliquerai,* le nom sans la chose."

Jacques Derrida, língua do outro e Khatibi, Derrida e Khatibi, língua e bi-língua, língua do outro e monolíngua, enfim, o outro da língua e da literatura, a outra coisa nomeada literatura, o outro do outro, para sempre (o) outro.

Há um nome e uma coisa, mas há também "o nome sem a coisa". E o que quer dizer esse nome? De que nome trataríamos ao falarmos de literatura (da coisa em si)? Questões que levam Derrida (ibidem, p.17) a se perguntar ainda:

> O que é esse nome? É necessário, no entanto, assinalar que ele pertence, como todo nome, pelo menos como todo nome comum, *à* língua. O que significa, como sempre, pois *a* língua não existe, nunca ninguém a encontrou, que ele pertence a *uma* língua. *Literatura* é uma palavra latina. Este pertencimento nunca foi simples, ele viaja, emigra, trabalha e se traduz. A filiação latina exporta-se e abastarda-se para além dos confins e das afinidades, mas sempre na vizinhança das fronteiras.[3]

Literatura é, então, uma palavra de origem (*souche*) latina; desse ponto de vista, ela pertence a uma determinada genealogia, mas a história desse pertencimento "nunca foi simples", como assinala Derrida. Trata-se de uma filiação que trai as regras de sua pureza, visto que ela "se abastarda", "se exporta", se contamina no contato com outras filiações, nas fronteiras de outras genealogias; a literatura traduz-se em outras escrituras, em outras línguas, em outros lugares, numa constante errância. As implicações políticas, religiosas, institucionais, os efeitos acadêmicos e disciplinares da história desse pertencimento da literatura a uma tradição latino-romano-cristã são infinitos, segundo Derrida (*il n'est même pas question de commencer à les déployer ici*) (ibidem, p.18), e seriam até mesmo impensáveis fora dessa tradição,[4] como ele próprio afirma:

---

3 *"Qu'est-ce que ce nom-là? Il faut au moins souligner qu'il appartient, comme tout nom, du moins comme tout nom commun, à la langue. Ce qui signifie comme toujours, car la langue n'existe pas, personne ne l'a jamais rencontrée, qu'il appartient à une langue. Littérature est un mot latin. Cette appartenance ne fut jamais simple, elle voyage, elle émigre, elle travaille et se traduit. La filiation latine s'exporte et s'embâtardise par-delà les confins et les affinités mais toujours dans le voisinage des frontières."*

4 Em *Donner la mort* (1999a) Derrida trata também da questão do pertencimento da

[...] tudo o que não se deixaria, assim, ser traduzido ou acolhido nesta palavra latina, tudo o que precede ou excede essa história da latinidade, nós não poderíamos séria e *literalmente*, visto que é de *letra* que se trata, reconhecer nisso *literatura*. (ibidem, p.18)[5]

A literatura é "literalmente" uma questão de "letra", letra inserida na língua, numa determinada língua, numa tradição, no acolhimento ou na violência de uma cultura; letra, às vezes, perdida, que pode não chegar ao seu destino (*une lettre peut toujours ne pas arriver à sa destination*) (idem, 1980, p.472), pois em seu percurso há desvios, enigmas, paradoxos.

Trata-se de letra e de língua, de língua e de escritura, de escritura e de literatura, numa cena em que imperam todas as paixões (paixão é também uma palavra marcada por certa latinidade cristã): paixão pela língua, paixão incondicional pelo idioma, martírio e paixão, paixão e desejo, gozo e sofrimento, paixão de vida e de morte.

Na trajetória dessa escritura, do que se apresentou como a história da bi-língua e da monolíngua, do gesto de amizade selado nessa paixão pela(s) língua(s), tratamos de guerra e de colonização, de língua materna e de língua estrangeira, de genealogia e de filiação, de modelo

---

literatura, do que se chama literatura no Ocidente, a uma tradição abraâmica, herdeira da bíblia, e mostra como essa literatura, ao negar tal filiação, vive da memória de um perdão impossível. Desta forma ele diz: "A literatura? Pelo menos o que, há alguns séculos, nós chamamos literatura, o que se chama literatura, na Europa, mas numa tradição que não pode não ser herdeira da Bíblia, encontra aí seu sentido do perdão, mas lhe pede, ao mesmo tempo, perdão por traí-la. Essa é a razão pela qual eu inscrevo, aqui, a questão do segredo como segredo da literatura sob o signo aparentemente improvável de uma origem abraâmica. Como se a essência da literatura, *stricto sensu*, no sentido que essa palavra do Ocidente guarda no Ocidente, não fosse de ascendência essencialmente grega, mas abraâmica. Como se ela vivesse da memória desse perdão impossível cuja impossibilidade não é a mesma dos dois lados da suposta fronteira entre a cultura abraâmica e a cultura grega. Dos dois lados da fronteira, não conhecemos o perdão, se ouso dizer, o conhecemos como o *im-possível*, mas a experiência dessa impossibilidade [...] se anuncia de maneira diferente de cada lado. Intraduzivelmente diferente [...]" (ibidem, p.177).

5 "*[...] tout ce qui ne se laisserait pas ainsi traduire ou accueillir dans ce mot latin, tout ce qui précède ou excède cette histoire de la latinité, nous ne saurions sérieusement et littéralement, puisque c'est de* lettre *qu'il s'agit, y reconnaître de la* littérature."

de língua e de literatura francesas (pois essa história é sobretudo uma encenação da língua e da literatura francesas exportadas para outros lugares, desenraizadas dos lugares de suas origens). Enfim, tecemos vários discursos que sempre estiveram, de forma implícita ou explícita, permeados por questões políticas.

Escrever, e mais particularmente, escrever na língua do outro, escrever quando não há outro recurso a não ser essa língua, vinda do outro e imposta pelo outro como mestre, é um gesto político, que reivindica uma política linguística, cultural, institucional para poder se dizer – reivindicação de uma política como poética do poder dizer (se), do direito à palavra, do ato de acolhimento (toda escrita precisa ser acolhida), do gesto de hospitalidade.

A literatura na língua do outro, a coisa nomeada literatura, inscreve-se na complexidade desse gesto, não é senão esse gesto, algumas vezes recebido com gratidão, muitas outras, abortado por atos de violência. No entanto, o que parece paradoxal é o fato de que, em todas as circunstâncias, em todos os lugares, na singularidade de cada língua, esse gesto de escritura (da hospitalidade da escritura) toca o coração (*le coeur*) e o corpo (*le corps*), cena passional da qual o escritor não pode escapar.

O escritor deve engajar-se nas leis da paixão e da hospitalidade (hospitalidade da linguagem e quanto à língua) como condição de se dizer na língua do outro, de ser recebido como um "convidado cordial" nessa língua, como sugere Khatibi (1987a, p.205):

> Na medida em que, com todo o rigor das precauções, engajamo-nos numa troca, também, na medida em que a diferença (de território, de língua, de pensamento, de mitologia) é respeitada enquanto abrigo de hospitalidade no real e no imaginário, nessa medida, então, poderíamos acompanhar o imaginário do outro, senão aí entrarmos como um convidado cordial.[6]

---

6 "*Dans la mesure où, avec toute la rigueur des précautions, on s'engage dans un échange, dans la mesure aussi où la différence (de territoire, de langue, de pensée, de mythologie) est respectée en tant que séjour d'hospitalité dans le réel et dans l'imaginaire, dans cette mesure donc, on pourrait accompagner l'imaginaire de l'autre, sinon y entrer comme un invité cordial.*"

Outra cena, numa outra margem do texto (ou à margem do próprio texto), agora dedicada à hospitalidade: do convidado (*l'hôte*) cordial ao anfitrião (*l'hôte*) hostil, da possibilidade de ser recebido cordialmente como hóspede (*l'hôte*) na língua do outro à impossibilidade de encontrar abrigo na morada do anfitrião (*chez l'hôte*). Tudo se passa entre um *hôte* (hóspede) e um *hôte* (anfitrião), entre um e outro, um como outro, nessa diferença invisível que a palavra em francês parece sustentar. Diferença na indiferença ou indiferença da diferença? Questões que perpassam a escrita de Derrida e Khatibi, problemas sobre os quais, os dois amigos, bons anfitriões e hóspedes cordiais, não deixaram de se interrogar.

A questão da hospitalidade também é, para Derrida, e antes de tudo, uma questão de língua, que passa pela língua, que se impõe ao hóspede (*l'hôte*) antes mesmo de lhe oferecer as boas vindas, como ele expõe num longo entre parênteses, nas páginas inicias, de sua obra *De l'hospitalité* (1997b, p.21):

> (Dentre os mais graves problemas dos quais nós tratamos aqui, há o problema do estrangeiro que, inábil para falar a língua, corre sempre o risco de ficar indefeso diante do direito do país que o acolhe ou o expulsa; o estrangeiro é, em primeiro lugar, estrangeiro à língua na qual se formula o dever de hospitalidade [...]. Ele tem que pedir hospitalidade numa língua que, por definição, não é a sua, a que lhe impõe o proprietário da casa, o anfitrião (*l'hôte*), o rei, o senhor, o poder, o Estado, o pai, etc. Esse lhe impõe a tradução na sua própria língua, e é a primeira violência. A questão da hospitalidade começa aí: devemos pedir ao estrangeiro para nos compreender, falar nossa língua, em todos os sentidos desse termo, em todas as suas extensões possíveis, antes e a fim de poder acolhê-lo em nossa casa? Se ele já falasse nossa língua, com tudo o que isso implica, se nós já compartilhássemos tudo o que se compartilha com uma língua, o estrangeiro seria ainda um estrangeiro, e poderíamos falar a seu respeito de asilo ou de hospitalidade?).[7]

---

7 *"(Parmi les plus graves problèmes dont nous traitons ici, il y a celui de l'étranger qui, malhabile à parler la langue, risque toujours d'être sans défense devant le droit du pays qui l'accueille ou l'expulse; l'étranger est d'abord étranger à la langue du droit dans laquelle est formulé le devoir d'hospitalité [...]. Il doit demander l'hospitalité dans une langue qui par définition n'est pas la sienne, celle qui lui impose le maître de maison,*

Um entre parênteses que coloca em suspenso a questão da hospitalidade (e a hospitalidade como questão), um sinal gráfico, um outro sinal, simbolizando o encerramento, os limites e os paradoxos de tal noção. Algo se denuncia entre a abertura e o fechamento desses parênteses, algo bastante grave: o fato de que a hospitalidade abriga em sua própria origem (no corpo e no coração de suas raízes) a hostilidade – hostilidade e hospitalidade ou hostipitalidade (*hostipitalité*), como o sugere Derrida (ibidem).[8]

Estamos, de novo, diante de um problema de origem (*de souche*), uma origem latina semeando a confusão na origem de hospitalidade e de hostilidade, de *hospes* e de *hostis*.[9] Na origem da confusão, há,

---

l'hôte, le roi, le seigneur, le pouvoir, la nation, l'État, le père, etc. Celui-ci lui impose la traduction dans sa propre langue, et c'est la première violence. La question de l'hospitalité commence là: devons-nous demander à l'étranger de nous comprendre, de parler notre langue, à tous les sens de ce terme, dans toutes ses extensions possibles, avant et afin de pouvoir l'accueillir chez nous? S'il parlait déjà notre langue, avec tout ce que cela implique, si nous partagions déjà tout ce qui se partage avec une langue, l'étranger serait-il encore un étranger et pourrait-on parler à son sujet d'asile ou d'hospitalité?)"

8 No que diz respeito à cadeia semântica que perpassa, ao mesmo tempo, os vocábulos hospitalidade e hostilidade, Derrida recorre ao estudo feito por Benveniste, na obra *O vocabulário das instituições indoeuropeias* (1969). A referência a esse estudo aparece em *Le monolinguisme de l'autre* (1996a) e, de forma mais detalhada, em *De l'hospitalité* (1997b). Em *Le monolinguisme de l'autre*, Derrida (1996a, p.32) diz: "(eu me refiro aqui à cadeia semântica que atravessa tanto o corpo da hospitalidade quanto o da hostilidade – *hostis, hospes, hosti-pet, posis, despotes, potere, potis sum, possum, pote est, pot sedere, possidere, compos* etc.)".

9 Cristina Carneiro Rodrigues, num trabalho intitulado *O doméstico e o estrangeiro* (2005), mostra como a maneira pela qual se faz uma tradução está ligada à questão do estrangeiro, ou seja, a forma segundo a qual ele é "acolhido" ou "hostilizado". Para tanto ela também se serve do estudo de Benveniste. Segundo a autora: "Meu ponto de partida para a análise é a explicação que Benveniste (1966/1995) fornece para a relação entre as palavras 'hóspede' e 'inimigo'. [...] Nesse texto o autor expõe como as línguas reorganizaram seus sistemas de distinções semânticas para adequá-los às transformações institucionais, sociais, de acolhida e reciprocidade. Ele afirma que, em latim, dois termos corresponderiam ao conceito de 'hóspede', *hostis* e *hospes*, provenientes do indo-europeu *hosti-pet*. Desses termos, estranhamente, derivaram as palavras 'hostil' e 'hóspede'. De acordo com Benveniste, para explicar a inesperada relação é necessário reconhecer que ambos os termos derivaram do sentido de 'estrangeiro'. [...] Ao buscar os termos em textos de autores latinos anteriores à época clássica, Benveniste não encontra a noção de

de fato, como em Babel, um problema de língua que passa a ser um problema de lei: a língua da lei na qual se formulam as leis de hospitalidade e a língua como lei impondo seu poder absoluto aos outros, os estrangeiros que, muitas vezes, não falam a língua da nova morada (*do chez soi comme chez lui*). Dessa maneira, no ato da hospitalidade irrompe um primeiro ato de violência: a imposição de uma língua de dentro àqueles que vêm de fora e a obrigação de traduzir essa língua de fora (que é de dentro) na própria língua de dentro. O dentro-fora da língua como dentro-fora da lei. A própria língua, (que nunca é própria) como língua do outro e um dever de hospitalidade, um tanto frágil e ameaçado, para com o outro, é o que depreendemos da leitura desses parênteses, mais precisamente, do "entre" desses parênteses, do texto de Derrida.

Se toda hospitalidade começa com a língua, na própria língua, e nisso estaria, sem dúvida, uma interpretação possível da proposição fundamental de Lévinas (1961, p.282), para quem "a linguagem é amizade e hospitalidade" (*L'essence du langage est amité et hospitalité*) – proposição examinada com muita cautela por Derrida –, se há um laço indissociável entre hospitalidade e linguagem, língua e "dever" de hospitalidade, resta ainda saber se a hospitalidade está do lado da palavra ou do silêncio, se ela exige uma palavra ou, ao contrário, impõe certo silenciamento (cf. Derrida, 1999c). A dúvida permanece, como tantas outras questões que se impuseram no decorrer dessa escrita e permaneceram em suspenso, entre parênteses, no entre de alguma resposta.

A palavra e o silêncio atravessaram, de maneira constante, a história dos escritores que compareceram na cena deste livro, escritores divididos entre o dever calar-se e o querer dizer (– *J'écris,* avais-je répondu – *j'écris à force de me taire!* (Djebar, 1999, p.25)), a voz e a escrita, as

---

hostilidade. [...] o que o leva a concluir que a noção primitiva significada por *hostis* seria a da igualdade: *hostis* eram estrangeiros, mas os que tinham direito iguais aos dos cidadãos romanos, implicando relação de igualdade e reciprocidade. Para Benveniste, o sentido clássico de 'inimigo' deve ter aparecido quando a antiga sociedade de clãs é substituída por uma sociedade de nações e *hostis* passa a ser o que é de fora. Assim, a palavra passa a ser usada com a acepção de 'hostil' e aplica-se ao inimigo" (ibidem, p.331-2).

leis de dentro e as leis de fora, as leis de fora como leis de dentro, a língua materna e a língua do outro, a bi-língua e a monolíngua. Esses pares nominais, nas próprias contradições que apresentam entre si e apesar dessas contradições, estão diretamente ligados à problemática da literatura na língua do outro, à questão da literatura-escritura como escrita de uma paixão pela língua e do desafio de poder "dizer tudo" e "esconder tudo", de dissimular, dizer a verdade e a não-verdade, mentir e confessar, imaginar, inventar até mesmo uma língua para se dizer, já que a escrita na língua do outro, na outra língua, supõe sempre a invenção de um idioma, invenção de um eu que "inventa" um idioma e, de forma paradoxal, invenção de um idioma que "inventa" um eu – jogos enigmáticos que permitem tudo, mas que podem se ver totalmente interditados em função das políticas locais e globais que regem e controlam o direito à palavra e ao silêncio.

Nesse contexto, faz-se, ainda, necessário evocar as palavras de Derrida (1999a, p.206): "*Visto que* a literatura (no sentido estrito: como instituição ocidental moderna), implica *em princípio* o direito de dizer tudo e esconder tudo, nisso ela é inseparável de uma democracia por vir".[10]

Não podemos perder de vista que falamos a partir de uma margem, de uma borda que se apresenta sob o signo de Ocidente,[11] que tudo se passa entre essa borda e uma outra que não a nossa; há o outro lado da fronteira, um outro enigma, talvez. No diálogo dos amigos, no pensamento filosófico e literário (ou filosófico-literário) de Derrida

---

10 "Attendu que *la littérature (au sens strict: comme institution occidentale moderne), implique* en principe *le droit de tout dire et de tout cacher, en quoi elle est inséparable d'une démocratie à venir.*"

11 A respeito da oposição Ocidente-Oriente, Khatibi (1983/2008c, p.25) afirma: "O Oriente não é um simples movimento (dialético, especulativo, culturalista...) em direção ao Ocidente. Eles são, um para o outro, o começo e o fim. Nós tentamos caminhar rumo a um pensamento planetário e plural, esse pensamento-outro que se constrói passo a passo e sem finalidade garantida. Eis a razão pela qual a metáfora hegeliana sobre os dois sóis (o Oriente: sol exterior, e o Ocidente: sol interior do pensamento universal) é uma metáfora ainda apreendida pela metafísica. E isso para tomar um só exemplo no sistema gigantesco de Hegel, sem o qual o mundo torna-se ainda mais incompreensível".

e Khatibi, coloca-se o problema do cruzamento dessas fronteiras: o Ocidente e o Oriente, o judaísmo e o islamismo, a filosofia e a literatura, o real e o fictício. Entre o pensamento dos dois, surge a possibilidade (o possível-impossível) de uma passagem, *un pas possible*, um além da divisão e da separação ou apesar da divisão e da separação, como afirma Khatibi (1983/2008c, p.11):

> Sim, buscar outra coisa na divisão do ser árabe e islâmico, e abandonar a obsessão da origem, da identidade celeste e de uma moral servil. Outra coisa e de outra maneira – de acordo com um pensamento plural – no abalo de qualquer além, qualquer que seja a determinação desse além. O outro que não seja um ser de transcendência, mas excentricidade dissimétrica de um olhar e de um face a face: na vida, na morte, sem assistência de nenhum deus.[12]

É preciso, então, buscar outra coisa na divisão e além da divisão, "outra coisa e de outra maneira", um pensamento plural na singularidade e na pluralidade da bi-língua e da monolíngua, pois se a toda língua já é bi-língua e se a monolíngua fala sempre mais de uma língua, entre uma e outra, numa como noutra, inscreve-se de maneira decisiva o mais de um (*le plus d'un*) como questão que abala a segurança e a certeza de que haveria uma língua única para uma literatura também única. A certeza de toda unicidade (da língua e da literatura) não passa de uma ilusão, uma vez que a língua supostamente materna e una (língua que abrigaria a possibilidade de toda escritura) é em si mesma uma prótese de origem, ela sempre já substituiu algo, para sempre, indefinidamente substituível, numa lógica que evoca a questão do suplemento, da substituição da substituição, incessantemente substituída.

Dessa forma, é também preciso "abandonar a obsessão da origem",

---

12 *"Oui, chercher autre chose dans la division de l'être arabe et islamique, et se déssaisir de l'obsession de l'origine, de l'identité céleste et d'une morale servile. Autre chose et autrement – selon une pensée plurielle – dans l'ébranlement de n'importe quel au-delà et quelle que soit la détermination de cet au-delà. L'autre qui ne soit pas être de transcendance, mais excentricité dissymétrique d'un regard et d'un face-à-face: dans la vie, dans la mort, sans l'assistance d'aucun dieu."*

a busca por uma "identidade celeste" ou por qualquer outra identidade, pois na escritura de Khatibi e de Derrida não há espaço para identidades absolutas, mas somente rastros de possíveis identificações.

Nesse contexto, o que está em jogo é a questão da identidade da literatura ou da literatura como promessa de uma identidade: a de dizer algo que se inscreva nos limites do literário (do literário idêntico a si mesmo).[13] No entanto, podemos perguntar-nos de que literário falamos ou o que evocamos nessa promessa de algo que seja (e que se diga) literário. Muitas outras questões ainda se depreendem desse contexto, a saber: qual o limite decidível entre o literário e o não-literário, entre o filosófico e o literário, entre o fora e o dentro da literatura? Enfim, o que define uma literariedade das Letras ou o que se define como promessa dessa literariedade?

As histórias que narramos até aqui, por si só, respondem aos "imperativos" dessas questões, visto que, pela singularidade das próprias escritas, pela contaminação constitutiva dos gêneros textuais em questão, enfim, pelo traço idiomático da bi-língua de Khatibi e da monolíngua de Derrida, tudo se concebe na ausência de uma "essência" literária ou consagrada ao culto do "propriamente" literário.

Na ordem desses acontecimentos (ou do acontecimento dessas escrituras, das escrituras como acontecimento) cabe, ainda, citar algumas palavras (*pour épiloguer un peu*) de Derrida (1998a, p.29), pois de acordo com o autor,

> Não há essência nem substância da literatura: a literatura não é, ela não existe, ela não se mantém *para sempre* (*à demeure*) na identidade de uma natureza ou mesmo de um ser histórico idêntico a si próprio. [...] Nenhum enunciado, nenhuma forma discursiva é intrinsecamente ou essencialmente *literário*, antes e fora da função que lhe assegura ou reconhece um direito, ou seja, uma intencionalidade específica inscrita diretamente no corpo social. [...] Mesmo nos lugares em que ela parece *permanecer* (*demeurer*), a literatura permanece uma função instável e ela depende de um estatuto jurídico precário.[14]

---

13 Sobre a questão da identidade na/da literatura, ver Siscar (2003).
14 "*Il n'y a pas d'essence ni de substance de la littérature: la littérature n'est pas, elle*

A literatura "permanece", segundo Derrida, uma função instável; de fato, ela permanece sem permanecer e, embora reivindique uma autonomia absoluta e o direito "de dizer e de esconder tudo", está sujeita a um "direito" que lhe garanta ou não (em função dos contextos político-sociais, das relações de poderes em jogo em tais contextos, dos interesses de uns e de outros) a função de sua literariedade. Não existe um dentro da literatura como morada e abrigo do literário; a literatura nunca está em casa na sua própria casa, pois, como a língua, ela também não pertence (a si mesma e em si mesma). Se não há propriedade natural do literário tudo passa pela língua e pela letra (da língua e do idioma), tudo é uma questão de língua e, na história de Khatibi e de Derrida, a língua é uma questão do outro, como diz o próprio Khatibi (1999, p.41):

> Quando escrevo, faço-o na língua do outro. Essa língua não é uma propriedade; ela é, antes, o lugar vazio de uma identidade que se reencarna. Nada é, então, assegurado, dado ou concedido, de antemão, sem o risco de uma divisão ativa de si. Estamos, ao contrário, no horizonte de uma promessa, uma possibilidade produtiva, um jogo entre o azar e o desconhecido.[15]

Nada é garantido, de antemão, no campo da literatura (os dois amigos também parecem estar de acordo com relação a isso). Estamos sempre diante de um risco e de uma promessa, como num jogo de azar, jogo cuja identidade também é desconhecida. Jogos de identidade sem identidade. Desfeitos, assim, esses contratos identitários (ou a ilusão de que tais contratos seriam possíveis), entramos, novamente, na cena das

---

n'existe pas, elle ne se maintient pas à demeure dans l'identité d'une nature ou même d'un être historique identique à lui-même. [...] Aucun énoncé, aucune forme discursive n'est intrinsèquement ou essentiellement littéraire avant et hors de la fonction qui lui assigne ou reconnaît un droit, c'est-à-dire une intentionnalité spécifique inscrite à même le corps social. [...] Même là où elle semble demeurer, la littérature reste une fonction instable et elle dépend d'un statut juridique précaire."

15 *"Quand j'écris, je le fais dans la langue de l'autre. Cette langue n'est pas une propriété; c'est plutôt le lieu vide d'une identité qui se réincarne. Rien donc n'est assuré, donné ou accordé par avance, sans le risque d'une division active de soi. On est plutôt dans l'horizon d'une promesse, une possibilité productrice, un jeu avec le hasard et l'inconnu."*

escrituras sem filiação, sem identidades definidas, sem pertencimento assegurado; escrituras bastardas, contaminadas pelo olhar do outro (*excentricité dissymétrique d'un regard*), por seus prazeres e sofrimentos, escritas perpassadas pelo ritmo da vida e da morte (*non pas une mort qui soit opposée à la vie mais une mort qui est là, qui cisaille la vie, qui est le rythme...*) (Derrida, 2004b, p.61). Cena de vida-e-morte como cena de uma alteridade radical: o outro para sempre (o) outro (da língua e da literatura).

Essa terá sido a história narrada em *Amour Bilingue* e em *Le monolinguisme de l'autre*. Essa também terá sido a história de um título, pensada a partir de um título e de uma margem, nas bordas de uma língua, à margem de qualquer modelo. O que se desenha sob o título *A literatura na língua do outro: Jacques Derrida e Abdelkebir Khatibi* talvez seja simplesmente esse *"pas possible"* (como um *"pas impossible"*) entre as várias línguas e as várias escrituras, uma passagem enigmática ou o enigma de uma passagem marcados (*marqué et re-marqué*) pela singularidade da amizade e, sobretudo, pelo gesto que comporta (e celebra) o movimento da *différance*. História de amigos que falam sempre numa outra borda, a partir de uma outra margem, inevitavelmente...

Referências bibliográficas

Abdelkebir Khatibi

_____. Incipits. In: _____. et al. (Org.). *Du bilinguisme*. Paris: Denoël, 1985. p.171-95.

_____. *Figures de l'étranger dans la littérature française*. Paris: Denoël, 1987a.

_____. Intersignes. In: FAY, M. et al. (Org.). *Imaginaires de l'autre*: Khatibi et la mémoire littéraire. Paris: L'Harmattan, 1987b. p.123-31.

_____. *Amour Bilingue* (1983). Casablanca: Ediff, 1992.

_____. Un étranger professionnel. *Études françaises*, v.33, n.1, p.123-6, 1997.

_____. Extase froide. In: _____. *La langue de l'autre*. New York/Tunis: Les mains secrètes, 1999. p.47-56.

_____. Le nom et le pseudonyme. In: _____. *La langue de l'autre*. New York/Tunis: Les mains secrètes, 1999. p.37-43.

_____. Le point de non-retour. In: _____. *La langue de l'autre*. New York/Tunis: Les mains secrètes, 1999. p.7-20.

_____. Séance Tenante: Entretiens avec Pascal Amel. In: _____. *La langue de l'autre*. New York/Tunis: Les mains secrètes, 1999. p.70-5.

_____. *Le corps oriental*. Paris: Hazan, 2002.

_____. Lettre ouverte à Jacques Derrida. *Europe*, Paris, n.901, p.201-11, 2004.

_____. Le Maghreb sans détour. In: NOURREDINE, A. (Org). *Algérie, Maghreb*: le pari méditérranéen. Paris: Méditérranée, 2005. p.57-71.

_____. Introduction. In: _____. *Jacques Derrida en effet*. L'Hay-les-Roses: Al Manar, 2007. p.7-8.

_____. Variations sur l'amitié. In: _____. *Jacques Derrida en effet*. L'Hay-les-Roses: Al Manar, 2007. p.63-78.

_____. La mémoire tatouée: autobiographie d'un décolonisé (1971). In:_____. *Oeuvres de Abdelkebir Khatibi*: I Romans et Récits. Paris: Éditions de la Différence, 2008a. p.10-113.

_____. Le livre du sang (1979). In: _____. *Oeuvres de Abdelkebir Khatibi*: I Romans et Récits. Paris: Éditions de la Différence, 2008a. p.115-204.

_____. Un été à Stockholm (1990). In: _____. *Oeuvres de Abdelkebir Khatibi*: I Romans et Récits. Paris: Éditions de la Différence, 2008a. p.285-379.

_____. Triptyque de Rabat (1993). In: _____. *Oeuvres de Abdelkebir Khatibi*: I Romans et Récits. Paris: Éditions de la Différence, 2008a. p.381-469.

_____. Aimance (2003). In: _____. *Oeuvres de Abdelkebir Khatibi*: II Poésie de l'aimance. Paris: Éditions de la Différence, 2008b. p.37-121.

_____. L'aimance et l'invention d'un idiome (2007). In: _____. *Oeuvres de Abdelkebir Khatibi*: II Poésie de l'aimance. Paris: Éditions de la Différence, 2008b. p.125-43.

_____. Pensée-Autre (1983). In: _____. *Oeuvres de Abdelkebir Khatibi*: III Essais. Paris: Éditions de la Différence, 2008c. p.9-27.

_____. Célébration de l'exote (1987). In: _____. *Oeuvres de Abdelkebir Khatibi*: III Essais. Paris: Éditions de la Différence, 2008c. p.133-61.

_____. Du message prophétique (1988). In: _____. *Oeuvres de Abdelkebir Khatibi*: III Essais. Paris: Éditions de la Différence, 2008c. p.30-7.

_____. Possession d'Iblis (1988). In: _____. *Oeuvres de Abdelkebir Khatibi*: III Essais. Paris: Éditions de la Différence, 2008c. p.57-70.

_____. Fragments d'autobiographie (1995). In: _____. *Oeuvres de Abdelkebir Khatibi*: III Essais. Paris: Éditions de la Différence, 2008c. p.305-11.

_____. L'universalisme et l'invention du futur: considérations sur le monde arabe (2001). In: _____. *Oeuvres de Abdelkebir Khatibi*: III Essais. Paris: Éditions de la Différence, 2008c. p.335-9.

KHATIBI, A.; HASSOUN, J. *Le même livre*. Paris: Éditions de l'éclat, 1984.

Jacques Derrida

DERRIDA, J. *De la Grammatologie*. Paris: Minuit, 1967a.

_____. Edmond Jabès et la question du livre. In: _____. *L'écriture et la différence*. Paris: Seuil, 1967b. p.99-116.

_____. Freud et la scène de l'écriture. In: _____. *L'écriture et la différence*. Paris: Seuil, 1967b. p.293-340.

_____. La dissémination. In: _____. *La dissémination*. Paris: Seuil, 1972a. p.319-406.

_____. La pharmacie de Platon. In: _____. *La dissémination*. Paris: Seuil, 1972a. p.71-199.

_____. La différance. In: _____. *Marges de la philosophie*. Paris: Seuil, 1972b. p.3-29.

_____. Signature Événement Contexte. In: _____. *Marges de la philosophie*. Paris: Seuil, 1972b. p.365-393.

_____. *Positions*. Paris: Minuit, 1972c.

_____. Le facteur de la vérité. In: _____. *La carte postale*: de Socrate à Freud et au-delà. Paris: Flammarion, 1980. p.439-524.

_____. Table ronde sur la traduction. In: LEVESQUE, C.; MCDONALD, C. V. (Org.). *L'oreille de l'autre*: otobiographies, transferts, traductions. Montréal: VLB éditeur, 1982. p.122-212.

_____. *Otobiographies*: les enseignements de Nietzsche et la politique du nom propre. Paris: Galiée, 1984.

_____. *Schibboleth*: pour Paul Celan. Paris: Galilée, 1986a.

_____. Survivre: Journal de bord. In: _____. *Parages*. Paris: Galilée, 1986b. p.118-218.

_____. Des tours de Babel. In: _____. *Psyché*: inventions de l'autre. Paris: Galilée, 1987. p.203-235.

_____. Moi – la psychanalyse. In: _____. *Psyché*: inventions de l'autre. Paris: Galilée, 1987. p.145- 158.

_____. *Circonfession* (avec Geoffrey Bennington). Paris: Minuit, 1991a.

_____. *Donner le temps*: 1. La fausse monnaie. Paris: Galilée, 1991b.

_____. *Khôra*. Paris: Galilée, 1993a.

_____. *Passions*. Paris: Galilée, 1993b.

_____. *Sauf le nom*. Paris: Galilée, 1993c.

_____. Apories. Mourir – s'attendre "aux limites de la vérité". In: MALLET, M.-L. (Org.). *Le passage des frontières*: autour du travail de Jacques Derrida. Colloque de Cerisy. Paris: Galilée, 1994a. p.309-38.

_____. *Politiques de l'amitié*. Paris: Galilée, 1994b.

_____. *Le monolinguisme de l'autre*: ou la prothèse d'origine. Paris: Galilée, 1996a.

_____. Demeure: fiction et témoignage. In: LISSE, M. (Org.). *Passions de la littérature*. Paris: Galilée, 1996b. p.13-74.

_____. *Résistances de la psychanalyse*. Paris: Galilée, 1996c.

_____. *Cosmopolites de tous les pays, encore un effort!* Paris: Galilée, 1997a.

_____. *De l'hospitalité*. Paris: Calman-Lévy, 1997b.

_____. *Demeure*: Maurice Blanchot. Paris: Galilée, 1998a.

_____. Fidélités à plus d'un: mériter d'hériter où la généalogie fait défaut. In: FORTE, J. (Org). *Rencontre de Rabat avec Jacques Derrida*: idiomes, nationalités, déconstructions. Paris: Cahiers Intersignes; Casablanca: Éditions Toubkal, 1998b. p.221-265.

_____. *Donner la mort*. Paris: Galilée, 1999a.

_____. Qu'est-ce qu'une traduction relevante? *Quinzièmes assises de la traduction littéraire*, Arles, 1998. Actes Sud, 1999b, p.209-22.

_____. Une hospitalité infinie. In: SEFFAHI, Mohammed (Org.). *Manifeste pour l'hospitalité*: autour de Jacques Derrida. Paris: Paroles de l'aube, 1999c. p.101-21.

_____. *Le Toucher*: Jean-Luc Nancy. Paris: Galilée, 2000a.

_____. Littératures Déplacées. *Autodafe*, Revue du Parlement International des Écrivains, Paris, n. 1, p.61-3, 2000b.

_____. La langue n'appartient pas. Entretien avec Jacques Derrida. Entretien réalisé par Evelyne Grossman. *Europe*, Paris, n. 861-862, p.81-91, 2001a.

_____. La veilleuse. In: TRILLING, J. *James Joyce ou l'écriture matricide*. Paris: Circé, 2001b. p.7-32.

_____. *Fichus*. Paris: Galilée, 2002.

_____. Abraham, l'Autre. In: COHEN, J.; ZAGURY-ORLY, R. (Org.). *Judéités*: questions pour Jacques Derrida. Paris: Galilée, 2003. p.11-42.

_____. La vérité blessante ou le corps à corps des langues. Entretient avec Jacques Derrida. Entretien réalisé par Evelyne Grossman. *Europe*, Paris, n.901, p.8-28, 2004a.

_____. Autour de la langue et du désir. In: SEGARRA, M. (Org.). *Lengua por venir/Langue à venir*: Seminario de Barcelona. Barcelona: Icaria, 2004b. p.33-62.

_____. Autour de l'identité, de l'exclusion et du style. In: SEGARRA, M. (Org.). *Lengua por venir/Langue à venir*: Seminario de Barcelona. Barcelona: Icaria, 2004b. p.63-92.

_____. Du mot à la vie: un dialogue entre Jacques Derrida et Hélène Cixous. *Magazine littéraire*, Paris, n.430, p.22-9, avril 2004c.

_____. *Les yeux de la langue*. Paris: L'Herne, 2005.

_____. Le souverain bien: ou l'Europe en mal de souveraineté (2004). *Cités*, Paris, n.30, p.103-40, 2007.

DERRIDA, J.; ROUDINESCO, E. *De que amanhã...* Diálogo. Tradução de André Telles. Rio de Janeiro: J. Zahar, 2004.

Outras referências

ACHOUR, C. Littérature de langue francaise au Maghreb. *Médiathèque de Perpignan*, le 18 nov. 2006. Disponível em: < http://christianeachour.net/interventions.php>. Acesso em: 17 set. 2009.

AHNOUCH, F. *Abdelkebir Khatibi*: la langue, la mémoire et le corps. Paris: L'Harmattan, 2004.

BENABDELALI, A. Tradition, traduction: Khatibi et la tradition philosophique. In: FAY, M. et al. (Org.). *Imaginaires de l'autre*: Khatibi et la mémoire littéraire. Paris: L'Harmattan, 1987. p.81-87.

BENAMAR, Medienne. *Kateb Yacine*: le coeur entre les dents. Paris: Robert Laffont, 2007.

BEN JELLOUN, T. La cave de ma mémoire, le toit de ma maison sont des mots français. In: LE BRIS, M.; ROUAUD, J. (Org.). *Pour une littérature-monde*. Paris: Gallimard, 2007. p.113-24.

BENSMAIA, R. Traduire ou "blanchir la langue": Amour Bilingue d'Abdelkebir Khatibi. In: FAY, M. et al. (Org.). *Imaginaires de l'autre:* Khatibi et la mémoire littéraire. Paris: L'Harmattan, 1987. p.133-60.

_____. La langue de l'étranger ou la francophonie barrée. *Rue Descartes*, Paris, n.37, p.65-73, 2002.

BENSUSSAN, G. Le dernier, le reste...: Derrida et Rosenzweig. In: COHEN, J.; ZAGURY-ORLY, R. (Org.). *Judéités*: questions pour Jacques Derrida. Paris: Galilée, 2003. p.43-58.

BRACCO, H. La guerre d'Algérie (1954-1962) au regard de l'opinion française. *CELAAN*, Revue du Centre d'Études des Littératures et des Arts d'Afrique du Nord, v.3, n.1-2, p.24-38, 2004.

BUCI-GLUCKSMANN, C. Fitna ou la différence intraitable de l'amour. In: FAY, M. et al. (Org.). *Imaginaires de l'autre*: Khatibi et la mémoire littéraire. Paris: L'Harmattan, 1987. p.17-47.

CALLE-GRUBER, M. *Assia Djebar ou la résistance de l'écriture*. Paris: Maisonneuve et Larose, 2001.

_____. (Org.). *Assia Djebar*: nomade entre les murs... Paris: Maisonneuve et Larose, 2005.

_____. *Jacques Derrida*: la distance généreuse. Paris: Éditions de la Différence, 2009.

CALVET, J.-L. *Saussure*: pró e contra – para uma linguística social. Tradução de M. E. L. Salum. São Paulo: Cultrix, 1977.

CARVALHO, L. F. M. de. Hospitalidade e propriedade: em torno de um narcisismo residual. In: NASCIMENTO, E.; GLENADEL, P. *Em torno de Jacques Derrida*. Rio de Janeiro: 7Letras, 2000. p.133-40.

_____. Sobre a hospitalidade. In: NASCIMENTO, E. (Org.). *Jacques Derrida*: Pensar a desconstrução. São Paulo: Estação Liberdade, 2005. p.207-14.

CHERIF, M. *L'islam et l'occident*: rencontre avec Jacques Derrida. Paris: Odile Jacob, 2006.

CIXOUS, H.; CALLE-GRUBER, M. *Hélène Cixous*: photos de racines. Paris: Des femmes, 1994.

_____. *OR*: lettres de mon père. Paris: Des femmes, 1997.

_____. Ce corps étranjuif. In: COHEN, J.; ZAGURY-ORLY, R. (Org.). *Judéités*: questions pour Jacques Derrida. Paris: Galilée, 2003. p.59-83.

_____. Autour de l'identité, de l'exclusion et du style. In: SEGARRA, M. (Org.). *Lengua por venir/Langue à venir*: Seminario de Barcelona. Barcelona: Icaria, 2004. p.63-92.

CREPON, M. *Le malin génie des langues*. Paris: J. Vrin, 2000.

_____. Ce qu'on demande aux langues (autour du Monolinguisme de l'autre). *Raisons Politiques*, Paris, n.2, p.27-40, 2001.

_____. *Langues sans demeure*. Paris: Galilée, 2005.

CULLER, J. *Sobre a desconstrução*: teoria e crítica do pós-estruturalismo. Tradução de Patrícia Burrowes. Rio de Janeiro: Rosa dos Tempos, 1997.

DAKHLIA, J. Mémoire des langues. *La pensée du midi*, n.3, p.40-4, 2000.

DE TORO, A. Nicole Brossard et Abdelkebir Khatibi: Corps-Écriture comme la circulation infinie du désir. In: GEHRMANN, S.; GRONEMANN, C. (Org.). *Les enjeux de l'autobiographie dans les littératures de langue française*. Paris: L'Harmattan, 2006. p.67-101.

_____. Au-delà de la francophonie: représentations de la pensée hybride au Maghreb (Abdelkebir Khatibi – Assia Djebar). *Neohelicon*, v.XXXV, n.2, p.63-86, 2008.

DELEUZE, G.; GUATTARI, F. *Kafka*: pour une littérature mineure. Paris: Minuit, 1975.

DJEBAR, A. *L'amour, la fantasia*. Paris: Albin Michel, 1995.

_____. *Oran*: langue morte. Paris: Actes Sud, 1997.

_____. *Ces voix qui m'assiègent*: en marge de ma francophonie. Paris: Albin Michel, 1999.

_____. *La disparition de la langue française*. Paris: Albin Michel, 2003.

DOLTO, F. *Au jeu du désir*. Paris: Seuil, 1981.

EDWARDS, M. *Beckett ou le don des langues*. Montpellier: Éditions Espaces, 1998.

FERREIRA, É. *Enigma-récit* da tradução ou a invenção da língua do outro. *Trabalhos em linguistica aplicada*, Campinas, volume especial, p.33-44, 2007.

FIGUEIREDO, E.; GLENADEL, P. (Org.). *O francês e a diferença*. Rio de Janeiro: 7Letras, 2006.

FORMENTELLI, E. Bilinguisme et poésie. In: KHATIBI, A. et al. (Org.). *Du bilinguisme*. Paris: Denoël, 1985. p.99-115.

FORTE, J.-J. (Org.). *Rencontre de Rabat avec Jacques Derrida:* idiomes, nationalités, déconstructions. Paris: Cahiers Intersignes; Casablanca: Éditions Toubkal, 1998.

FREUD, S. O estranho (1919). In: _____. *Obras psicológicas completas de Sigmund Freud*. ESB. Tradução do alemão e do inglês sob a direção-geral e revisão técnica de Jayme Salomão. v.17. Rio de Janeiro: Imago, 1976. p.275-314.

_____. Notas sobre um caso de neurose obsessiva (1909). In: _____. *Obras psicológicas completas de Sigmund Freud*. ESB. Tradução do alemão e do inglês sob a direção-geral e revisão técnica de Jayme Salomão. v.10. Rio de Janeiro: Imago, 1988. p.137-175.

_____. *Além do princípio de prazer* (1920). Tradução de Christiano Monteiro Oiticica. Rio de Janeiro: Imago, 1998.

_____. *Moisés e o monoteísmo* (1939). Tradução de Maria aparecida Moraes Rego. Rio de Janeiro: Imago, 2001.

FUKS, B. *Freud e judeidade*: a vocação do exílio. Rio de Janeiro: J. Zahar, 2000.

GAUVIN, L. *L'écrivain francophone à la croisée des langues*. Paris: Khartala, 1997a.

_____. Littératures visibles et invisibles. *Études françaises*, v.33, n.1, p.111-3, 1997b.

_____. L'hospitalité dans le langage ou la bi-langue de Khatibi. In: _____. et al. (Org). *Le dire de l'hospitalité*. Clermont-Ferrand: Presses Universitaires Blaise Pascal, 2004. p.73-86.

_____. Écrire en français: le choix linguistique. In: _____. et al. (Org.). *L'écriture entre les langues*. Montréal: Boréal, 2006, p.57-72.

GONTARD, M. *La violence du texte*: étude sur la littérature marocaine de langue française. Paris: L'Harmattan, 1981.

_____. *Le moi étrange*: littérature marocaine de langue française. Paris: L'Harmattan, 1993.

GUIDIO, M. C. M. S. *Os logros da autobiografia*: um estudo dos traços autobiográficos em Jacques Derrida. São José do Rio Preto, 2008. 249f. Tese (Doutorado em Teoria da Literatura) – Universidade Estadual Paulista "Júlio de Mesquita Filho".

HADJ ALI, S. "La mission civilisatrice": une insoutenable plaisanterie. *Algérie-Watch*, ElWatan, 5 août 2006a. Disponível em < http://www.algeria-watch.org/fr/article/hist/colonialisme/mission_civilisatrice.htm>. Acesso em: 22 set. 2009.

_____. Os são-simonianos e a colonização da Argélia. Tradução de René V. Lenard. *Estudos Avançados*, São Paulo, v.20, n.56, p.225-36, 2006b.

_____. Cultura e colonização: o mito da missão civilizadora. 2007. Conferência proferida no Ibilce/Unesp, São José do Rio Preto – SP, 2007.

HASSOUN, J. Éloge de la dysharmonie. In: KHATIBI, A. et al. (Org.). *Du bilinguisme*. Paris: Denoël, 1985. p.63-78.

_____. *L'exil de la langue*: fragments de langue maternelle. Paris: Point Hors la Ligne, 1993.

HENNUY, J.-F. Examen d'identité: voyageur professionnel et identification diasporique chez Jean-Philippe Toussaint et Abdelkebir Khatibi. *French Studies*, vol.LX, n.3, p.347-63, 2006.

HOUAISS, A. *Dicionário eletrônico Houaiss da língua portuguesa*. versão: 1.0, dez. 2001. CD-ROM.

JABES, E. *Un étranger avec, sous le bras, un livre de petit format*. Paris: Gallimard, 1989.

JENNY, L. La langue, le même et l'autre. *Théorie et Histoire Littéraire*. Fabula LHT (Littérature, histoire, théorie), 2005. Disponível em: <http://www.fabula.org/lht/0/Jenny.html>. Acesso em 13 nov. 2007.

KILITO, A. La langue des sirènes. In: FAY, M. et al. (Org.). *Imaginaires de l'autre*: Khatibi et la mémoire littéraire. Paris: L'Harmattan, 1987. p.89-97.

KOUROUMA, A. Écrire en français, penser dans sa langue maternelle. *Études françaises*, v.33, n.1, p.115-8, 1997.

LACAN, J. Le Séminaire sur "La Letrre volée". In: _____. *Écrits*. Paris: Seuil, 1966. p.19-75.

_____. *Encore:* Live XX (1972-1973). Paris: Seuil, 1975.

_____. *Les formations de l'inconscient*: Livre V (1957-58). Paris: Seuil, 1998.

_____. *L'Identification*: Livre IX (1961-62). Inédito.

LEJEUNE, P. *O pacto autobiográfico*: de Rousseau à Internet. Organização de Jovita Maria Gerheim Noronha. Tradução de Jovita Maria Gerheim Noronha e Maria Inês Coimbra Guedes. Belo Horizonte: UFMG, 2008.

LEVESQUE, C. Table ronde sur la traduction. In: _____.; MCDONALD, C. V. (Org.). *L'oreille de l'autre*: otobiographies, transferts, traductions. Montréal: VLB éditeur, 1982. p.122-212.

LEVINAS, E. *Totalité et infini*: essai sur l'extériorité. La Haye: Martinus Nijhoff, 1961.

LIMA, É. L. A. de. *As operações de tradução em Jacques Derrida*. São José do Rio Preto, 2003. 219f. Tese (Doutorado em Teoria da Literatura) – Universidade Estadual Paulista "Júlio de Mesquita Filho".

MAILLET, C. L'aimance. *Poésie 94*, Paris, n.53, p.50-67, 1994.

MAJOR, R. Derrida: lecteur de Freud et Lacan. *Études françaises*, v.38, n.1-2, p.165-78, 2002.

MEDDEB, A. Le palimpseste du bilingue: Ibn' Arabi et Dante. In: KHATBI, A. et al. (Org.). *Du bilinguisme*. Paris: Denoël, 1985. p.125-40.

MELMAN, C. *Imigrantes*: incidências subjetivas das mudanças de língua e país. Tradução de Rosane Pereira. Organização e revisão técnica de Contardo Calligaris. São Paulo: Escuta, 1992.

MEMMES, A. *Abdelkebir Khatibi*: l'écriture de la dualité. Paris: L'Harmattan, 1994.

MICHAUD, G. Un acte d'hospitalité ne peut être que poétique: seuils et délimitations de l'hospitalié derridienne. In: GAUVIN, Lise et al. (Org.). *Le dire de l'hospitalité*. Clermont-Ferrand: Presses Universitaires Blaise Pascal, 2004. p.31-60

MILNER, J.-C. *L'amour de la langue*. Paris: Seuil, 1978.

NANCY, J.-L. L'indépendance de l'Algérie et l'indépendance de Derrida. *Cités*, n.30, Paris, p.65-70, 2007.

NASCIMENTO, E. *Derrida e a literatura*. Niterói: Eduff, 1999.

_____. *Derrida*. Rio de Janeiro: J. Zahar, 2004.

OTTONI, P. Tradução e desconstrução: a contaminação constitutiva e necessária das línguas. Tradução de Élida Ferreira. *Pulsional*, Revista de psicanálise, ano XV, n.158, p.5-10, 2002.

_____. A tradução como *força de lei* entre a língua e o idioma. In: FREIRE, M. M. et al (Org). *Linguística aplicada e contemporaneidade*. São Paulo: Alab/ Campinas: Pontes, 2005, p.337-45.

_____. Língua nacional e idioma: qual o lugar do "EU" [moi] na desconstrução. In: SANTOS, A. C. dos et al. (Org.). *Desconstruções e contextos nacionais*. Rio de Janeiro: 7Letras, 2006. p.85-92.

PENNA, J. C. A língua do outro: o testemunho de Jacques Derrida. In: DUARTE, R.; FIGUEIREDO, V. (Org.). *Mímesis e expressão*. Belo Horizonte: UFMG, 2001.

PETROSINO, S. Les voix de Derrida: philosophie et littérature. Même si... *Europe*, Paris, n.901, p.44-56, 2004.

PRASSE, J. O desejo das línguas estrangeiras. *A clínica lacaniana*, Revista Internacional, Rio de Janeiro, n 1, p.63-73, 1997.

REDOUANE, R. Écrivains maghrébins et langue française. *CELAAN*, Revue du Centre d'Études des Littératures et des Arts d'Afrique du Nord, v.3, n.3, 21-39, 2005.

REVUZ, C. La langue étrangère: entre le désir d'ailleurs et le risque de l'exil. *Éducation Permanente*, Paris, n.107, p.23-35, 1992.

ROBERT, P. *Le nouveau petit Robert*: Dictionaire alphabétique et analogique de la langue française. Paris: Dicorobert Inc, versão: 2.1, 2001. CD-ROM.

ROBIN, R. *Le deuil de l'origine*: une langue en trop, la langue en moins. Paris: Presses Universitaires de Vincennes, 1993.

_____. *L'amour du yiddish*: écriture juive et sentiment de la langue. Paris: Sorbier, 1994.

_____. *Le golem de l'écriture*: de l'autofiction au cybersoi. Montréal: XYZ éditeur, 1997.

_____. *Berlin Chantiers*. Paris: Stock, 2001.

_____. Autobiographie et judéité chez Jacques Derrida. *Études françaises*, v.38, n.1-2, p.207-18, 2002.

RODRIGUES, C. C. *Tradução e diferença*. São Paulo: Editora da Unesp, 2000.

_____. O doméstico e o estrangeiro: relações de poder em tradução. In: FREIRE, M. M. et al (Org). *Linguística aplicada e contemporaneidade*. São Paulo, SP: ALAB; Campinas, SP: Pontes, 2005, p.329-36.

_____. Ecos de Babel. *Estudos Linguísticos*, v.XXXV, p.60-5, 2006.

ROUDINESCO, E.; PLON, M. *Dicionário de psicanálise*. Tradução de Vera Ribeiro e Lucy Magalhães. Rio de Janeiro: J. Zahar, 1998.

SEGARRA, M. (Org.). *L'événement comme écriture*: Cixous et Derrida se lisant. Paris: Campagne Première, 2007.

SEVENANT, A. V. L'amour à cet égard. *Europe*, Paris, n.901, p.140-62, 2004.

SISCAR, M. *Jacques Derrida:* rhétorique et philosophie. Paris: L'Harmattan, 1998.

_____. A paixão ingrata. In: NASCIMENTO, E.; GLENADEL, P. (Org.). *Em torno de Jacques Derrida*. Rio de Janeiro: 7Letras, 2000a. p.160-87.

_____. Leituras da desconstrução. *Stylos*, São José do Rio Preto, v.1, p.75-86, 2000b.

_____. A dificuldade de origem. *Revista de Letras*, Curitiba, n.56, p.85-93, 2001.

_____. A desconstrução de Jacques Derrida. In: BONNICI, T.; ZOLIN, L. O. (Org.). *Teoria literária*: abordagens históricas e tendências contemporâneas. 1.ed. Maringá: Eduem, 2003. p.151-60.

_____. Como dar razão a Jean Genet: Jacques Derrida leitor do texto literário. *Gragoatá*, Niterói, n.18, p.223-41, 2005a.

_____. O coração transtornado. In: NASCIMENTO, E. (Org.). *Jacques Derrida*: pensar a desconstrução. São Paulo: Estação Liberdade, 2005b. p.135-42.

_____.; MAGALHÃES, M. A circunavegação autobiográfica. In: NIGRO, C. M. C. et al. (Org.). *Literatura e representações do eu:* impressões autobiográficas. São Paulo: Editora Unesp, 2010, p. 89-103.

SOLER, C. *L'aventure littéraire ou la psychose inspirée*. Paris: Éditions du Champ Lacanien, 2001.

TAZI, N. (Org.). *L'identité*: pour un dialogue entre les cultures. Paris: La Découverte, 2004.

TRILLING, J. *James Joyce ou l'écriture matricide*. Paris: Circé, 2001.

WABERI, A. A. Écrivains en position d'entraver. In: LE BRIS, M.; ROUAUD, J. (Org.). *Pour une littérature-monde*. Paris: Gallimard, 2007. p.67-75.

SOBRE O LIVRO

Formato: 14 x 21 cm
Mancha: 23,7 x 42,5 paicas
Tipologia: Horley Old Style 10,5/14
Papel: Offset 75 g/m² (miolo)
Cartão Supremo 250 g/m² (capa)
1ª edição: 2012

EQUIPE DE REALIZAÇÃO

Coordenação Geral
Marcos Keith Takahashi

Foto de capa
Cristina Carneiro Rodrigues

Impressão e Acabamento:

psi7

Printing Solutions & Internet 7 S.A